智能网联汽车研究与开发丛书

自动驾驶场景仿真
与ASAM OpenX标准应用

Scenario-based Autonomous Driving Simulation Technology and
Application of ASAM OpenX Standards

中汽智联技术有限公司　　　　◎组　编
德国自动化及测量系统标准协会（ASAM e.V.）
朱向雷　杜志彬　◎主　编
赵　帅　孙　航　◎副主编

机械工业出版社
CHINA MACHINE PRESS

本书以快速发展的自动驾驶产业为背景，以自动驾驶场景仿真测试为核心内容，研究并借鉴了国内外相关研究成果与产业实践经验，阐述了自动驾驶场景仿真技术发展与标准化现状，分析了 ASAM OpenX 自动驾驶仿真系列标准的内容与格式，结合我国汽车产业在自动驾驶场景仿真方面的应用与实践，为基于场景的自动驾驶功能开发、测试及标准法规制定提供了有益参考。

本书分为 8 章，包括：绪论、场景仿真技术与标准现状、场景抽象分级与仿真应用、ASAM OpenX 自动驾驶仿真系列标准、自动驾驶仿真静态场景描述语言、自动驾驶仿真动态场景描述语言、OpenX 标准应用案例、自动驾驶场景仿真技术未来发展趋势。

本书适用于自动驾驶、人工智能、汽车与制造等行业的工程技术人员学习参考，也可作为大专院校相关专业师生的参考书，同时，也可作为自动驾驶与智能网联汽车产业爱好者的入门和提升书籍。

图书在版编目（CIP）数据

自动驾驶场景仿真与 ASAM OpenX 标准应用 / 中汽智联技术有限公司，德国自动化及测量系统标准协会（ASAM e.V.）组编；朱向雷，杜志彬主编 . —北京：机械工业出版社，2022.12（2023.7 重印）
（智能网联汽车研究与开发丛书）
ISBN 978-7-111-72206-9

Ⅰ.①自⋯　Ⅱ.①中⋯②德⋯③朱⋯④杜⋯　Ⅲ.①汽车驾驶 - 自动驾驶系统 - 系统仿真　Ⅳ.① U463.61

中国版本图书馆 CIP 数据核字（2022）第 231928 号

机械工业出版社（北京市百万庄大街 22 号　邮政编码 100037）
策划编辑：何士娟　　　　　责任编辑：何士娟　徐　霆
责任校对：樊钟英　贾立萍　　责任印制：李　昂
北京捷迅佳彩印刷有限公司印刷
2023 年 7 月第 1 版第 2 次印刷
169mm×239mm · 19.5 印张 · 474 千字
标准书号：ISBN 978-7-111-72206-9
定价：199.00 元

电话服务　　　　　　　　　网络服务
客服电话：010-88361066　　机　工　官　网：www.cmpbook.com
　　　　　010-88379833　　机　工　官　博：weibo.com/cmp1952
　　　　　010-68326294　　金　书　网：www.golden-book.com
封底无防伪标均为盗版　　　机工教育服务网：www.cmpedu.com

《自动驾驶场景仿真与 ASAM OpenX 标准应用》编写委员会

主　任　朱向雷　杜志彬

副主任　赵　帅　孙　航

委　员（排名不分先后）

赵鹏超	陈　蒇	周博林	谢卉瑜	魏文渊	王赟芝
张国宇	翟　洋	陈　硕	沈永旺	赵启东	赵瑞文
曹曼曼	王　强	孟佳旭	刘诗曼	陈旭亮	戴　冕
胡　鑫	刘子毅	张凌翔	刘应心	张　骁	陈　超
李　东	郑　彤	李克秋	胡清华	谢　辉	李志军
陈　磊	廖浪淘	刘　强	吴永刚	刘建琴	剧学铭
冀　旸	孙驰天	杜海宁	刘兴波	谭代强	毛祖秋
张　帆	王宝宗	戴一凡	冯天悦	刘力豪	张　行
张　淼	郑建明	刘　迪			

前言 1

科技的发展，促使各行业持续变革进化。作为全球经济支柱之一的汽车产业，正向"新四化"愿景迈进，加大研发投入、实现智能网联汽车产品落地已成为各国共识。在此时代背景下，政策的引导助力与消费者对安全、舒适、高效的出行诉求形成共振，智能网联汽车行业在我国已呈现核心技术加速突破、基础支撑日益完善、产业生态渐趋成熟的良好态势。

而智能网联汽车技术的发展，验证评价技术的突破亦是关键。如何全面、系统地制定智能网联汽车测试标准，专业、科学地评价自动驾驶功能，进而提升自动驾驶系统的安全性、可靠性、有效性等，是我们汽车标准化工作者乃至所有汽车行业从业者应该重点思考的问题。

目前，以联合国《自动驾驶汽车框架文件》为基础，先进驾驶辅助系统相关法规的制定已得到各国重视和积极推进。基于里程的评价方法无法满足愈加复杂的功能开发验证需求，由此，驾驶场景理论逐步获得认可，并在全球范围内展开研究。基于场景的仿真技术与场地测试、公共道路测试组成的"多支柱法"验证体系，作为自动驾驶测试验证的重要办法，已经进入落地实施阶段。

ASAM 作为推动汽车开发、测试及相关工具链的标准化发展的非营利组织，成员包括了国际汽车制造商、系统供应商、工具供应商及工程服务提供商等，目标为发布汽车行业多细分领域规范准则，建立通用的理论及实践标准，发展至今已有 400 余家会员。ASAM OpenX 自动驾驶仿真系列标准，凝聚了 ASAM 各成员单位的创新成果和研究共识，在行业内得到了广泛应用。

此书在对国内外自动驾驶场景仿真技术和标准法规研究现状予以总结概括的基础上，详细介绍了 ASAM OpenX 自动驾驶仿真系列标准及其基于各类仿真验证工具的行业应用。我国丰富的交通环境与复杂的交通状况，为基于场景的自动驾驶验证体系提供了丰富资源输入和实践平台。期望本书能为广大汽车行业同仁及相关行业从业者提供实践参考意义，并对我国智能网联汽车技术发展和相关标准的制定起到一定推动作用。

最后，感谢行业内相关企事业单位、技术院所及标准机构对汽车标准化发展的大力支持，希望此书为各位从业人员带来些许思考、些许收获。

让我们共同迎接智能化汽车时代的到来！

中汽智联技术有限公司

前言 2

Autonomous driving is a challenge that can only be addressed in collaborative fashion. Not only the core automotive industry is affected by disruptive technologies and methods entering our life, but also everyone interacting with these technologies. Traffic and road infrastructure will need to be adjusted, mobility concepts will evolve further, municipalities will have to adapt, and regulators will have to provide a (legal) framework for the operation-just to name a few.

自动驾驶是一个只有通过精诚合作才能解决的机遇与挑战。自动驾驶不仅使核心汽车产业受到颠覆性技术和方法的影响,而且也使与这些技术产生交集的每个人都受到了影响。例如,交通和道路基础设施将需要调整,交通概念将进一步发展,管理部门必须适应技术的快速迭代,监管机构将为交通运营提供一个(法律)框架,等等。

But unless we know what to prepare for, proper preparation will be hard. Simulation technology allows us to explore situations before any system will experience them in real life. It provides a safe means to scan the event space and derive from it the Operational Design Domain (ODD) within which a system is designed not only to guarantee functional safety but also safety of the intended function.

但除非我们知道如何去做准备,否则做到适当的应对将极为困难。模拟仿真技术使我们在任何系统成为现实之前体验它们的情况。它提供了一种构建事件空间的安全方法,并从中派生出设计运行范围(Operational Design Domain, ODD)。在 ODD 中,系统的设计不仅要保证功能安全,还要保证预期功能安全。

Simulation means simplification; no single simulation is perfect, and nothing beats real life. But with a large number of specialized solutions and tools available, there is a good potential to cover in simulation the majority of relevant scenarios. This implies that simulation tools must be able to interact – either within a single simulation setup or by (re-)using the same data.

模拟仿真意味着简化;没有一种模拟仿真是完美的,也没有什么比现实世界更完美。但是通过大量的专业解决方案和工具,具备模拟大多数相关场景的潜力。这意味着仿真工具必须能够高效交互——无论是在单个仿真设置中,还是复用相同的数据。

The ASAM OpenX standards enable exactly this interaction. They provide the data formats and concepts for defining the ODD (ASAM OpenODD), for describing the road environment (ASAM OpenDRIVE and ASAM OpenCRG), for communication between components (ASAM OSI), for tagging and labeling data (ASAM OpenLABEL), and, of course, for describing scenarios from the very specific event up to the abstract level (ASAM OpenSCENARIO).

在这样的背景下，以 ASAM OpenX 为代表的标准基于支持工具与环境的交互而开发。它们提供了用于定义 ODD（ASAM OpenODD）、描述道路环境（ASAM OpenDRIVE 和 ASAM OpenCRG）、组件之间的通信（ASAM OSI）、标记和标注数据（ASAM OpenLABEL）的数据格式和概念。当然，还用于描述从非常具体的事件到抽象级别的多种场景（ASAM OpenSCENARIO）。

ASAM OpenX-projects also look at ontologies and terminologies, and further aspects of simulation and the real world. By describing reality in ASAM OpenX formats, the use of the respective data is not limited to simulation only. This is a great strength of the ASAM standards, and it guarantees that assets created within one application can be reused in other setups, thus preserving the investment that was done upon creating an asset.

ASAM openx 项目还关注本体论和术语定义，以及更进一步地模拟仿真现实世界。通过 ASAM OpenX 格式描述现实情况，对于数据的使用绝不仅限于模拟仿真领域。这是 ASAM 标准的一大优点，它保证在一个应用程序中创建的内容可以在其他设置中重用，从而保留在创建内容时所做的投入。

ASAM always acts with the big picture in mind. We aim to make sure that our standards outside the simulation domain (i.e., Measurement, Calibration, Diagnostics, and Test Automation) can not only interact with each other but also with the respective counterparts within the simulation domain. Because, ultimately, the simulated systems and functions will have to face reality, and real driving validation is needed to work on corner cases and to identify previously unknown situations. Our Test Specification Study Group, for example, tries to locate loopholes in the entire testing regime of autonomous vehicles before they make it at large scale into the field.

ASAM 总是以全球化视野进行布局。ASAM 的目标是确保模拟仿真领域之外的标准（即测量、校准、诊断和测试自动化）不仅可以相互交互，而且还可以与模拟领域内的其他标准进行交互。因为模拟系统和功能终将面对现实世界，并且需要真正的驾驶验证来处理极端情况并识别之前未知的情况。例如，我们的测试规范研究小组（Test Specification Study Group）试图在自动驾驶汽车大规模投入使用之前，找出整个测试制度中的漏洞。

Let us conclude by emphasizing that all ASAM standards are the result of the excellent engagement of our more than 430 members worldwide. They are the direct sign of what the industry deems necessary to agree on and where pre-competitive collaboration is mandatory. ASAM is the framework, but it would be empty without the engagement of our members. Feel invited to become a part of this great community of experts and have your requirements reflected in the ASAM standards.

　　最后,所有的 ASAM 标准都是我们全球 430 多家会员共同努力的结果。它们是汽车行业认为有必要达成共识的直接标志,以及充分合作是非常有必要的。ASAM 提供了合作框架,但如果没有广大会员的参与,这个框架将空洞无物。我们始终欢迎汽车行业的公司成为这个伟大社区的一员,让您的需求与技术反映在 ASAM 标准之中。

自动化及测量系统标准协会

Marius Dupuis　　　　　Armin Rupalla
Chief Executive Officer　　Member of the Board
ASAM e.V.　　　　　　ASAM e.V.

目 录

前言 1

前言 2

第 1 章 绪论

1.1 自动驾驶场景仿真的背景 ……………………………… 1
1.2 自动驾驶测试场景与仿真的关系 ……………………… 3
    1.2.1 测试场景的定义 ……………………………………… 3
    1.2.2 仿真的重要性 ………………………………………… 5
    1.2.3 场景仿真的定义 ……………………………………… 7
    1.2.4 基于场景的仿真应用 ………………………………… 8
1.3 场景仿真的构建流程 …………………………………… 11

第 2 章 场景仿真技术与标准现状

2.1 自动驾驶场景仿真技术研究现状 ……………………… 13
    2.1.1 国外场景仿真技术研究现状 ………………………… 14
    2.1.2 国内场景仿真技术研究现状 ………………………… 21
2.2 自动驾驶场景仿真标准法规现状 ……………………… 26
    2.2.1 国际标准法规现状 …………………………………… 26
    2.2.2 我国标准法规现状 …………………………………… 35

第3章 场景抽象分级与仿真应用

- 3.1 场景抽象分级 ……………………………… 41
  - 3.1.1 功能场景 ……………………………… 42
  - 3.1.2 抽象场景 ……………………………… 43
  - 3.1.3 逻辑场景 ……………………………… 43
  - 3.1.4 具体场景 ……………………………… 45
- 3.2 基于场景的仿真应用 ………………………… 45
  - 3.2.1 自动驾驶系统的 DevOps 周期 ………… 45
  - 3.2.2 场景仿真环境的抽象架构 ……………… 47
- 3.3 场景仿真工具链及对应的标准 ……………… 49
  - 3.3.1 基础标准 ……………………………… 49
  - 3.3.2 流程标准 ……………………………… 57
  - 3.3.3 方法标准 ……………………………… 58
  - 3.3.4 产品标准 ……………………………… 59

第4章 ASAM OpenX 自动驾驶仿真系列标准

- 4.1 ASAM OpenCRG ……………………………… 61
- 4.2 ASAM OpenDRIVE …………………………… 63
  - 4.2.1 参考线 ………………………………… 63
  - 4.2.2 路口示例 ……………………………… 64
  - 4.2.3 静态路网描述 ………………………… 64
- 4.3 ASAM OpenSCENARIO ……………………… 65
  - 4.3.1 OpenSCENARIO V1.x ………………… 65
  - 4.3.2 OpenSCENARIO V2.0 ………………… 66
- 4.4 ASAM Open Simulation Interface（OSI）…… 67
- 4.5 ASAM OpenLABEL …………………………… 68
  - 4.5.1 数据格式 ……………………………… 69
  - 4.5.2 可标记的数据类型 …………………… 70
  - 4.5.3 标准内容和工作计划 ………………… 70
- 4.6 ASAM OpenODD ……………………………… 71
- 4.7 ASAM OpenXOntology ……………………… 72
  - 4.7.1 ASAM OpenXOntology 目标和内容 …… 72
  - 4.7.2 ASAM OpenXOntology 的体系架构 …… 73
  - 4.7.3 ASAM OpenXOntology 与其他 OpenX 标准关系 ……………………………… 74
- 4.8 基于 ASAM OpenX 标准的场景仿真测试流程 …… 76

第 5 章 自动驾驶仿真静态场景描述语言

- 5.1 静态场景语言概述 ⋯⋯⋯⋯⋯⋯⋯⋯⋯⋯⋯⋯⋯⋯⋯⋯⋯⋯⋯⋯⋯⋯⋯ 79
  - 5.1.1 概要 ⋯⋯⋯⋯⋯⋯⋯⋯⋯⋯⋯⋯⋯⋯⋯⋯⋯⋯⋯⋯⋯⋯⋯⋯⋯⋯⋯ 79
  - 5.1.2 术语及规范 ⋯⋯⋯⋯⋯⋯⋯⋯⋯⋯⋯⋯⋯⋯⋯⋯⋯⋯⋯⋯⋯⋯⋯⋯ 80
  - 5.1.3 与其他标准的关联 ⋯⋯⋯⋯⋯⋯⋯⋯⋯⋯⋯⋯⋯⋯⋯⋯⋯⋯⋯⋯⋯ 82
- 5.2 静态场景语言的通用架构 ⋯⋯⋯⋯⋯⋯⋯⋯⋯⋯⋯⋯⋯⋯⋯⋯⋯⋯⋯⋯ 83
  - 5.2.1 通用架构 ⋯⋯⋯⋯⋯⋯⋯⋯⋯⋯⋯⋯⋯⋯⋯⋯⋯⋯⋯⋯⋯⋯⋯⋯ 83
  - 5.2.2 坐标系 ⋯⋯⋯⋯⋯⋯⋯⋯⋯⋯⋯⋯⋯⋯⋯⋯⋯⋯⋯⋯⋯⋯⋯⋯⋯ 85
  - 5.2.3 几何形状 ⋯⋯⋯⋯⋯⋯⋯⋯⋯⋯⋯⋯⋯⋯⋯⋯⋯⋯⋯⋯⋯⋯⋯⋯ 91
- 5.3 静态场景语言要素及语法 ⋯⋯⋯⋯⋯⋯⋯⋯⋯⋯⋯⋯⋯⋯⋯⋯⋯⋯⋯⋯ 96
  - 5.3.1 道路 ⋯⋯⋯⋯⋯⋯⋯⋯⋯⋯⋯⋯⋯⋯⋯⋯⋯⋯⋯⋯⋯⋯⋯⋯⋯⋯ 96
  - 5.3.2 车道 ⋯⋯⋯⋯⋯⋯⋯⋯⋯⋯⋯⋯⋯⋯⋯⋯⋯⋯⋯⋯⋯⋯⋯⋯⋯⋯ 106
  - 5.3.3 交叉口 ⋯⋯⋯⋯⋯⋯⋯⋯⋯⋯⋯⋯⋯⋯⋯⋯⋯⋯⋯⋯⋯⋯⋯⋯⋯ 121
  - 5.3.4 物体 ⋯⋯⋯⋯⋯⋯⋯⋯⋯⋯⋯⋯⋯⋯⋯⋯⋯⋯⋯⋯⋯⋯⋯⋯⋯⋯ 126
  - 5.3.5 标志 ⋯⋯⋯⋯⋯⋯⋯⋯⋯⋯⋯⋯⋯⋯⋯⋯⋯⋯⋯⋯⋯⋯⋯⋯⋯⋯ 135
  - 5.3.6 铁路 ⋯⋯⋯⋯⋯⋯⋯⋯⋯⋯⋯⋯⋯⋯⋯⋯⋯⋯⋯⋯⋯⋯⋯⋯⋯⋯ 139

第 6 章 自动驾驶仿真动态场景描述语言

- 6.1 概述 ⋯⋯⋯⋯⋯⋯⋯⋯⋯⋯⋯⋯⋯⋯⋯⋯⋯⋯⋯⋯⋯⋯⋯⋯⋯⋯⋯⋯ 143
  - 6.1.1 背景与意义 ⋯⋯⋯⋯⋯⋯⋯⋯⋯⋯⋯⋯⋯⋯⋯⋯⋯⋯⋯⋯⋯⋯⋯ 143
  - 6.1.2 ASAM OpenSCENARIO 整体介绍 ⋯⋯⋯⋯⋯⋯⋯⋯⋯⋯⋯⋯⋯⋯ 144
- 6.2 基于 ASAM OpenSCENARIO 的场景描述 ⋯⋯⋯⋯⋯⋯⋯⋯⋯⋯⋯⋯⋯ 144
  - 6.2.1 具体场景案例 ⋯⋯⋯⋯⋯⋯⋯⋯⋯⋯⋯⋯⋯⋯⋯⋯⋯⋯⋯⋯⋯⋯ 144
  - 6.2.2 执行具体的场景 ⋯⋯⋯⋯⋯⋯⋯⋯⋯⋯⋯⋯⋯⋯⋯⋯⋯⋯⋯⋯⋯ 147
- 6.3 场景的层级信息 ⋯⋯⋯⋯⋯⋯⋯⋯⋯⋯⋯⋯⋯⋯⋯⋯⋯⋯⋯⋯⋯⋯⋯⋯ 149
  - 6.3.1 场景层级 ⋯⋯⋯⋯⋯⋯⋯⋯⋯⋯⋯⋯⋯⋯⋯⋯⋯⋯⋯⋯⋯⋯⋯⋯ 149
  - 6.3.2 具体场景 ⋯⋯⋯⋯⋯⋯⋯⋯⋯⋯⋯⋯⋯⋯⋯⋯⋯⋯⋯⋯⋯⋯⋯⋯ 149
  - 6.3.3 逻辑场景 ⋯⋯⋯⋯⋯⋯⋯⋯⋯⋯⋯⋯⋯⋯⋯⋯⋯⋯⋯⋯⋯⋯⋯⋯ 150
  - 6.3.4 抽象场景 ⋯⋯⋯⋯⋯⋯⋯⋯⋯⋯⋯⋯⋯⋯⋯⋯⋯⋯⋯⋯⋯⋯⋯⋯ 151
  - 6.3.5 具体化与抽象化指南 ⋯⋯⋯⋯⋯⋯⋯⋯⋯⋯⋯⋯⋯⋯⋯⋯⋯⋯⋯ 153
- 6.4 自动驾驶仿真动态抽象场景 ⋯⋯⋯⋯⋯⋯⋯⋯⋯⋯⋯⋯⋯⋯⋯⋯⋯⋯⋯ 155
  - 6.4.1 基于领域专用语言（DSL）的场景架构 ⋯⋯⋯⋯⋯⋯⋯ 155
  - 6.4.2 场景模型特征 ⋯⋯⋯⋯⋯⋯⋯⋯⋯⋯⋯⋯⋯⋯⋯⋯⋯⋯⋯⋯⋯⋯ 167
  - 6.4.3 场景语法 ⋯⋯⋯⋯⋯⋯⋯⋯⋯⋯⋯⋯⋯⋯⋯⋯⋯⋯⋯⋯⋯⋯⋯⋯ 177
- 6.5 自动驾驶仿真动态具体场景 ⋯⋯⋯⋯⋯⋯⋯⋯⋯⋯⋯⋯⋯⋯⋯⋯⋯⋯⋯ 190
  - 6.5.1 基于 XML 语言的场景架构 ⋯⋯⋯⋯⋯⋯⋯⋯⋯⋯⋯⋯⋯⋯⋯⋯ 190
  - 6.5.2 场景语言特征 ⋯⋯⋯⋯⋯⋯⋯⋯⋯⋯⋯⋯⋯⋯⋯⋯⋯⋯⋯⋯⋯⋯ 210
  - 6.5.3 案例分析 ⋯⋯⋯⋯⋯⋯⋯⋯⋯⋯⋯⋯⋯⋯⋯⋯⋯⋯⋯⋯⋯⋯⋯⋯ 215

第 7 章 OpenX 标准应用案例

7.1 ASAM OpenX 在长安汽车 AEB 和 CutOut 场景中的应用 ·················· 223
    7.1.1 引言 ································ 224
    7.1.2 场景描述方式 ···················· 224
    7.1.3 基于 OpenX 的场景构建过程 ······ 225
    7.1.4 仿真应用效果 ···················· 232

7.2 中国一汽基于 OpenX 标准的场景重构及试验验证 ······················· 233
    7.2.1 引言 ································ 234
    7.2.2 基于标准的场景采集与生成流程 ··· 234
    7.2.3 仿真场景测试验证应用 ············ 235
    7.2.4 总结 ································ 237

7.3 基于 OpenDRIVE 1.6 港口场景高精地图的表达及应用 ·················· 238
    7.3.1 引言 ································ 238
    7.3.2 港口场景的特点 ·················· 238
    7.3.3 OpenDRIVE 1.6 标准在港口场景的应用拓展 ····················· 239
    7.3.4 总结 ································ 240

7.4 ASAM OpenX 标准加速新型中德自动驾驶测试验证 ···················· 241
    7.4.1 引言 ································ 241
    7.4.2 基于 OpenX 标准的业务模式 ····· 241

7.5 OpenX 标准在大疆车载仿真测试中的应用 ··· 242
    7.5.1 引言 ································ 243
    7.5.2 应用案例 ·························· 243
    7.5.3 总结与展望 ······················ 248

7.6 OpenX 标准在中汽数据 ADX 仿真工具链中的应用 ······················ 248
    7.6.1 引言 ································ 248
    7.6.2 理解测试场景以及场景的区别 ···· 248
    7.6.3 基于 OpenSCENARIO 2.0 的逻辑场景搭建 ························· 249
    7.6.4 基于动静态交互的场景筛选及场景排序 ··· 250
    7.6.5 基于场景的动静态信息编辑 ······ 252
    7.6.6 场景的运行以及场景的推演及评价 ··· 252
    7.6.7 AD Chauffeur 仿真云平台中的应用（以赛事应用为例） ············ 253
    7.6.8 总结与展望 ······················ 255

7.7 OpenX 标准在腾讯 TAD Sim 中的应用 ········ 255
    7.7.1 引言 ································ 255

  7.7.2 自动驾驶云仿真平台 TAD Sim ……… 256
  7.7.3 OpenX 标准在 TAD Sim 中的应用 ……… 256
7.8 OpenSCENARIO 标准在 51 Sim-One
  软件中的应用 ……………………………… 258
  7.8.1 引言 ………………………………… 258
  7.8.2 OpenSCENARIO 标准在 51Sim-One 模拟
     仿真软件中的应用 ………………… 258
  7.8.3 应用案例 …………………………… 261
  7.8.4 支持更多 OpenX 标准 ………………… 263
7.9 小规模交通流场景下使用 ASAM Open
  SCENARIO 标准的场景仿真 ……………… 263
  7.9.1 场景的构建方法 …………………… 263
  7.9.2 OpenSCENARIO 应用案例介绍 …… 264
7.10 支持 OpenSCENARIO 标准的场景编译器 … 269
  7.10.1 引言 ………………………………… 269
  7.10.2 基于 OSC 的场景编译器架构与实现 …… 269
  7.10.3 应用案例 …………………………… 272
  7.10.4 总结 ………………………………… 274
7.11 OpenLABEL 标准在指定场景数据提取中的
   应用 ………………………………………… 274
  7.11.1 引言 ………………………………… 275
  7.11.2 OpenLABEL 数据构建 ……………… 276
  7.11.3 基于深度学习方法的特殊场景提取 …… 280
  7.11.4 应用案例 …………………………… 281

第 8 章 自动驾驶场景仿真技术未来发展趋势

8.1 现有自动驾驶场景仿真技术存在的问题 ……… 285
  8.1.1 缺乏道路 - 气象 - 交通相关联的复杂系统
     化建模理论研究 …………………… 285
  8.1.2 缺乏边界场景的泛化与强化生成研究 …… 287
  8.1.3 缺少具有中国特色的元素与驾驶特征的
     场景的仿真工具 …………………… 287
  8.1.4 缺乏针对自动驾驶场景仿真技术的标准 …… 288
  8.1.5 缺乏对于事故场景的高精度复现技术
     手段的研究 ………………………… 289
8.2 自动驾驶场景仿真技术发展路线 ……………… 290
  8.2.1 包含多元素的场景建模技术 ……… 290
  8.2.2 基于场景的高精度复现传感器的仿真 …… 291
  8.2.3 与实验数据对标，提高仿真场景的真实性 …… 293
  8.2.4 建立行业内统一的场景仿真规范 …… 294
  8.2.5 针对具体应用环境构建场景库 …… 294
8.3 自动驾驶场景仿真技术应用前景 ……………… 295
参考文献 ……………………………………………… 298

第 1 章 绪论

自动驾驶汽车是未来汽车科技的战略制高点。全球由自动驾驶引发的事故屡见不鲜，如何验证自动驾驶汽车的安全性成为当前行业的研究重点。科学完善的自动驾驶汽车测试评价体系需要完整的测试场景应用技术作为支撑。场景仿真技术作为测试场景与仿真测试应用的基石，离不开技术与标准的协调发展。本章就自动驾驶测试场景仿真技术的背景、定义与应用等进行概述，作为后续章节展开的基础。本章内容首先介绍了自动驾驶场景仿真的背景，以自动驾驶测试场景与仿真的关系作为切入点，说明了仿真测试对于测试场景应用的重要性；其次介绍了全球达成一致的测试场景与场景仿真的定义；然后对当前场景仿真应用的领域进行了梳理；最后总结了场景仿真的构建流程，并引出了通用标准对于场景仿真领域的重要影响。

1.1 自动驾驶场景仿真的背景

随着人类社会信息化、智能化的不断进步，智能汽车的应用领域已经成为衡量一个国家社会文明和科技进步的重要标志之一。然而，目前的交通情况复杂、车辆拥堵、事故频发，为智能驾驶技术的应用和智能汽车产业的发展带来了极大的挑战。此外，由于世界各国社会和经济环境千差万别，各地区的道路环境和交通习惯也大相径庭。中国的城市道路中快递、外卖、行人混行情况普遍存在，对于自动驾驶汽车的感知决策能力提出了更高的要求。而且中国的道路交通标志、标线设置存在一些不规范情况，不同地区之间也有差别。国内与国外的交通标志标线颜色、文字说明等方面也存在差别，这些在短期内很难得到改变。上述种种问题使得自动驾驶产业链的全球化发展和技术交流面临众多实际问题。而自动驾驶汽车作为新兴事物，对于道路测试的时间成本、各国对于自动驾驶的法律法规容忍度、极端场景及危险工况的测试安全性以及各国道路交通环境及习惯不同等问题，也都给自动驾驶系统研发测试带来诸多困难。

目前自动驾驶汽车的开发落地需要大量的测试验证，其测试不同于传统系统，需要在各种干扰条件下测试自动驾驶的性能，包含道路、交通参与者、天气、光照等各种条件因素。对于行业而言，即便算上那些允许进行测试的开放道路，目前能够进行测试的场地和环境还是远远不够。自动驾驶研发需要有极为庞大的数据进行支持。美国某研究机构有一项估算，一套自动驾驶系统至少需要经过约 180 亿 km 的验证才能达到量产条件。这表明组建一支 100 辆测试车构成的自动驾驶车队，以 40km/h 的平均车速全天 24 小时不停歇地测试，也要花费大约 500 年的时间才能完成对于自动驾驶系统的测试。此外，虽然目前对于开放道路的测试可以验证绝大多数场景，但对于自动驾驶系统在大雪、大雨、强风等极端场景下的安全性和可靠性的测试却存在一定的被动性，并且出现极端场景的效率极低，成本巨大，还存有一定的危险性。因此，自动驾驶场景仿真成为行业刚需。

根据《中国自动驾驶仿真技术研究报告（2019）》的预测，未来 5 年仿真软件与测试的国际市场总规模约在百亿美元左右。2020 年，由国家发展改革委、工业和信息化部等 11 部委联合印发的《智能汽车创新发展战略》也明确提到要实现突破复杂环境感知、重点支持研发虚拟仿真、软硬件结合仿真、实车道路测试等技术和验证工具，以及多层次测试评价系统、开展特定区域智能汽车测试运行及示范应用、验证车辆环境感知准确率等工作内容的任务。

目前自动驾驶仿真已经被行业广泛接受。例如美国自动驾驶领军企业 Waymo 旗下的仿真平台 Carcraft 每天在虚拟道路上行驶约 2×10^7 mile（约 3200 万 km），相当于在真实世界中行驶 10 年。截止 2020 年 5 月，Waymo 已经模拟行驶了 1.5×10^{10} mile。除 Waymo 外，通用汽车公司旗下的 Cruise 以及 AutoX、小马智行等国内外自动驾驶解决方案商也在进行大量的仿真测试，以完善自己的自动驾驶系统，仿真测试已经成为自动驾驶商用最重要的测试。

基于场景的仿真测试是解决自动驾驶路测数据匮乏的重要技术路线。仿真测试主要通过构建虚拟场景，实现自动驾驶感知、决策规划、控制等算法的闭环仿真测试，以满足自动驾驶测试的要求。场景是自动驾驶仿真测试的基础，场景对现实世界的覆盖率越高，仿真测试结果越真实。而且自动驾驶汽车研发的不同阶段对于场景的要求也不同，需要场景实现的测试功能也不同。

当前普通场景下的自动驾驶算法验证已经比较完善，对于出现概率较低且存在一定危险性的极端场景，利用仿真平台可以便捷生成，所以行业共识是加大仿真测试在自动驾驶测试中的占比。目前自动驾驶算法测试大约 90% 通过仿真平台完成，9% 在测试场完成，1% 通过实际路测完成。仿真测试结果可以在封闭场地进行测试认证，此外在道路测试基础上总结出危险场景，也可以反馈到仿真测试与封闭场地测试中，最终形成评价结果，逐步完善评价准则和测试场景库，实现仿真测试、封闭场地测试、道路测试的测试闭环，推动技术迭代升级。

目前，以虚拟仿真、封闭场地、公开道路构建的智能网联汽车三级评价体系，能够有效地解决高里程测试要求的问题。联合国 WP.29 自动驾驶 GRVA 工作组会议提出，虚拟仿真、场地测试、道路测试是智能网联汽车量产落地的三个重要支柱（Three Pillars），如何有效利用不同的测评方法对产品进行性能评估、功能评估、等级评估和预期功能安全评估成为行业亟待解决的共性问题。

自动驾驶场景仿真技术以计算机技术为基础，正进行着从数学物理仿真到高效能仿真的发展更迭，促使仿真技术在汽车行业应用日益广泛。自动驾驶场景仿真是智能汽车技术发展的必由之路，它打破了制约智能化、网联化汽车发展的屏障。自动驾驶场景仿真在自动驾驶产品市场化的最前端，有力地提高研发效率、提高社会安全性、降低研发成本、降低实车试验危险。无论是国内外大型 OEM、Tier1 供应商，还是高校、科研院所、政府协管机构，均针对智能网联技术展开了相关研究，同时也吸引更多社会智力资源加入智能网联产业，共同构建智能网联核心生态圈，促进智能网联技术的转型升级和产业化落地，促进国民经济与汽车工业的持续稳定健康发展。

1.2　自动驾驶测试场景与仿真的关系

1.2.1　测试场景的定义

"场景"一词并不是自动驾驶领域的专属名词，由于场景在不同的领域应用十分广泛，因此对场景形成共同的理解很重要。在过去十几年中，场景作为自动驾驶系统开发的需求指导性内容，功能的定义、开发、测试都离不开对场景的描述，经常出现在各类测试研究报告中。

在汽车行业尤其是自动驾驶领域，场景是从空间和时间维度描述人 - 车 -

路 - 环境之间复杂动态关系的模型，是自动驾驶汽车产品研发和功能开发的基础。Ulbrich 等提出情景（Scene）、情形（Situation）和场景（Scenario）的关联性，并认为场景是多个情景按照时序情形依次发生的过程，并会持续一段时间。欧盟 PEGASUS 项目系统分析了自动驾驶汽车不同研发阶段的测试需要，依据抽象程度和表达方式的不同，将场景分为功能场景、逻辑场景和具体场景三类，并结合测试需求将场景划分为道路层、交通设施层、临时调整的交通设施层、移动物体层、环境状态层和通信层六个层次。赵祥模等认为自动驾驶测试场景指在一定时空范围内，自动驾驶汽车与行驶环境中的其他车辆、基础设施、天气、光照、障碍物等要素综合交互的过程，同时，将场景要素分为静态要素和动态要素两大类。Geyer 等认为场景是自动驾驶测试要素，涵盖了环境元素、动态元素和驾驶指令，同时也包括了驾驶员的行为和自动驾驶的自主行为。美国国家公路交通安全管理局（NHTSA）发布的报告中提出了自动驾驶汽车测试场景的框架，具体包括车辆运动行为（DDT）、设计运行范围（ODD）、事件感知与决策行为（OEDR）和失效模式行为（FM），从车辆功能特征的角度对测试场景进行描述。

在 ISO 34501《Road vehicles—Test scenarios for automated driving systems —Vocabulary》中，对适用于自动驾驶系统的场景和测试场景的定义如下：

　　Scene（情景）——snapshot of all entities including the ADS/subject vehicle, scenery, dynamic environment, and all actor and observer self-representations, and the relationships between those entities.

　　Scenery（静景）——static environment, part of the surrounding environment that remains unchanged during a scenario.

　　Scenario（场景）——sequence of the scenes incorporated with the ADS（s）/subject vehicle（s）, and its/their interactions in the process of performing the Dynamic Driving Task（DDT）.

　　Test scenario（测试场景）——scenario intended for testing and assessment of ADS（s）/subject vehicle（s）."

场景是执行动态驾驶任务（DDT）过程中与自动驾驶系统 / 被试车辆发生交互的场景序列及其相互作用。近些年来，对于场景要素组成以及内部逻辑关系的研究，奠定了场景建模的理论基础。ISO 21448 中从预期功能安全的角度，将场景分为了已知安全场景、已知危险场景、未知安全场景、未知危险场景这四大类，希望通过不断发现更多的已知危险场景，从而缩小未知危险场景区域，来提高系统的安全性。除此之外，为了统一在不同的应用阶段，对场景的抽象描述方式，形成高效、可读的场景表达方法，业内基本达成共识，将场景划分为功能场景、逻辑场景、具体场景三大类。功能场景是一种语言描述，是在早期的开发阶段讨论场景使用；逻辑场景描述了场景中不同元素之间的逻辑关系，例如时序逻辑、因果关系等；具体场景是在逻辑场景的基础上，对其状态空间中的变量赋予具体的数值。

1.2.2 仿真的重要性

"零事故"是目前自动驾驶技术发展的重要目标之一，随着众多科技公司在自动驾驶领域的持续发力，传感器探测技术、目标识别技术、规划控制技术等都有了快速的发展，L2 及 L2 以下级别的辅助驾驶功能，已经能够在量产车上进行前装配套，并且受到了消费者的认可；高级别的自动驾驶能够在实验室、封闭场地和部分开放道路上实现各类功能。图 1-1 展示了部分企业开发的自动驾驶车辆。

图 1-1　部分企业开发的自动驾驶车辆

高级别的自动驾驶功能正式量产投放市场之前，需要进行大量的安全测试，保证它能够安全平稳运行。现阶段应用最为成熟、最能直接发现问题的测试方法仍为实车道路测试，美国交通部发布的相关数据中提到，驾驶员发生一起人身伤害的碰撞事故所需的平均里程数为 80 万 km，所需的平均时间为 35 年。美国某研究机构的相关数据显示：在 95% 置信度的前提下，要证明自动驾驶汽车在致死事故发生率方面比人类驾驶员低 20% 以上，需要至少进行 1.42×10^{10}km 的道路测试。鉴于目前造成伤亡的交通事故相比于总的车辆行驶里程，属于较罕见的意外事件，L4 及以上级别的全自动驾驶汽车必须积累数亿、甚至是数百亿公里的测试里程，其数据才能具有统计学意义，从而证明其自动驾驶技术在减少伤亡方面的可靠性。这对于计划在数年时间内将自动驾驶技术推向市场的相关厂商而言，根本就是一个不可能完成的任务。因此，许多学者认为，目前还没有经济、高效的实车测试评价方法，这也被称为"自动驾驶上路的陷阱"。由此可见，实车测试的长周期、高成本，很难满足数十亿公里的大样本与可靠性的要求，对于极限场景、危险场景这种小样本、小概率事件很难进行覆盖与复现，而且测试过程中的人员、设备安全性也很难保证，任何安全事故所带来的影响都是巨大的。除此之外，还应考虑到在不同国家、不同地区、不同城市的环境下，交通法规、道路条件、交通特征都会有不同的特点与差异，这也对自动驾驶系统的普适性提出了更高的要求。综上分析，传统的实车测试虽然有着直观的有效性优势，但也必须承认，其很难满足自动驾驶系统的可靠性与鲁棒性的测试需求。如果自动驾驶不能保证安全行驶，则会出现严重的安全事故，如图 1-2 所示。

图 1-2　自动驾驶系统面临的安全问题

因此，建立一种能够任意创造场景、复现复杂开放行驶环境的技术方法，显得尤为重要。而虚拟仿真技术，恰好能解决以上问题，通过仿真的技术手段，对汽车行驶过程中涉及的道路、气象、交通等复杂、动态的变化进行虚拟复现，实现对自动驾驶有效的测试验证，成为自动驾驶产品开发的关键核心技术，并且对于提升其安全性尤为重要。

虚拟仿真并不是新型的应用技术，在很多领域、学科都有着广泛的应用，但是在自动驾驶领域，它有着更加复杂的特点，需要多学科的交叉应用。通过精细的数学建模、高效的数值求解、高保真的三维渲染等技术手段，构建丰富的静态元素（道路、设施、气象等）与动态元素（车辆、行人、指示灯等）。实现这些元素后，就可以根据仿真需求来搭建各类的仿真场景。但仅仅有这些元素是远远不够的，这些场景元素与自动驾驶功能之间是割裂的，中间需要传感器模型作为桥梁，应用目标列表映射、像素映射、概率映射、物理特性映射等多种技术方式，实现车载传感器对于场景的感知过程，即传感器的仿真。因此，这两部分的技术——元素建模与传感器仿真，是自动驾驶汽车虚拟仿真测试的重要核心内容。图1-3展示了某款仿真软件的仿真效果。

图1-3　场景与传感器仿真

1.2.3　场景仿真的定义

随着科学的进步和技术的发展，场景仿真技术在军事、科研、娱乐等领域得到进一步发展，已经走进人类日常生活的每一个角落，而在汽车领域，随着自动驾驶方向的快速发展，场景仿真作为虚拟仿真测试的基础，逐渐引起行业重视。

在自动驾驶测试的范畴内，场景通常是描述道路、交通流、交通信号、气象环境等信息的表述，该表述可以用不同的方式描述出来。为了用人类可以理解的方式描述出来，行业通常采用文字和图表的方式，图1-4是典型的图文表达方式。为了将场景应用于仿真测试中，如何使场景能够被机器阅读与理解就至关重要，因此需要一种以代码描述的方式来描述场景，并使场景可以被仿真测试软件读取出来，这种方式行业称之为场景仿真，图1-5是典型的代码描述方式。

场景描述	备注	场景简图	子编号	本车初始状态					
				主车是否寻迹行驶	初始初始纵向位置：Dx_Init_Sub 单位：m	本车初始车道：Lane_Init_Sub	本车在车道线内相对于车道线中心横向位置：	本车初始纵向速度 Speed_Init_Sub 单位：km/h	本车朝向 Orient_Sub 单位：度
1. 平直路面，主车左右两侧车道线均为白色实线，中间车道线为白色虚线，车道宽度为3.5m 2. 主车以初始速度Speed_Init_Sub在-1车道中心行驶 3. 本车右侧车道(0车道)前方50m处，存在目标车1，以速度LogSpeed_init_Obj1在道路中心线匀速行驶 4. 主车与目标车相距Trigger1_DTC_Obj1时，目标车开始向左侧切入 5. 若目标车速度低于主车：目标车在切入50%后，主车开始识别目标车，AEB功能发出报警提醒并激活减速制动；若目标车高于主车，则AEB功能不激活		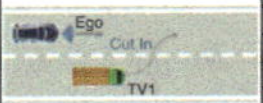	范围	–	–	[-3, 3]	[-11.25, 11.25]	[-60, 100]	[0. 360]
			Case_1	–	–	0	–	30	–
			Case_2	–	–	0	–	30	–
			Case_3	–	–	0	–	50	–
			Case_4	–	–	0	–	50	–
			Case_5	–	–	0	–	60	–
			Case_6	–	–	0	–	60	–
			Case_7	–	–	0	–	80	–
			Case_8	–	–	0	–	80	–
1. 平直路面，主车左右两侧车道线均为白色实线，中间车道线丢失，车道宽度为3.5m 2. 主车以初始速度Speed_Init_Sub在-1车道中心行驶 3. 本车左侧前方50m处，存在目标车1，以速度LogSpeed_init_Obj1在道路中心线匀速行驶 4. 主车与目标车相距Trigger1_DTC_Obj1时，目标车开始向右侧切入 5. 若目标车速度低于主车：目标车在切入50%后，主车开始识别目标车，AEB功能发出报警提醒并激活减速制动；若目标车高于主车，则AEB功能不激活		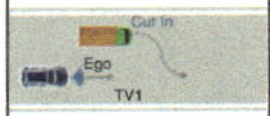	范围	–	–	[-3, 3]	[-11.25, 11.25]	[-60, 100]	[0. 360]
			Case_1	–	–	-1	–	30	–
			Case_2	–	–	-1	–	30	–
			Case_3	–	–	-1	–	50	–
			Case_4	–	–	-1	–	50	–
			Case_5	–	–	-1	–	60	–
			Case_6	–	–	-1	–	60	–
			Case_7	–	–	-1	–	80	–
			Case_8	–	–	-1	–	80	–

图 1-4　文字、图表的描述方式

```
<OpenSCENARIO>
  <FileHeader revMajor="1" revMinor="0" date="2021-03-19T09:13:34" description="car_run" author="catarc"/>
  <ParameterDeclarations/>
  <CatalogLocations>
    <VehicleCatalog>
      <Directory path="D:/Qt/ADScenario/build-ADScenario-Desktop_Qt_5_9_9_MinGW_32bit-Debug/app/debug/resources/xosc/Catalogs/Vehicles"/>
    </VehicleCatalog>
  </CatalogLocations>
  <RoadNetwork>
    <LogicFile filepath="D:/Qt/ADScenario/build-ADScenario-Desktop_Qt_5_9_9_MinGW_32bit-Debug/app/debug/resources/xodr/e6mini.xodr"/>
    <SceneGraphFile filepath=""/>
  </RoadNetwork>
  <Entities>
    <ScenarioObject name="car1">
      <CatalogReference catalogName="VehicleCatalog" entryName="car_white"/>
    </ScenarioObject>
    <ScenarioObject name="dut.car">
      <CatalogReference catalogName="VehicleCatalog" entryName="car_blue"/>
    </ScenarioObject>
  </Entities>
  <Storyboard>
```

图 1-5　典型的代码描述方式

1.2.4　基于场景的仿真应用

1. 感知模块开发与验证中的场景仿真

在开发智能驾驶系统的感知模块时，目前主流的方案是采用机器学习方法，通过标注的样本数据，训练算法，从而获得想要的结果模型。一个鲁棒性强、适用范围广的算法，其卷积神经网络的参数会非常多，这需要提供大量的训练数据集才能使得算法收敛，获取更优质的算法模型。

真实采集的训练集，由于缺少真值，需要通过纯人工或者半人工的方式对数据中的目标物进行标注与核对，虽然其真实性较高，但是为了提高效率与准确度，需要大量的人力投入，无法有效地降低边际成本；采集的场景在算法优化后期，势必面临无法覆盖边角、危险工况场景的问题。

目前各家主流智驾公司的算法不断推陈出新,传统人工标注的数据集方式越来越无法满足复杂算法开发的需求,都已经开始研究通过仿真的技术手段创造场景,供算法的训练与测试。这里,我们需要注意的是,场景的仿真绝不是实现画面的呈现这么简单,仅仅实现这部分功能,只能叫作场景动画,远远达不到场景仿真的程度。我们需要将场景中的信息,通过不同的形式,传递给感知算法或工程师,只有实现这个功能,才能称为实现了自动驾驶场景的仿真。

(1)仿真场景的视觉呈现

视觉上对场景的仿真是最直观的呈现方式,由仿真技术生成的画面,可以供视觉算法进行算法的训练、测试标定,同时也可以使工程师观察到当前的场景。

目前主流的仿真技术通常是依靠渲染引擎,来实现对画面的仿真。渲染引擎技术已经在游戏、影视等领域发展几十年了,其画面的呈现效果、透视关系等,通过开发人员的设计,可以得到准确的呈现。常用的渲染引擎有UnrealEngine、Unity3D、OGRE、OpenSceneGraph等。但智能驾驶领域的场景仿真,区别于传统领域的建模渲染,并不仅仅是对单一场景的仿真与呈现,如某一游戏关卡、某一影视场景,而是需要形成一套工具,用户可以完全自定义场景中的内容,包含天气、道路、交通设施、车、人等,通过不同的元素组合、状态变化,从而形成不同的场景。因为仿真的技术特点是先有元素的状态,再根据其属性通过复杂的计算,得到画面的呈现,所以其具备先天的优势:自带"真值",画面中呈现出的元素,设计者可以准确地知道其种类、位置、速度、姿态等内容,这就免去了繁琐的人工标注过程。图1-6是某款仿真工具对于不同场景的仿真画面。

图1-6　仿真场景的快速遍历

实现了场景的仿真，仍不能最大地发挥仿真的技术优势。要知道，仿真的场景是通过计算机图形学计算出来的画面，通过对生成的参数加以泛化，则可以基于某些元素，快速生成大量的场景，再通过对参数的约束，形成具有针对性的场景集。这部分功能，是真实采集的场景无法实现的，既可以大大降低生成场景的边际成本，又可以通过人为设计，形成大量危险、复杂的场景集。

（2）仿真场景其他的呈现方式

除了视觉摄像头需要数据集的训练与测试，其他常见的传感器，如毫米波雷达、超声波雷达、激光雷达等，也可以通过场景的仿真来实现训练与测试数据集的构建。目标感知类的传感器目前主要有两种仿真方式：

1）在场景的仿真过程中加入"光线追踪"技术。光线追踪是一种"来自几何光学的通用技术，它通过追踪与光学表面发生交互作用的光线，得到光线经过路径的模型"。这个定义听起来有些晦涩，我们不妨说简单一点：首先假设屏幕内的世界是真实的，当光线投射到物体表面时，通常会同时发生三件事，即光被吸收、反射和折射。特别是当光被折射到不同方向时，光谱就会发生变化。无论怎样，光线总会经过一系列的衰减最后进入人的眼睛，光线追踪就是要计算出光线发出后经过一系列衰减再进入人眼时的情况，这样可确保 3D 画面看起来更真实。

借助这种技术，开发人员把对光线的建模修改为对超声波、毫米波、激光等能量形式的建模，则可以准确得到不同传感器在场景中反射的情况，如图 1-7 所示。这种技术需要复杂的建模过程，并且需要高算力的图形处理器的支持，技术难度比较高。

图 1-7 激光雷达的仿真效果

2）通过数学建模，以物理模型与概率模型相结合的技术手段，整体描述空间中目标物在不同传感器下的反射特性。这种方式更关注场景中目标物对传感器信号的反射状态，而不是对整个场景的反射情况进行仿真，需要依据传感器的实验数据来进行建模与标定。

2. 规控模块开发与验证中的场景仿真

规控算法的输入通常为目标列表的状态信号，其描述了周围相关目标物的不同属性信息。但由于规控算法更加关注动态的场景内容，如不同疏密程度的交通流的状态变化、交通设施的信号变化，以及道路起伏、曲率变化等，所以需要在场景仿真的过程中，将场景中元素的信息做统一输出。

由上文的阐述可知，仿真场景中的目标物是自带真值的，所以对于这部分场景信息的仿真相对比较简单，这也是各类场景仿真工具中最基础的功能。通过场景自定义工具，设计好场景中元素的动作流程，通常有按照时间序列与按照触发动作两种设计方式。按照场景的描述，可以仿真设计出切入、切出、紧急停车等各类场景。

规控模块开发对于动力学、闭环等内容的仿真需求，在此不做叙述。

1.3 场景仿真的构建流程

自动驾驶场景仿真是自动驾驶仿真测试的源头和基础，目前关于场景仿真的思路，主要流程包括场景数据集构建及仿真场景转化两个阶段。其中构建自动驾驶仿真场景的数据源，包括自然驾驶场景数据、标准法规数据及危险事故场景数据。其中自然驾驶场景数据基于真实车辆搭建采集平台，按照规划采集路线进行数据采集、数据清洗、数据标注等工作，标注后得到的数据集形成逻辑场景参数空间取值范围，根据泛化原则形成具体用例，从而构建功能场景 - 逻辑场景 - 具体用例的场景数据集矩阵；标准法规场景数据是基于现有智能网联汽车功能法规，主要来源于 ISO、SAE、CNCAP、ENCAP、GB 等标准文件，包括 ACC、AEB、LKA、LDW、BSD 等功能；对于事故数据库，主要针对 CIDAS 数据及 GIDAS 数据，做相应场景数据提取，形成场景数据集。场景数据集形成之后，进行仿真场景构建，具体包括以下工作：

1）静态场景构建：基于采集的传感器、高精地图等信息，根据数据存储标准转化为静态场景数据，中间可能涉及采用专业软件探面、探线、提取矢量化结果，实现分层分类和实体化、存储几何属性等工作。

2）动态场景构建：基于采集的交通传感器、路况等信息，根据数据存储标准转化为动态场景数据，中间可能涉及对传感器数据进行分析，将其转化为结构化轨迹与属性数据，基于基础案例数据泛化生成多个动态场景等工作。

3）基于数据标准将静态和动态场景整合为虚拟场景的数据格式，并存储该场景的关键信息，例如数据采集的时间地点、静态场景类型（城市交叉口、高速收费站等）、动态场景类型（通畅、拥堵、闯红灯、违规变道等）。

11

随着不同场景仿真软件的使用，对于场景通用性及复用性要求逐步提升，目前国际通用场景数据格式标准主要为 ASAM 组织制定的 OpenX 标准，包括静态道路逻辑信息标准格式 OpenDRIVE，以及动态交通流信息标准格式 OpenSCENARIO。其中 OpenDRIVE 描述了驾驶仿真应用所需的静态道路交通网络，并提供了标准交换格式说明文档。该标准的主要任务是对道路及道路上的物体进行描述。OpenDRIVE 格式使用文件拓展名为 xodr 的可拓展标记语言（XML）作为描述路网的基础。存储在 OpenDRIVE 文件中的数据描述了道路的几何形状以及可影响路网逻辑的相关特征，例如车道和标志。OpenDRIVE 描述的路网可以是人工生成或来自于真实世界的，其主要目的是提供可用于仿真的路网描述，并使这些路网描述之间可以进行交换。而 OpenSCENARIO 包含了仿真应用中动态内容的说明及文件组成模式，其主要用于描述多车复杂操作工况，定义了一个数据模型以及以此为基础的文件格式，用于描述驾驶与交通仿真模拟器、虚拟开发、测试与验证中使用的场景。OpenSCENARIO 的主要应用体现在描述复杂的、同时发生的车辆操作行为，其中包括多个不同的实体实例，如车辆、行人以及其他交通参与者。场景的描述可基于驾驶员的驾驶行为或运动轨迹的实例。

仿真测试应用端，对于 OpenDRIVE 地图的构建，除了利用带有 Open 接口的仿真软件手动搭建之外，也可利用实采的高精地图，经过三次多项式拟合生成，生成满足 OpenDRIVE 格式的仿真标准地图。这部分往往需要具备测绘资质的公司去完成，但是经过三次多项式拟合后的 OpenDRIVE 地图是间断式拟合，往往需要进行一些手工的平滑处理，否则在仿真场景里面会出现断层、断面、车道线丢失等一系列问题。此外，对于高精度地图高程信息的释放也需要进行相关处理，以满足国家地图信息释放要求。

而对于 OpenSCENARIO 的动态场景生成，同样也可以利用仿真软件自带的 OSC 接口，输出 OSC 格式的标准文件。此外，行业内一些企业及机构也正在推进基于 OpenSCENARIO 标准的场景自动生成工具，本书第 7 章重点介绍了部分企业、机构及高校对于 OpenSCENARIO 标准的应用情况。

> 本章从概述的角度出发，介绍了自动驾驶场景仿真的背景、自动驾驶测试场景与仿真的关系以及场景仿真的构建流程，综合阐述了自动驾驶场景仿真的定义与重要意义——自动驾驶场景仿真技术是支撑汽车自动驾驶及其测试评价技术的核心要素与关键技术。测试场景作为自动驾驶功能评价的基础，与仿真测试、场地测试和真实道路测试一起构成了自动驾驶功能测试验证的多重支柱。而场景仿真技术作为连接测试场景与仿真测试的桥梁，更是自动驾驶功能测试中至关重要的一环。

第 2 章 场景仿真技术与标准现状

当前，在自动驾驶场景仿真领域，国内外纷纷开展研究与应用，各类工具与软件百花齐放，实现的功能多样，采用的技术路线不一，行业逐渐形成了对于统一的通用要求、描述方法、接口与格式等多方面的标准化需求。本章将首先基于当前汽车行业应用较广的仿真测试工具链中场景仿真的实现形式，系统化地梳理当前国内外自动驾驶场景仿真技术研究的现状；其次通过对联合国世界车辆法规协调论坛 WP29 提出的多支柱法、ISO 国际标准组织制定的自动驾驶测试场景标准以及由 ASAM 标准协会制定的 OpenX 场景仿真系列标准的介绍，总结归纳国际标准法规现状；最后从国家政策、国家标准和团体标准层面，概述我国自动驾驶场景仿真领域的标准法规现状。

2.1 自动驾驶场景仿真技术研究现状

自动驾驶系统的场景仿真是自动驾驶车辆测试和试验的基础关键技术，也是未来行业定义自动驾驶车辆相关开发与准入技术标准的基础工具。场景仿真测试与真实物理测试互为补充，缺一不可。基于场景的测试方法可以弥补基于里程的测试方法的局限性，在提高系统开发效率、产品落地效率方面都有重要作用。

自动驾驶仿真测试平台必须要具备几种核心能力：真实还原测试场景、高效利用路采数据生成仿真场景、云端大规模并行加速等。这使得仿真测试满足自动驾驶感知、决策规划和控制全栈算法的闭环。目前，众多科技公司、车企、自动驾驶方案解决商、仿真软件企业、高校及科研机构等主体都在积极投身虚拟仿真平台的建设。

在场景仿真领域，当前国内外行业仿真软件百花齐放，各软件实现的功能多样、模型精度不一。整体来看，国外在场景仿真领域起步较早，相对成熟的仿真软件较多，且形成了较为完整的仿真测试软硬件体系；国内场景仿真虽起步晚，但得益于中国驾驶场景的多样化，国内仿真软件在场景数据与云仿真领域也具备一定的先进性。本节将针对国内外部分仿真软件的场景仿真技术进行简单介绍。

2.1.1 国外场景仿真技术研究现状

1. VTD

VTD（Virtual Test Drive）是德国 VIRES 公司开发的一套用于 ADAS、主动安全和自动驾驶的完整模块化仿真工具链。VIRES 已经于 2017 年被 MSC 软件集团收购。VTD 目前运行于 Linux 平台，它的功能覆盖了道路环境建模、交通场景建模、天气和环境模拟、简单和物理真实的传感器仿真、场景仿真管理以及高精度的实时画面渲染等，可以支持从 SIL 到 HIL 和 VIL 的全周期开发流程，开放式的模块式框架可以方便地与第三方的工具和插件联合仿真。VIRES 也是广泛应用的自动驾驶仿真开放格式 OpenDRIVE、OpenCRG 和 OpenSCENARIO 的主要贡献者，VTD 的功能和存储也依托于这些开放格式。VTD 的仿真流程主要由路网搭建、动态场景配置、仿真运行三个步骤组成。

1）VTD 提供了图形化的交互式路网编辑器 Road Network Editor（ROD），在使用各种交通元素构建包含多类型车道复杂道路仿真环境的同时，可以同步生成 OpenDRIVE 高精地图。

2）在动态场景的建立上，VTD 提供了图形化的交互式场景编辑器 ScenarioEditor，提供了在 OpenDRIVE 基础上添加用户自定义行为控制的交通体，或者是某区域连续运行的交通流。

无论是 SIL 还是 HIL，无论是实时还是非实时的仿真，无论是单机还是高性能计算的环境，VTD 都提供了相应的解决方案。VTD 运行时可模拟实时高质量的光影效果及路面反光、车身渲染、雨雪雾天气渲染、传感器成像渲染、大灯光视觉效果等（图 2-1）。

2. PreScan

PreScan 是由 Tass International 研发的一款 ADAS 测试仿真软件，2017 年 8 月被西门子收购。PreScan 是一个模拟平台，由基于 GUI 的、用于定义场景的预

图 2-1　VTD 软件场景仿真界面

处理器和用于执行场景的运行环境构成。工程师用于创建和测试算法的主要界面包括 MATLAB 和 Simulink。PreScan 可用于从基于模型的控制器设计（MIL）到利用软件在环（SIL）和硬件在环（HIL）系统进行的实时测试等应用。PreScan 可在开环、闭环以及离线和在线模式下运行。它是一种开放型软件平台，其灵活的界面可连接至第三方的汽车动力学模型（如 CarSIM 和 dSPACE ASM）和第三方的 HIL 模拟器/硬件（如 ETAS、dSPACE 和 Vector）。PreScan 由多个模块组成，使用起来主要分为四个步骤：搭建场景、添加传感器、添加控制系统、运行仿真（图 2-2）。

1）搭建场景：PreScan 提供一个强大的图形编辑器，用户可以使用道路分段，包括交通标牌、树木和建筑物的基础组件库，包括机动车、自行车和行人的交通参与者库，修改天气条件（如雨、雪和雾）以及光源（如太阳光、车灯和路灯）来构建丰富的仿真场景。新版的 PreScan 也支持导入 OpenDRIVE 格式的高精地图，用来建立更加真实的场景。

2）添加传感器：PreScan 支持种类丰富的传感器，包括理想传感器、V2X 传感器、激光雷达、毫米波雷达、超声波雷达、单目和双目相机、鱼眼相机等。用户可以根据自己的需要进行添加。

3）添加控制系统：可以通过 MATLAB/Simulink 建立控制模型，也可以和第三方动力学仿真模型（如 CarSIM、VI-Grade，dSPACE ASM 的车辆动力学模型）进行闭环控制。

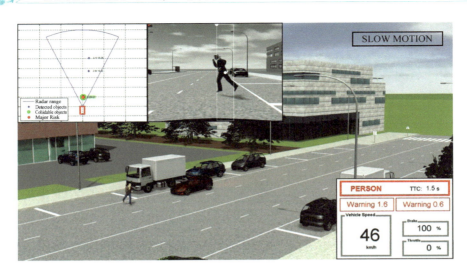

图 2-2　PreScan 软件场景仿真界面

4）运行仿真：3D 可视化查看器允许用户分析仿真的结果，同时可以提供图片和动画生成功能。此外，使用 ControlDesk 和 LabView 的界面可以用来自动运行仿真批次的场景以及运行硬件在环模拟。

3. CarMaker

CarMaker 以及相关的 TruckMaker 和 MotorcycleMaker 是德国 IPG 公司推出的动力学、ADAS 和自动驾驶仿真软件。CarMaker 首先是一个优秀的动力学仿真软件，提供了精准的车辆本体模型（发动机、底盘、悬架、传动、转向等），除此之外，CarMaker 还打造了包括车辆、驾驶员、道路、交通环境的闭环仿真系统（图 2-3）。

图 2-3　CarMaker 软件场景仿真界面

1）IPG Road：可以模拟多车道、十字路口等多种形式的道路，并可通过配置 GUI 生成锥形、圆柱形等形式的路障；可对道路的几何形状以及路面状况（不平度、粗糙度）进行任意定义。

2）IPG Traffic：交通环境模拟工具，提供丰富的交通对象（车辆、行人、路标、交通灯、道路施工建筑等）模型，可实现对真实交通环境的仿真。测试车辆可识别交通对象并由此进行动作触发（如限速标志可触发车辆进行相应的减速动作）。

3）IPG Driver：先进的、可自学习的驾驶员模型，可控制在各种行驶工况下的车辆，实现诸如上坡起步、入库泊车以及甩尾反打方向盘等操作；并能适应车辆的动力特性（驱动形式、变速器类型等）、道路摩擦系数、风速、交通环境状况，调整驾驶策略。

CarMaker 作为平台软件，可以与很多第三方软件进行集成，如 ADAMS、AVLCruise、rFpro 等，可利用各软件的优势进行联合仿真。同时，CarMaker 配套的硬件提供了大量的板卡接口，可以方便地与 ECU 或者传感器进行 HIL 测试。

4. PTV Vissim

Vissim 是德国 PTV 公司提供的一款世界领先的微观交通流仿真软件。Vissim 可以方便地构建各种复杂的交通环境，包括高速公路、大型环岛、停车场等，也可以在一个仿真场景中模拟包括汽车、轨道交通和行人的交互行为（图 2-4）。它是专业规划和评价城市与郊区交通设施的有效工具，也可以用来仿真局部紧急情况交通的影响、大量行人的疏散等。Vissim 的仿真可以达到很高的精度，包括微观的个体跟驰行为和变道行为，以及群体的合作和冲突。Vissim 内置了多种分析手段，既能获得不同情况下的多种具体数据结果，也可以从高质量的三维可视化引擎获得直观的理解。无人驾驶算法也可以通过接入 Vissim 的方式使用模拟的高动态交通环境进行仿真测试。

图 2-4　PTV Vissim 软件场景仿真界面

5. CarSim

CarSim 以及相关的 TruckSim 和 BikeSim 是 Mechanical Simulation 公司开发的强大的动力学仿真软件,被世界各国的主机厂和供应商广泛使用。CarSim 针对乘用车、轻型货车,TruckSim 针对多轴和双轮胎的货车,BikeSim 针对两轮摩托车。CarSim 是一款整车动力学仿真软件,主要从整车角度进行仿真,它内建了相当数量的车辆数学模型,并且这些模型都有丰富的经验参数,用户可以快速使用,免去了繁杂的建模和调参的过程。CarSim 模型在计算机上运行的速度可以比实时快 10 倍,可以仿真车辆对驾驶员控制、3D 路面及空气动力学输入的响应,模拟结果高度逼近真实车辆,主要用来预测和仿真汽车整车的操纵稳定性、制动性、平顺性、动力性和经济性(图 2-5)。CarSim 自带标准的 Matlab/Simulink 接口,可以方便地与 Matlab/Simulink 进行联合仿真,用于控制算法的开发,同时在仿真时可以产生大量数据结果,用于后续使用 Matlab 或者 Excel 进行分析或可视化。CarSim 同时提供了 RT 版本,可以支持主流的 HIL 测试系统,如 dSPACE 和 NI 的系统,方便联合进行 HIL 仿真。

CarSim 也有 ADAS 相关功能的支持,可以构建参数化的道路模型以及 200 个以上运动的交通物体,使用脚本或者通过 Simulink 外部控制它们的运动,同时添加最多 99 个传感器,对运动和静止的物体进行检测。最近的 CarSim 版本在 ADAS 和自动驾驶开发方面进行了加强,添加了更多的 3D 资源,如交通标识牌、行人等,以及高精地图的导入流程。同时 CarSim 也提供了一个 Unreal 引擎插件,可以和 Unreal 引擎进行联合仿真。

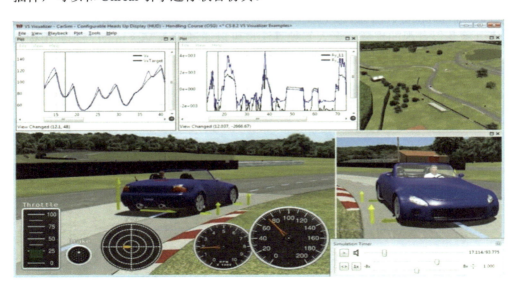

图 2-5 CarSim 软件场景仿真界面

6. RightHook

RightHook 是一家成立于美国加利福尼亚州的初创公司，为自动驾驶行业提供仿真解决方案。RightHook 提供了一整套的工具链，包括 RightWorld、RightWorldHD、RightWorldHIL 等（图 2-6）。RightWorld 提供了从高精地图自动重建有丰富细节的虚拟场景的流程，同时提供了简单易用的测试案例创建流程，在案例创建后通过 AI 算法可以对案例进行有机的扩展。RightWorld 也提供了包含车辆、行人和自行车的确定性的智能交通仿真模型。RightWorldHD 对动力学、天气、时间变化和传感器（包括摄像头、Lidar、Radar、IMU 和 GPS）的模拟，同时支持丰富的（包括 NVIDIA DriveWorks、LCM 和 ROS）接口。RightWorldHIL 提供了对于混合了软件，算法和硬件的 HIL 测试的支持。

图 2-6　RightHook 软件场景仿真界面

7. NVIDIA Drive Constellation

NVIDIA Drive Constellation 是 NVIDIA 推出的自动驾驶仿真平台，在硬件上主要由两部分组成：一台是 DGX 服务器，上面运行着 Drive Sim 软件系统，依托 DGX 的强大图形计算能力，真实地仿真了实际环境中的光照、夜晚和各种天气变化；另外一台服务器搭载了 DRIVE AGX Pegasus 车载计算机，用来运行自动驾驶全栈的算法，两部分形成了完整的 HIL 仿真闭环（图 2-7）。

8. AAI

AAI（Automotive Artificial Intelligence）是一家 2017 年成立于柏林的初创公司。AAI 构建了一套复杂的基于高精地图创建的高仿真虚拟环境，将利用人工智能技术将交通参与者集成到虚拟仿真环境中，并利用来自于实际生活中的驾驶行

图 2-7　NVIDIA Drive Constellation 软件场景仿真界面

为数据，使用机器学习算法训练参与者行为，从而产生攻击型驾驶员、温和型驾驶员和防御型驾驶员等驾驶员档案，其目标是复制真实世界，逼真地模拟所有道路使用者和环境因素。AAI 支持多种传感器模拟，也提供分析器对仿真产生的数据进行深入的分析（图 2-8）。

图 2-8　AAI 软件场景仿真界面

9. AirSim

AirSim 是微软研究院开源的一个建立在虚幻引擎（Unreal Engine）上的无

人机以及自动驾驶模拟研究项目。AirSim 实现为一个虚幻引擎的插件，它充分利用了虚幻引擎打造高还原的逼真虚拟环境的能力，可以模拟阴影、反射等现实世界中的环境，以及虚拟环境可以方便产生大量标注数据的能力，同时提供了简单方便的接口，可以让无人机和自动驾驶的算法接入进行大量的训练（图 2-9）。AirSim 的主要目标是作为 AI 研究的平台，以测试深度学习、计算机视觉和自主车辆的端到端的强化学习算法。最新的 AirSim 也提供了 Unity 引擎的版本，添加了激光雷达的支持。

图 2-9　AirSim 软件场景仿真界面

2.1.2　国内场景仿真技术研究现状

1. AD Chauffeur

AD Chauffeur 仿真云平台（以下简称"AD Chauffeur"）作为一款由中汽数据有限公司自主研发的集驾驶数据仿真场景库、复杂车辆动力学模型、多层次在环仿真、仿真测试评价、云测试等于一体的自动驾驶虚拟仿真测试软件，为自动驾驶系统仿真验证提供建模、开发、测试、评价一体化解决方案（图 2-10）。

目前 AD Chauffeur 已集成了仿真测试场景数据库、场景编辑、产品级动力学仿真、传感器仿真、自动化测试、快速验证、多层次在环测试、云端仿真、智能驾驶算法开发 9 大功能模块和 23 项子功能模块，从而可提高自动驾驶系统开发和验证的效率，满足自动驾驶应用功能和系统安全的要求，保证其安全性及可控性。

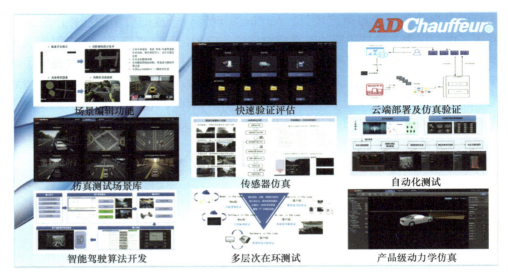

图 2-10　AD Chauffeur 的功能模块

AD Chauffeur 相比国际同类仿真工具，在自动化测试系统、云仿真测试评价方法、多种静态模型编辑导入、动态交通流模拟、仿真工作流引擎、多用户高并发等卡脖子技术方面进行了创新突破。通过"世界智能驾驶挑战赛"等实践验证，平台在同一时间节点可保证 100 个以上任务提交的大规模高并发。

根据中汽数据已建立的国内独有的面向自动驾驶的仿真场景库，AD Chauffeur 内置场景库包含了自然驾驶场景库、标准法规场景库、事故场景库和参数重组场景库、交通法规场景库、V2X 场景库、预期功能安全场景库 7 大维度共 500 余类仿真测试场景（后期可扩展），可提供 ADAS 功能测试场景及部分自动驾驶功能测试场景（图 2-11）。此外，AD Chauffeur 按不同的自动驾驶功能将自然驾驶场景库细分成一一对应的功能场景库，为自动驾驶系统开发和测试提供评判手段。

2. PanoSim

PanoSim 是一款面向汽车自动驾驶技术与产品研发的一体化仿真与测试平台，包括高精度车辆动力学模型、高逼真汽车行驶环境与交通模型、车载环境传感器模型和丰富的测试场景等，以及面向汽车自动驾驶软硬件开发的场景及交通流构建、车辆建模、环境传感器构建、虚拟试验台、动画与绘图等系列工具链，具有很强的开放性与拓展性，支持第三方的二次定制化开发，操作简便友好（图 2-12）。

PanoSim 中的场景编辑器（FieldBuilder）主要用于创建或编辑仿真实验所需三维虚拟场景和环境（包括道路和道路网络结构、道路路面和车道信息、地形、

图 2-11　AD Chauffeur 场景仿真界面

图 2-12　PanoSim 场景仿真界面

周边建筑和交通设施等），其功能特色包括：通过在二维平面任意且友好地绘制道路线或道路网络线，或通过导入道路线或地图数据，系统自动生成包含道路、车道线、地形和周边环境的三维试验场景；支持对车道线、道路路面纹理、附着属性、周边环境、地形高度等信息的灵活定制和同步预览，兼容多种格式复杂的路面特征信息，自动生成所见即所得的逼真三维虚拟试验场景；支持用户分组自定义丰富的场景数据库，最大程度利用已有基础场景元素进行复制组装并快速生成同类新场景，能够为数字化虚拟试验场的构建提供完整的解决方案。

PanoSim 中试验设置运行承担 PanoSim 核心操作枢纽角色，涵盖试验分组管理、选择试验场景、设置环境条件（如天气等）、摆放试验车辆、安装车载传感（如摄像机、雷达等）、部署交通元素（如路障、交通标志等）、设置交通模型（如干扰交通、随机交通等）、设置试验参数、设置驾驶参数、试验运行跟踪（与 Matlab/Simulink 无缝集成）等多项子模块。

3. 51Sim-One

51Sim-One 是 51VR 自主研发的一款集多传感器仿真、交通流与智能体仿真、感知与决策仿真、自动驾驶行为训练等一体化的自动驾驶仿真与测试平台。该仿真平台基于物理特性的机理建模，具有高精度和实时仿真的特点，用于自动驾驶产品的研发、测试和验证，可为用户快速积累自动驾驶经验，保证产品性能安全性与可靠性，提高产品研发速度并降低开发成本。

通过 WorldEditor 快速地从无到有创建基于 OpenDRIVE 的路网，或者通过点云数据和地图影像等真实数据还原路网信息；支持导入已有的 OpenDRIVE 格式的文件进行二次编辑，最终由 51Sim-One 自动生成所需要的静态场景；支持在场景中自由地配置全局交通流、独立的交通智能体、对手车辆、行人等元素来构建动态场景，结合光照、天气等环境的模拟来呈现丰富多变虚拟世界（图 2-13）。

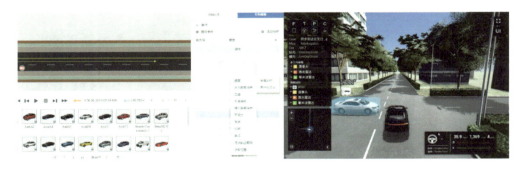

图 2-13　51Sim-One 场景仿真界面

51Sim-One 已经内置了一系列场景库和测试案例库，无论是开放区域的真实场景、大规模的城市道路还是乡村道路、高速公路、停车场等环境都可以轻松再现，再加上大量的危险工况测试案例，能快速达成测试目标。

4. Pilot-D GaiA

GaiA（Generatable artificial interactive Automation）系统是一款由沛岱（上

海）汽车技术有限公司（Pilot-D Automotive）基于德国自动驾驶仿真核心技术研发的，用于自动驾驶和高级驾驶员辅助系统开发和验证的仿真工具开发架构。该软件可以构建不同宽度、长度、俯仰/侧倾角和曲线以及十字路口的路段，可以为每个路段定义单独的摩擦系数和道路附件，如交通车道、非机动车道或人行道（图 2-14）。另外该软件可以添加模型库中的路边对象，且可以随时扩展该库。该模块也支持采集的现实场景的重现。交通参与者（包括自行车和行人）可以轻松被生成。他们的运动状态可以单独设置，也可以由标准自动运动模式控制。由此生成的 AI 智能交通可以覆盖绝大多数的现实交通状况。GaiA 的天气控制模块可以对自动测试时的天气进行改变，模拟现实环境中雨、雪等天气，以及这些天气对毫米波雷达等环境感知传感器和车辆控制的影响。

图 2-14　GaiA 场景仿真界面

5. TADSim

腾讯 TAD Sim 以高精度地图为基础，凭借腾讯的游戏引擎、虚拟现实、云游戏技术，集成工业级的车辆动力学模型和渲染引擎，辅以三维重建技术和虚实一体交通流，可实现自动驾驶感知、决策、控制等全部模块的闭环仿真验证。在仿真系统中，腾讯利用现实中采集的高精度地图模拟场景，并通过无人机和地面激光雷达扫描成像构建完整的 3D 环境（图 2-15）。这意味着，仿真系统内除高精度地图外，外部激光点云及视觉信息同样包含在内。在车辆动力学模型方面，TAD Sim 可提供简易模型，并支持第三方模型及车厂自有模型。在交通流方面，基于高精度地图真实道路数据模拟交通流，腾讯模拟仿真系统可自设定编辑交通流，加入随机化、人工设定的交通流。

自动驾驶场景仿真与 ASAM OpenX 标准应用

图 2-15　TADSim 场景仿真界面

2.2　自动驾驶场景仿真标准法规现状

当前，场景仿真测试已广泛应用于自动驾驶功能的开发与测试中。随着越来越多的仿真软件投入市场，仿真测试已逐步由单一软硬件演变成多厂商多品牌软硬件的联合仿真。针对这一现状，行业对于能够提供统一的场景仿真格式与接口格式的标准需求越来越高，基于此背景，由 ASAM（德国自动化及测量系统标准协会）制定并推广的仿真场景格式标准——OpenX 系列标准得到了全球众多从业者的关注与参与。

此外，如何验证自动驾驶汽车的安全也是当前行业面临的一个难题。2018 年，联合国世界车辆法规协调论坛提出了多支柱法，其中场景与仿真成为重要的两个支柱，应用于相关主管部门对自动驾驶汽车的安全验证和准入相关工作中。因此，国内外开展了大量针对自动驾驶汽车验证的场景仿真标准法规制定工作。

本节将针对国内外场景仿真标准法规的进展情况进行简单介绍。

2.2.1　国际标准法规现状

1. 联合国 WP29 多支柱法

（1）概述

UN/WP29 的全称为联合国世界车辆法规协调论坛，是我国汽车行业参加的主要国际汽车技术法规组织，其制定的汽车法规和认证标准对我国汽车行业和国际贸易发展有着重要作用。为支持智能网联汽车技术健康快速发展，2018 年 6 月，UN/WP29 对组织机构进行了最大力度的改革，将原制动与行驶工作组（GRRF）与智能交通/自动驾驶非工作组（ITS/AD IWG）整合重组，成立自动驾驶车辆工作组（GRVA），主要职责包括加快推进自动驾驶功能要求、自动驾驶测试验证方法、网络安全、软件升级等自动驾驶相关法规的制定与协调（图 2-16）。

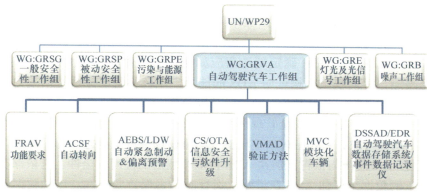

图 2-16　GRVA 自动驾驶工作组组织架构

其中，在 VMAD 自动驾驶安全验证方法子工作组中，形成了一个新评测方法（New Assessment/Test Method，NATM）。目前 NATM 还处于起草阶段，但其提出的安全验证框架在国际上取得了广泛的认同，对行业具有指导意义，尤其是多支柱法的概念已经在国际上形成了共识。

（2）多支柱法

验证自动驾驶系统（ADS）是一项非常复杂的任务，仅通过一种验证方法既不能全面也不能有效地完成。因此，VMAD 建议 NATM 采用多支柱方法对 ADS 进行验证，多支柱法包括一个场景目录和五种验证方法，如图 2-17 所示。

图 2-17　VMAD 提出的多支柱法

1）场景目录：包括在给定的行程中可能发生的真实驾驶情况的描述，将作为工具在各测试支柱中用来验证 ADS 的安全性。

2）仿真/虚拟测试：使用不同类型的仿真工具链来评估 ADS 是否符合安全要求，使用的仿真场景范围较广，包括一些在现实世界中很难甚至不可能测试的场景。

3）场地测试：使用带有各种场景元素的封闭测试场地来测试 ADS 的能力和

功能。

4）实际道路测试：使用公共道路测试和评估 ADS 的性能及其在真实交通条件下的驾驶能力。

5）审核/评估程序：确定制造商应如何使用文件、仿真测试、场地测试、实际道路测试等向权威机构证明 ADS 的能力。审核将验证与系统相关的危害和已经被识别的风险，并且具备一致的设计安全概念。审核还将验证是否具有健全的过程、机制和策略（即安全管理体系），以确保 ADS 在整个车辆生命周期内满足相关的功能要求。它还应评估不同支柱与测试场景覆盖度之间的互补性。

6）使用中监测与报告：解决 ADS 投放市场后的使用安全性。它依靠在现场收集的车辆数据来评估 ADS 在道路上运行时是否保持安全性。这种数据收集还可以用于为通用场景数据库提供来自真实驾驶中的新场景，并允许整个 ADS 社区从主要的 ADS 事故及事件中学习。

（3）仿真测试支柱与可信度评估框架

自动驾驶系统在复杂条件下的性能，可以通过仿真测试的方法进行评估。通过对仿真模型的运用，仿真测试可确保对 ADS 进行全面评估，在 ADS 的开发和验证中扮演着主要角色，是 NATM 的主要支柱之一。其使用环境包括：

1）仿真测试可用于 ADS 开发和验证的不同阶段。

2）仿真测试可全面、高效地探索 ADS 在不同 ODD 下的不同场景中的表现，用于多种测试目的。

3）通过模拟，仿真测试特别适用于在封闭场地或公共道路上难以复制和/或不安全的关键场景下对 ADS 进行测试。

仿真测试由很多方面组成，如图 2-18 所示，主要分成被测系统和测试系统两部分。被测系统即 ADS 系统，可以是模型也可以是真实部件；测试系统主要由三个方面组成，分别是传感器模型、仿真世界以及动力学模型。其中仿真世界也就是场景仿真，是本书讨论的重点，相关内容会在接下来的章节中详细介绍。

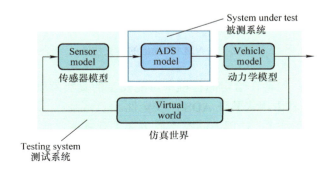

图 2-18　仿真测试系统组成

然而使用仿真测试的方法来验证 ADS 的难度极大。UTAC 曾使用仿真测试的方法来验证 AEB 功能，他们在实践中发现该方法的复杂性，即便 AEB 功能相对于高级别自动驾驶来说已经是相对简单的功能了。由于 ADS 的场景过于复杂且需要满足的条件太多，导致很难使用同样的方法来验证自动驾驶的安全性。

汽车行业并不是第一个面临这个难题的行业，航空领域早在很久之前就遇到过这个问题，但由于飞机在飞行中遇到的状况相对汽车来说比较简单，因此跟汽车相比，需要考虑的场景维度相对较少，但验证思路是非常值得借鉴的。鉴于此，VMAD 提出了仿真工具链的可信度验证的思路，主要参考了 NASA 的技术标准 NASA-STD-7009A 仿真与模型标准以及 NASA 工具书 NASA-STD-7009A 的应用指南。可信度评估框架包含四个方面，分别是模型与仿真管理、模型与仿真分析、模型与仿真验证、模型与仿真确认，如图 2-19 所示。OEM 应按照可信度评估框架，对其开发与测试中仿真工具链相关部分做文档记录，并提交给权威机构做审核与评估，此外，权威机构的评审员还将针对集成后的系统做第三方仿真测试并出具报告。

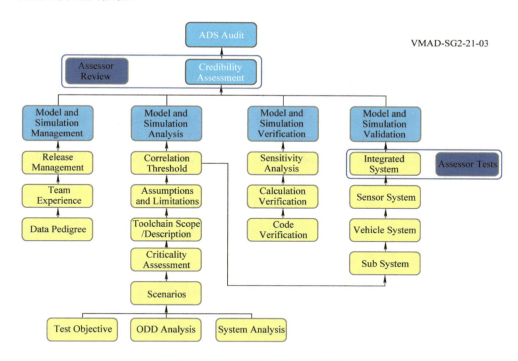

图 2-19　仿真测试可信度评估框架

值得注意的是，目前场景支柱部分还在讨论中，哪些场景将用于仿真测试支柱、以何种场景仿真的格式、对应场景通过容差等关键性问题尚无定论。

2. ISO 自动驾驶测试场景标准

国际标准化组织（International Organization for Standardization，ISO）是标准化领域中的一个国际性非政府组织。ISO 于 1947 年成立，总部位于瑞士日内瓦，以"在全世界范围内促进标准化工作的发展，以便于国际物资交流和服务，并扩大在科学、知识、技术和经济方面的合作"为宗旨。ISO 的主要活动是制定国际标准，在世界范围内对标准化工作进行协调，组织各技术委员会和成员国进行情报交流，并与其他国际组织进行合作，共同研究标准化相关问题。

中国国家标准化管理委员会（SAC）代表中国参加 ISO 工作。

ISO 发展至今，下设 249 个技术委员会（TC），与汽车工业领域直接相关的技术委员会为 ISO/TC22（道路车辆技术委员会）。

2018 年 4 月 27 日，中国汽车技术研究中心有限公司（以下简称"中汽中心"）代表中国汽车行业参加国际标准化组织道路车辆技术委员会车辆动力学分委会（ISO/TC22/SC33）全体会议，正式提出开展自动驾驶测试场景国际标准制定的提案，获得 SC33 全体会议认可。会议通过决议（TC22/ SC33 RESOLUTIONS IN 2018-Resolution 67）指定中国担任新组建工作组（WG9）召集人，统筹开展自动驾驶测试场景相关标准研究与制定工作。这是我国专家首次担任汽车行业 ISO 工作组的召集人，是我国在汽车国际标准化方面迈出的重要一步。WG9 工作组下一步工作重点是形成现阶段工作情况报告，尽快制定完成和发布该系列标准，为国际相关标准法规及产业应用提供支持。

自动驾驶场景工作组截止至 2022 年 7 月，已有两项进入国际标准最终草案阶段（Final Draft of International Standard，FDIS），一项进入国际标准草案阶段（Draft of International Standard，DIS），一项进入委员会草案阶段（Committee Draft，CD），一项进入工作草案阶段（Working Item，WI），见表 2-1。

表 2-1　ISO TC22/SC33 WG9 自动驾驶场景工作组研究内容

标准号	标准名称	牵头国家
ISO/FDIS 34501	道路车辆—自动驾驶系统测试场景—词汇	中国
ISO/FDIS 34502	道路车辆—自动驾驶系统测试场景—基于场景的安全验证框架	日本、德国
ISO/DIS 34503	道路车辆—自动驾驶系统测试场景—设计运行范围分类方法	英国、日本
ISO/CD 34504	道路车辆—自动驾驶系统测试场景—场景分类	德国、荷兰
ISO/WI 34505	道路车辆—自动驾驶系统测试场景—场景评估以及测试用例生成	中国、德国

（1）ISO/FDIS 34501　道路车辆—自动驾驶系统测试场景—词汇

该标准规定了自动驾驶系统（ADS）测试场景的术语和定义。这些内容适用于 ISO/SAE 22736 中规定的 3 级及以上 ADS。术语和定义标准是自动驾驶系统测试场景的基础，制定适当的国际标准将在支持自动驾驶车辆的测试、评估和管

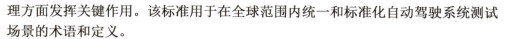

理方面发挥关键作用。该标准用于在全球范围内统一和标准化自动驾驶系统测试场景的术语和定义。

（2）ISO/FDIS 34502　道路车辆—自动驾驶系统测试场景—基于场景的安全验证框架

该标准为自动驾驶（AD）系统测试场景和基于场景的安全评估过程提供了指导和最先进的工程框架。工程框架阐明了在产品开发过程中应用的基于场景的总体安全评估过程。本指南和框架适用于ISO/SAE 22736中定义的3级及以上AD系统。

（3）ISO/DIS 34503　道路车辆—自动驾驶系统测试场景—设计运行范围分类方法

该标准规定了用于定义自动驾驶系统（ADS）设计运行范围（ODD）的分层分类法的基本要求。ODD包括静态和动态属性，可以用来开发测试场景，在测试场景中，ADS被设计用来运行。该标准还定义了ODD属性的基本测试程序。该标准适用于ISO/SAE 22736中规定的3级及以上自动驾驶系统。ISO/SAE 22736定义了设计运行范围（ODD）的概念。ODD的定义是确保ADS安全运行的基础，因为它定义了ADS的运行条件。

虽然世界范围内的自动驾驶行业可能会发展出不同的自动驾驶类型，但仍有必要为制造商、运营商和消费者提供关于ODD定义框架的指导，最终用户和监管机构应确保自动驾驶的安全部署。本文件将帮助自动驾驶制造商纳入ODD定义的最低属性，并允许最终用户、运营商和监管机构参考ODD定义的最低属性集。

（4）ISO/CD 34504　道路车辆—自动驾驶系统测试场景—场景分类

该标准定义了一种针对场景的分类方法，可以提供用于描述场景的标签属性信息。该标准适用于ISO/SAE 22736中规定的3级及以上自动驾驶系统。

（5）ISO/WD 34505　道路车辆—自动驾驶系统测试场景—场景评估以及测试用例生成

该标准提供了一种评估测试场景以及基于已知测试功能的、可被追溯测试能力的、从测试场景到测试用例的方法体系。本标准同时明确测试场景中的重要元素属性，包含但不限于测试初始化条件、测试激发条件、测试步骤、通过与不通过条件以及预期测试结果等。该标准同时描述了测试用例逻辑关系，例如与真实世界、数据来源及数据库（如出现频率、危险程度、复杂程度）以及被测功能的关联性，又如设计运行范围的覆盖度的评价体系以及条件。该标准适用于ISO/SAE 22736中规定的3级及以上自动驾驶系统。

为更好地开展该标准的支撑工作，全国汽车标准化技术委员会智能网联汽车分技术委员会（以下简称"汽标委智能网联汽车分委"）（SAC/TC114/SC34）成立了自动驾驶测试场景国际标准制定支撑专家组，并建立了 ISO3450X 各项标准的国内对口研究项目组，统筹开展国际标准转化可行性分析、内容研究与验证试验等工作，以国际及国内自动驾驶测试场景标准同步研究、同步制定为原则，建立与国际水平接轨的中国自动驾驶测试场景标准体系。

此外，依托于自动驾驶测试场景国际标准制定支撑专家组的相关研究工作，由中国汽车技术研究中心有限公司组编，于 2020 年出版了智能网联汽车研究与开发丛书之一《自动驾驶测试场景技术发展与应用》。它作为本书的前篇，是本书所述研究内容的基础。

3. ASAM 场景仿真标准

对于智能汽车发展来说，各项测试标准至关重要，这不仅决定着相关技术的发展水平，也攸关各国家（地区）智能汽车未来的发展格局。从目前的发展态势看，由 ASAM（德国自动化及测量系统标准协会）制定并推广的 OpenX 标准正引领自动驾驶场景模拟仿真测试标准的发展。

ASAM 是一家非政府的汽车领域标准化制定机构，1998 年成立至今，已有来自亚洲、欧洲、北美洲的 350 余家主机厂、供应商及科研机构加入成为会员（图 2-20），共同推动汽车开发和测试中工具链的标准化工作。

图 2-20　ASAM 全球会员分布情况（截至 2021 年底）

ASAM 标准定义了整个车辆开发过程中用于开发和测试的接口、协议、文件格式和数据模型。根据 ASAM 标准开发的工具和产品可以轻松集成到现有工具链，并实现无缝数据交换。ASAM 推出的标准涉及多个汽车标准领域，包括仿真、车联网、测量与校准、诊断、自动化测试、软件开发、ECU 网络和数据管理与分析等。ASAM 标准领域如图 2-21 所示。

图 2-21　ASAM 标准领域

（1）仿真领域自动驾驶标准的起源

2016 年，德国联邦经济与能源部启动 PEGASUS 项目，旨在开发一套自动驾驶功能测试程序，以促进自动驾驶技术的快速落地。PEGASUS 项目内容包括：定义自动驾驶车辆在仿真、测试场地以及实际环境中的测试与试验标准流程；开发一个持续的和灵活的工具链以维护自动驾驶开发与验证；在开发早期的阶段集成测试；创建跨整车厂的方法来维护高度自动驾驶功能等。

PEGASUS 项目于 2019 年 5 月结项，其中一项重要研究成果就是 Open-CRG、OpenDRIVE、OpenSCENARIO 驾驶场景仿真格式标准。该标准已于 2018 年正式从戴姆勒和 VIRES 转交 ASAM 进行下一步标准维护与开发。以此为契机，ASAM 于 2018 年新开创一类标准——仿真，用于制定和协调自动驾驶领域的相关仿真标准。

随着自动驾驶技术的发展，仿真测试对于自动驾驶的安全落地至关重要，ASAM 发布的 OpenX 标准得到了全球广泛关注，热度逐渐提升。成员单位提出希望制定更多的仿真领域标准，并以 OpenX 命名，其中就包括 OpenLABEL 等。2019 年 10 月，由宝马开发的 OSI 标准正式移交 ASAM 进行维护与开发。至此，ASAM 目前已启动的 OpenX 标准项目共计 5 项，同时随着全球自动驾驶测试需求的提升，更多的标准提案与计划已经提上日程。

（2）OpenX 系列标准推进仿真格式统一

在推动自动驾驶技术落地的过程中，仿真是目前国际上测试与验证的重要途径。但在实际发展过程中，各整车厂、供应商以及仿真工具商使用的数据格式与接口五花八门，制定统一的仿真格式标准势在必行。自 ASAM 推出 OpenX 系列格式标准以来，全球已有超过 100 家企业参与了该系列标准的制定，包括欧美日的主要整车厂、一级供应商等。

目前，在 ASAM 仿真验证领域，OpenX 系列标准主要包括 OpenDRIVE、OpenSCENARIO、OpenCRG、Open Simulation Interface（OSI）、OpenLABEL、OpenXOntology 和 Test Specification Study Group 七个板块，如图 2-22 所示。在仿真测试的整体流程中，OpenDRIVE 和 OpenSCENARIO 针对仿真场景的不同数据格式进行统一；OpenCRG 实现了路面物理信息与静态道路场景的交互；OpenLABEL 将对于原始数据和场景给出统一的标定方法；OSI 连接了自动驾驶功能与仿真工具，同时集成了多种传感器；OpenXOntology 是仿真测试的领域模型，体现了各 OpenX 标准的映射关系；Test Specification Study Group 是一个仿真测试体系研究的工作组，目前尚未形成标准项目，致力于研究场景仿真与仿真测试之间的关系。

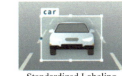
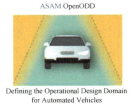

图 2-22　ASAM OpenX 系列标准概览

2.2.2 我国标准法规现状

1. 国家政策层面

为加强道路机动车辆生产企业及产品准入管理，推动智能网联汽车产业健康有序发展，工信部装备工业一司组织编制了《智能网联汽车生产企业及产品准入管理指南（试行）》（征求意见稿）（以下简称《指南》文件），于 2021 年 4 月 8 日向社会公开征求意见。

《指南》文件包含主文件十条要求以及四个附件，分别为《附件 1 智能网联汽车生产企业安全保障能力要求》《附件 2 智能网联汽车产品准入过程保障要求》《附件 3 智能网联汽车产品准入测试要求》《附件 4 名词解释》。《指南》文件的实施范围为申请准入的具备有条件自动驾驶、高度自动驾驶功能的智能网联汽车生产企业及其产品，也就是驾驶自动化分级中的 L3 及 L4 级别的自动驾驶汽车。《指南》文件可以归纳为企业准入和产品准入两部分，其中产品准入还包括过程保障要求和测试要求。主文件与各附件内容的对应关系如图 2-23 所示。

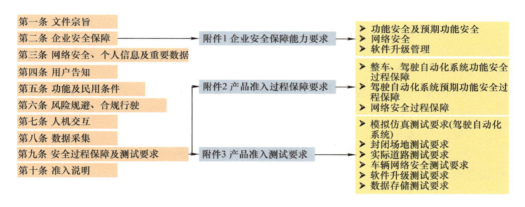

图 2-23 《指南》文件框架与内容

整体来说，《指南》文件系统的规定了 L3、L4 级自动驾驶企业及产品的准入纲领性要求，但尚缺乏具体的技术规范、测试要求、技术指标；单从纲领性要求来看，为满足安全保障要求，准入门槛较高，相较于传统车辆准入，智能网联汽车企业及产品准入成本将明显提高。

《指南》文件的发布将进一步推动智能网联汽车产业健康有序发展，引导企业按照要求提升产品的一致性、安全性、有效性，建立全流程的研发生产安全保障能力。

仿真测试是《指南》文件中对产品准入的测试要求之一，一共包含 7 条内容，摘录如下：

驾驶自动化系统模拟仿真测试的要求至少包括：

（一）模拟仿真测试应能验证驾驶自动化系统在典型场景和连续场景下的安全性、道路交通规则符合性，满足相应的道路交通安全要求。典型场景应覆盖封闭场地测试所要求的测试场景及设计运行范围所要求的驾驶自动化功能场景；模拟仿真测试中连续场景应能反应实际道路测试的场景要素组合情况。

（二）应说明驾驶自动化系统的组成及工作原理、驾驶自动化功能及其设计运行条件、风险减缓策略、最小风险状态以及必要的安全风险提醒等。

（三）应说明模拟仿真测试的软硬件环境和工具链、驾驶自动化功能验证的场景库，以及使用的车辆动力学、传感器等模型及其关键参数。

（四）应能在多个相同场景下，通过封闭场地和实际道路测试，并与模拟仿真结果对比，验证模拟仿真测试的有效范围。

（五）应提供模拟仿真测试过程中所涉及的测试类型、测试方法、评价方法、测试流程以及测试数据存储等说明。应保证模拟仿真测试结果的可追溯性。

（六）应覆盖产品设计运行条件内的道路、基础设施、交通环境等要素，构建典型场景，验证产品所声明的驾驶自动化功能是否符合安全要求。

（七）应定义设计运行条件内不同场景要素的参数组合，针对驾驶自动化功能建立可合理预见的测试场景库；通过连续自动化仿真测试，验证驾驶自动化系统是否符合功能安全和预期功能安全要求。

模拟仿真测试要求整合了企业仿真能力要求和测试要求，但是对企业能力要求比重仍较大。此外，仿真测试要求中，反复提到并强调了仿真测试对场景的要求，主要内容包括：

1）仿真测试需验证典型和连续两种场景，不能简单通过单一测试用例来进行仿真测试。

2）对仿真测试的工具链和验证场景进行管理，尤其是关键模型的精确度。

3）强调了在相同场景下的仿真测试有效性验证。

4）提出了场景对产品产品设计运行条件的覆盖要求，不仅要构建典型场景，而且应定义不同场景要求的参数组合，针对驾驶自动化功能建立可合理预见的测试场景库。

由此可见，场景仿真在智能网联汽车产品的安全验证方面至关重要，是智能网联汽车产品能否真正落地的关键元素。

2. 国家标准层面

（1）关于《自动驾驶功能仿真测试标准化需求研究报告》

随着智能化信息化与汽车的深度融合，汽车正在从传统的交通运输工具转变为新型的智能出行载体，各企业都积极在智能网联汽车研发中大量投入，功能开发的方式越来越多元化，功能测试的手段也越来越多样化。联合国 WP29 GRVA

工作组提出多支柱法，以道路测试、场地测试、仿真测试、审核等多种方法来支撑自动驾驶功能的评价。仿真测试作为新兴的测试手段仍存在着诸多问题，国际和国内均尚不具备完善的标准体系，缺乏统一的认识。

在此背景下，汽标委智能网联汽车分委在 2019 年成立了自动驾驶功能仿真测试标准化需求研究项目组，集合行业主流技术供应商、车企和第三方检测机构，通过分析行业现状、技术发展、法律法规及国内外标准等对仿真测试标准化需求及其可行性进行梳理与分析，为下一步国家标准制定提供参考。

作为该项目组的研究成果，《自动驾驶功能仿真测试标准化需求研究报告》于 2020 年发布。在该研究报告编制过程中，各起草单位参阅了大量材料，并借鉴了行业的部分素材，从自动驾驶功能仿真测试现状、自动驾驶功能仿真测试通用要求标准化研究、自动驾驶功能仿真测试工具标准化研究、自动驾驶功能仿真测试场景标准化研究、自动驾驶功能仿真测试流程与评价方法标准化研究五个方面对行业现状做了梳理，并针对各领域的标准化可行性做了分析，形成了如下结论：

1）优先启动：仿真测试的术语和定义、仿真测试对象及其要求、仿真测试的可重复性和真实性要求、自动驾驶功能基础仿真测试场景及其通过评价指标的标准化工作。

2）推迟启动：仿真模型精度要求、仿真测试工具之间及仿真工具内部的数据传输接口、仿真测试工具性能要求、仿真测试场景设计方法、仿真测试场景管理方法、仿真测试场景数据格式、仿真测试流程的标准化工作。

3）不启动：仿真测试的全面性要求、仿真测试场景评价方法、仿真测试数据管理的标准化工作。

（2）关于《智能网联汽车自动驾驶功能仿真试验方法及要求》

在前文所述的《自动驾驶功能仿真测试标准化需求研究报告》的基础上，汽标委智能网联汽车分委于 2021 年 4 月成立了国家推荐性标准《智能网联汽车自动驾驶功能仿真试验方法及要求》项目组，推动标准制定的预研工作。

《智能网联汽车自动驾驶功能仿真试验方法及要求》的内容包含仿真测试的术语和定义、仿真测试对象及其要求、仿真测试的真实性和可重复性要求、自动驾驶功能基础仿真测试场景及其通过评价指标。该标准将与《智能网联汽车自动驾驶功能场地试验方法及要求》《智能网联汽车自动驾驶功能道路试验方法及要求》相结合，构成多支柱中的重要部分，并与《智能网联汽车自动驾驶系统通用技术要求》配合服务自动驾驶技术的发展。

3. 团体标准层面

（1）C-ASAM 工作组：ASAM 标准的中国化

中国的驾驶场景极具特色，不仅道路结构、交通标志、交通信号灯等形态各异，人车混流的交通状况也为构建动态仿真场景增加了许多难度。为了更有针对性地解决与中国特色场景相关的诸多问题，ASAM 于 2018 年与中汽中心下属中汽数据有限公司（以下简称"中汽数据"）开展技术交流。中汽数据在驾驶场景、模拟仿真等领域取得的进展得到了 ASAM 的高度认可。

早在 2018 年 4 月，中汽中心驾驶场景及仿真测试团队就在支撑国际标准化组织 ISO/TC22/SC33/WG9 自动驾驶测试场景工作组标准制修订工作。2018 年 10 月，ASAM 邀请中汽数据专家参加 OpenDRIVE、OpenSCENARIO 标准项目启动大会并发表演讲，这是中国场景第一次在世界自动驾驶开发者面前亮相，得到了包括奥迪、大众、沃尔沃等整车企业的持续关注。

2019 年 9 月，中汽数据与 ASAM 联合发表声明，共同组建 C-ASAM 工作组。C-ASAM 作为 ASAM 中国区唯一官方代表单位，全权负责统筹管理中国区 ASAM 会员、举办 C-ASAM 相关会议和培训，并由深度参与 ASAM 标准制定的中汽数据代表定期向成员更新 ASAM 标准研究进展、促进成员参与国际标准制定以及国际合作等相关事务。针对 ASAM OpenX 模拟仿真测试场景标准、XIL 在环测试标准、ODS 数据管理工具，C-ASAM 成员积极开展研究与开发工作。C-ASAM 工作组将整合中国智能网联汽车行业，利用国际合作平台价值，实现互通互利，携手共进，达成共赢的局面。

基于数据接口和格式等仿真验证领域的共性问题，ASAM 引入的 OpenX 系列标准填补了行业多项空白。该系列标准的推出与完善，使得仿真测试场景中各要素之间的隔阂逐渐被打破，原本孤立的各环节的贯通与交互成为可能。以宝马、大众、博世为代表的百余家国际厂商，已纷纷参与到该系列标准的制定与使用中。而随着国内如上汽、百度等企业不断加入 C-ASAM 工作组，我国汽车仿真验证领域的国际化接轨进程将加快，OpenX 系列标准的影响也将不断扩展。

（2）中国汽车工业协会发布的团标《智能网联汽车自动驾驶系统功能测试技术规范》

2019 年 10 月 14 日，中国汽车工业协会发布了《智能网联汽车自动驾驶功能测试技术规范》等十项团体标准意见稿，包括自动驾驶系统功能测试相关的通则与术语、避障与自动紧急制动、并道行驶与超车、跟车行驶、人工操作与接管、靠边停车、仿真测试、无线通信和信息安全评价测试等九大技术分类。

《智能网联汽车自动驾驶系统功能测试技术规范》由中国汽车工业协会联合组织，并在上海机动车检测认证技术研究中心有限公司、一汽解放汽车有限公司、中国信息通信研究院、吉利大学、北京百度网讯科技有限公司、重庆长安汽车股份有限公司、长城汽车股份有限公司、上海汽车股份有限公司等多家单位的参与下完成。

自动驾驶的仿真测试是车辆上路之前重要的检验方法。该技术规范分别从自动驾驶系统的组成、自动驾驶汽车的开发流程、场景及测试方法等多个方面对测试的内容进行分类，介绍每个流程的具体测试规范。

1）按照自动驾驶系统组成，仿真测试内容包括分级的感知系统测试、决策规划系统测试、控制执行系统测试，以及端到端的仿真测试。

2）按照开发流程，自动驾驶系统设计不是一个简单的迭代过程，可以分为概念设计、详细设计、工程样机设计和系统集成设计等。

3）按照测试方法，可以分为软件在环、硬件在环、车辆在环、驾驶员在环等仿真测试。

不论是在自动驾驶汽车开发与验证阶段，还是监管部门的测试与准入阶段，场景仿真技术都始终贯穿其中，场景仿真格式与接口更是仿真测试应用的必要条件。因此，本书后几章将针对场景仿真技术中的关键要素，从当前自动驾驶行业通用的场景抽象分级模型、适配此模型的 ASAM OpenX 系列标准、动静态场景描述语言以及我国部分企业与机构的应用情况等方面进行详细阐述。

第 3 章 场景抽象分级与仿真应用

如何将场景描述出来,并且让不同的使用者能够互相理解,是研究驾驶场景的基础。一个科学合理的场景抽象分级模型可以有效地减少利益相关者之间的沟通成本,而一个能够使人类和机器同时理解的描述语言则是场景仿真技术的基石。此外,一个通用的标准体系也能够大大提升不同工具链之间数据交互的流通性和接口协议的兼容性。本章将重点介绍当前国际上普遍认可的场景抽象分级四层模型的概念、基于场景模型的仿真测试流程与框架,以及当前国际通用的 ASAM OpenX 场景仿真标准体系与其他标准结合的方法。

3.1 场景抽象分级

为了描述交通事件的演变,我们需要考虑环境的快照,称之为 Scene(即情景)。Scene 包含环境、静态和动态交通要素、所有行动者和观察者的表现,以及这些实体之间的关系。与 Scene 不同,Scenario(即场景)描述的是时间跨度。场景是对一系列情景随着时间推移的演变的描述。为了描述场景的时间发展,我们使用了行动和事件以及相关参与者的目的地和对应的参数值,而场景的描述也可以根据需求和应用目的的不同而分成不同的层级。

2018 年,德国 PEGASUS 项目提出了场景三层抽象分级,即功能场景、逻辑场景、具体场景，并在全球范围内获得了行业的一致认同，逐渐成为行业通用的场景分级标准。然而从 2018 年至今，人们在该分级模型的应用实践中发现，三层分级模型对于当前的驾驶场景工程应用，尤其是在仿真工程应用中渐渐显露出它的局限性。因此，2021 年，由 PEGASUS 的后续项目 VVM（Verificationand Validation Method）中的专家提出了场景四层抽象分级模型概念，在三层分级模型的基础上，新增了抽象场景这一层级，并被 ISO 34501 采纳，纳入了国际标准体系。

图 3-1 展示了场景四层抽象分级模型及其之间的关系，按照功能场景—抽象场景—逻辑场景—具体场景的顺序，抽象化程度逐渐降低，但场景数量逐渐增加。接下来的各小节，将对四层模型的概念进行展开介绍。

图 3-1　场景四层抽象分级模型及其关系

3.1.1　功能场景

功能场景是抽象行为场景的非形式化的自然语言描述。这种描述是一种非控制的、自由风格的语言，通常指的是功能规范。它不是机器可读的，但也可能支持某些元素的可视化表达。通常人们将功能场景描述形式用于创建场景的第一步，它的抽象程度是最高的，场景数量最少。一个典型的功能场景描述如下：

1）基本道路信息：3个机动车车道线的曲线道路，交通标志限速100km/h。
2）静态目标：无。
3）动态目标：交通堵塞，主车靠近中间车道，车流缓慢同行。
4）环境：夏天、下雨。

3.1.2 抽象场景

抽象场景是形式化的、机器可阅读的、声明式的描述（如对发生事件的限制），并能有效地描述复杂关系（如因果关系）。这一级别的描述是人机可读的，允许工具将其作为输入格式读取、处理和合成工件。当然，抽象场景也可以用自然语言表达，功能场景和抽象场景之间的区别在于，抽象场景是正式的且机器可读的。抽象场景描述通常与一个本体（或者更确切地说是本体家族）紧密联系在一起，大大提高了所使用术语的精度。

抽象场景可以使用约束条件捕捉属性和行为之间的依赖和关系。这一抽象水平适用于场景演示和ODD的描述需求。图3-2展示了一个典型的抽象场景描述"骑自行车的人横穿一条有障碍物遮挡的人行横道"，它从左至右描述了一个随时间迁移的情境序列TSCs（Traffic Sequence Charts）。图3-2展现出两种可能出现的场景：上图为本车在人行横道前制动，骑自行车的人安全穿过马路；而在下图中，本车与骑自行车的人发生碰撞。从这个抽象的场景空间，我们可以很容易地指定场景的子集，例如，通过选择一条TSCs的路径，并将"障碍物"具体化为"停车货车"，如图3-3所示。

3.1.3 逻辑场景

逻辑场景是一组场景的参数化表示，其中影响因素通过参数范围和分布来描述，并允许参数的变化。在此场景中不指定所有参数的具体值，但提供值的可选范围。其目的是在仿真或测试的过程中，通过选择范围外的具体数值来允许参数值的变化，可以通过预定义步骤、分布函数或者随机性来实现。逻辑场景的自由维度构成了一个场景空间。一个典型的功能场景描述如下：

1）基本道路信息：车道宽3~3.5m，曲率半径0.6~0.9km，交通标志位置0~200m。
2）静态目标：无。
3）动态目标：交通拥堵车流终点10~200m，交通拥堵车流速度0~30km/h，主车距离50~300m，主车速度80~130km/h。
4）环境：温度10~40℃，雨水颗粒尺寸20~100μm。

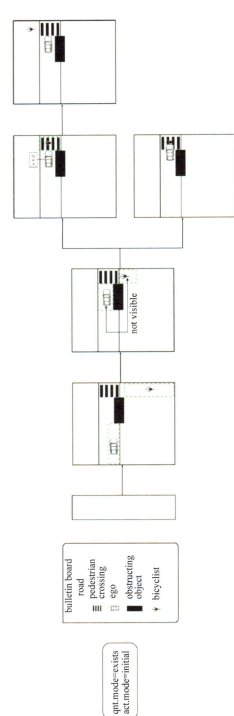

图 3-2 抽象场景的情境序列图：骑自行车的人横穿一条有障碍物遮挡的人行横道

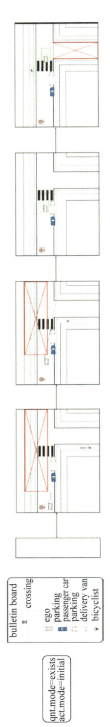

图 3-3 抽象场景的子集：骑自行车的人横穿一条有障碍物遮挡的人行横道

3.1.4 具体场景

具体场景是一个单一的场景，它精确地描述一个特定的情景和带有固定参数的事件链，并可以被特定语言描述出来，如 OpenDRIVE 和 OpenSCENARIO。一般情况下，一个具体场景可以由固定一个逻辑场景的所有参数取值演变而来，与之相反的，一旦没有提供具体场景的某一参数值，该场景就会成为一个逻辑场景。一个典型的具体场景描述如下：

1）基本道路信息：车道宽 3m，曲率半径 0.8km，交通标志位置 50m。
2）静态目标：无。
3）动态目标：交通拥堵车流终点 60m，交通拥堵车流速度 10km/h，主车距离 150m，主车速度 90km/h。
4）环境：温度 25℃，雨水颗粒尺寸 40μm。

3.2 基于场景的仿真应用

3.2.1 自动驾驶系统的 DevOps 周期

在汽车的整个开发周期中，仿真已经不仅仅是一个在复杂的技术组件或者系统的开发阶段应用的工具了。如今，仿真与所有开发阶段都高度相关，从确定初步想法、提出基本需求到最终的测试评估都离不开仿真的应用。对于自动驾驶汽车来说，场景仿真的应用就更加至关重要了，它贯穿于感知、规划、执行模块的需求设计、开发、测试与验证的各个阶段。

DevOps（Development and Operations）描述了从系统开发领域至系统运行领域的活动集成。通常，集成的目的是缩短系统开发生命周期，确保优质系统的连续交付。DevOps 起源于 IT 系统和软件开发领域，现今其他领域也涉及 DevOps，例如汽车行业。

当前，关于自动驾驶系统的 DevOps 周期的讨论涵盖整个自动驾驶汽车产品的生命周期，引出了基于仿真的新应用领域，以及它们与创新的工程和开发方法之间的联系。这些方法在未来将很大程度上依赖于运营数据闭环，例如，用于监控运行中的自动驾驶汽车产品或对其进行优化和改进。

本节将以自动车道保持系统（ALKS）作为样例，进一步对自动驾驶系统 DevOps 周期进行说明。ALKS 系统是 3 级自动驾驶（有条件自动化），可以实现纵向和横向运动的控制，最大速度为 60km/h，为驾驶员提供动态驾驶任务的支持。运行设计范围（ODD）仅限于弱势交通参与者禁止通行的道路，以及车道设置有物理隔离设施的道路。图 3-4 展示了 ALKS 系统 DevOps 周期的各个阶段，提供了仿真应用以及 ALKS 功能示例，以解释其相互依赖性。

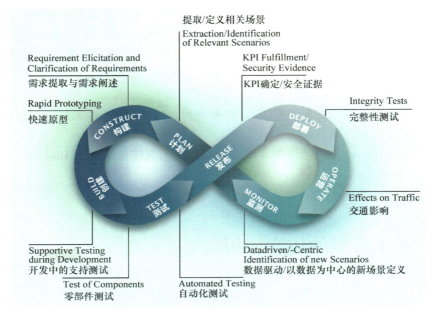

图 3-4　DevOps 周期环

DevOps 周期环的主要阶段如下：

1）计划：确定应用需求，并规划系统和产品发布。确定和选择相关运行场景，并根据专业知识和经验细化需求，这是开发流程初期的关键任务。关于 ALKS 应用，可以根据预期设计运行范围和系统规范系统性地推导出场景。

2）构建：构建并实现系统，包括设计和发布方法。快速原型设计能够让我们尽早洞悉系统开发状态，并发现实现缺陷。在早期开发阶段，测试实现的 ALKS 功能，以便确定设计和实现问题。在此情况下，使用仿真技术便有一个主要优势——可以执行快速原型设计，而不必在此阶段构建实际的 ALKS 系统。

3）创建：创建和编译已实现的系统。在构建并编译 ALKS 代码后，可以利用仿真方法进一步增强早期开发阶段的系统测试。在此阶段，可以验证之前确定的需求，同时继续进行代码开发。

4）测试：连续测试已编译的系统。在此阶段，可以利用进一步增强的仿真环境完成系统测试，进一步完善 ALKS 功能需求和 ODD 描述，直到成熟度达到可接受水平。此阶段的自动化测试需求越来越重要，需要实现测试自动化，以确保效率，同时应对不断增加的复杂性。

5）发布：系统已获批发布，ALKS 功能符合 KPI 要求。在此阶段，应保障系统的安全性，需求得到满足，并且上一阶段的系统测试确保了当前实现的一定稳健性。

6）部署：部署系统供客户使用。在系统环境或其运行环境中，完成已发布系统的完整性测试。

7）运营：在客户使用时，观察已发布的系统。在现场，可以进一步检查 KPI 实现情况，例如网联自动驾驶车辆对交通质量的影响；可以利用 ALKS 功能运行时记录的数据改进仿真模型，找出设计缺陷，并收集更多有关系统的意见。

8）监控：在运行期间可以监控系统的长期性能。在此阶段，可以确定长期运行期间其他未知的相关场景。由于这些场景发生的概率很低，所以确定这些场景的难度较高。尽管如此，对于更新当前 ALKS 功能和开发下一代驾驶功能应用而言，这一阶段非常重要。

3.2.2　场景仿真环境的抽象架构

自动驾驶系统的 DevOps 周期中的各个阶段及其在一个连续周期中的集成对场景仿真架构提出了新的要求，主要包括基于场景仿真的工具、这些工具的组件和接口，以及相关标准。对于标准层面，包括了标准化场景描述、场景与仿真工具间的接口规范、数据描述、为保证可追溯性而定义的流程/方法环境以及工具配置或执行仿真运行的结构化文档等。

图 3-5 描述了仿真环境的必要组成部分，涵盖 DevOps 周期中不同活动任务的主要需求。

针对仿真的不同任务，配置管理（Configuration Management）用于管理仿真测试整体工具链的配置，例如指定、存储和调用这些不同的配置。配置一直存储在一个数据库（Repository）中，该数据库也用于存储其他类型的配置、数据和模块等，并采用能够处理复杂查询的存储（Store）和检索（Retrieve）模块来封装数据库的访问信息。此外，由测试说明（Specify）模块管理的仿真运行序列配置存储在此数据库中。

仿真配置（Simulation Configuration）/模型集成（Model Integration）模块用于处理仿真核心配置，包括耦合模型描述等。运行（Run）模块用于控制仿真运行的执行，并向评价/评估（Evaluate）模块提供记录数据以及所有相关的配置数据，例如在验证与确认（Verification and Validation）背景下，数据的使用目的可以是多种多样的。在测试运行（Run）模块中，利用仿真（Simulation）、在环测试（XIL）、场地测试（Proving Ground）和开发道路测试（Public Roads）等模块接口，可以将场景仿真环境关联到其他工具和工具链中。在很多情况下，仿真测试运行后需要使用专门的后处理（Postprocess）技术来对仿真测试的结果数据进行处理。此外，日志处理（Log Processing）模块用于管理全部数据记录，并关联了仿真环境的所有其他模块。

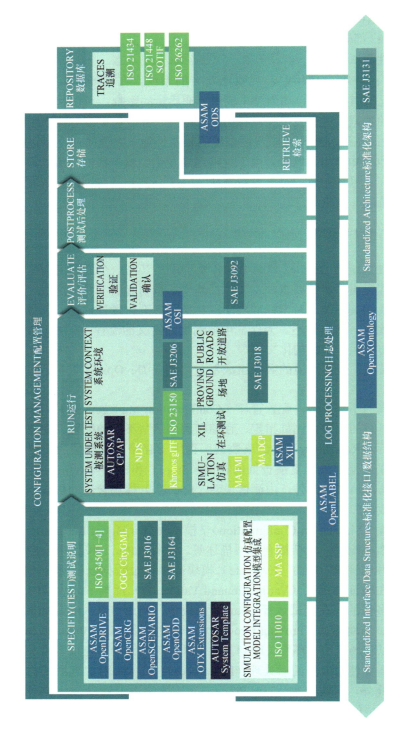

图 3-5 场景仿真环境的抽象架构

在上文描述的场景仿真环境抽象架构中,所有模块间采用的是通过抽象总线系统传递的单一接口。该总线能够处理各类相关数据,其相关标准也是场景仿真环境的支柱。

此外,图 3-5 还提及了与上述组成部分及其任务相关的部分行业通用标准,以及各部分如何与标准结合应用。例如,ASAM OpenODD、ASAM OpenDRIVE 和 ASAM OpenSCENARIO 等是专门用来将 ASAM 标准和其他标准化机构提出的标准与抽象仿真环境的不同模块关联起来的标准模块,将在下一节详细介绍。

3.3　场景仿真工具链及对应的标准

随着仿真测试的应用范围逐渐扩大,传统的仿真测试标准已经不足以满足自动驾驶汽车的测试需求,因此,各个标准化机构也逐渐开始更新或新设仿真相关标准。图 3-6 总结了目前世界上相对通用的跨组织的仿真相关标准概览,并根据其在仿真中所属的模块进行了分类,主要分为基础标准、流程标准、方法标准和产品标准四类。需要注意的是,虽然已有大量标准来支持跨仿真工具链的汽车工程应用,但仍有大量需要通过标准来完善的领域急待补充。

Infrastructure Standards 基础标准				Method Standards 方法标准
Representation Standards 特征标准	Interface Standards 接口标准	Architectural Standards 架构标准	Automation Standards 自动化标准	
Static Behaviour 静态表现 • ASAM OpenDRIVE • ASAM OpenCRG • Khronos gITF • OGC CityGML • NDS	Dynamic Behaviour 动态表现 • ASAM OpenSCENARIO • ASAM OpenODD • ISO 34501 • ISO 34502 • ISO 34503 • ISO 34504	• ASAM OSI • AUTOSAR • ISO 23150 • MA FMI • MA SSP	• AUTOSAR • SAE J3131	• ASAM XIL • MA DCP	• ISO 11010 • SAE J3018 • SAE J3092
Domain Representation • ASAM OpenXOntology • ASAM OpenLABEL • AVSC000022202004	Taxonomy 分类 • SAE J3016 • SAE J3164 • SAE J3206	Test Specification 测试规范 • ASAM OTX Extensions • ISO 13209(OTX)	Data Handling 数据处理 • ASAM MDF • ASAM ODS	
Safety Standards 功能安全 • AVSC000012011911 • ISO 21448(SOTIF) • ISO 26262	Security Standards 信息安全 • ISO/SAE DIS 21434	System Design 系统设计 • AUTOSAR		• AUTOSAR • UN R157
Process Standards 流程标准				Product Standards 产品标准

图 3-6　跨组织的仿真相关标准概览

3.3.1　基础标准

1. 静态特征标准

(1) ASAM OpenDRIVE

ASAM OpenDRIVE 定义了一种精确描述道路网的文件格式。ASAM

OpenDRIVE 描述格式包含道路网络的所有静态对象，可以仿真道路上的车辆行驶，为了完整呈现真实环境，需要额外规定路边静态 3D 物体（如树木和建筑物）的描述格式。ASAM OpenDRIVE 数据采用层级结构，并以 XML 文件格式进行序列化。

（2）ASAM OpenCRG

ASAM OpenCRG 定义了一种描述路面的文件格式，最初开发用于存储路面扫描的高精度高程数据。这些数据主要用于轮胎、振动或驾驶仿真，凭借精确的高程数据，能够实现对车辆部件或整个车辆的真实耐久性仿真。驾驶仿真器可以实现真实的路面 3D 渲染，文件格式也可用于其他类型的路面特性，例如摩擦系数或灰色值。

（3）Khronos glTF

glTF（图形语言传输格式）是一种 3D 场景和模型的标准化文件格式。该标准阐明了引擎和应用的高效传输和加载（3D 场景和模型）。glTF 最小化了 3D 对象的大小，以及解包和使用它们所需的运行时处理。glTF 最大程度地减少了 3D 资产，并简化了资产解包和使用所需的运行时处理。glTF 定义了一种可扩展的发布格式，能够实现整个行业 3D 内容的互通性，以简化编写工作流程和交互服务。

（4）OGC CityGML

CityGML（城市地理标记语言）是一种用于 3D 城市和景观模型建模和交互的概念，在国际层面上被迅速采用。CityGML 是用于表征城市 3D 对象的通用信息模型，在几何、拓扑、语义和外观属性方面，定义了城市和区域模型中最相关地形对象的分类和关系，包括专题类之间的泛化层次结构、聚合、对象之间的关系以及空间属性。与其他 3D 矢量格式相比，CityGML 还基于丰富的通用信息模型，并涵盖几何和图形内容，能够在不同应用领域（如仿真、城市数据挖掘、设施管理和主题探究）使用虚拟 3D 城市模型完成复杂的分析任务。其目标应用领域明确包括：城市规划和景观规划、架构设计、旅游和休闲活动、三维地籍、环境仿真、移动电信、灾害管理、国土安全、车辆和行人导航、训练仿真器、移动机器人。

CityGML 是一种开放的数据模型，采用基于 XML 的格式，可以存储和交换虚拟 3D 城市模型，将其作为地理标记语言 3.1.1 版（GML3）的应用模式，此标准为关于空间数据交换的可扩展国际标准，由开放地理空间协会（OGC）和 ISO TC211 发布。CityGML 是 OGC 的官方标准，可以免费使用。CityGMLWiki 是一个开放的门户，用于发布和共享有关 CityGML 的信息。但是，它不是 CityGML 的官方网站。

（5）NDS 协会

导航数据标准（NDS）协会为导航系统中使用的地图数据提供标准。NDS

规范包括数据模型、存储格式、接口和协议。NDS 成员还可以使用一系列在线和离线工具，涵盖多个应用领域——从标准定义到 NDS 地图分析和转换。扩展机制能够实现各种用例的定制，并为各种用例提供支持。大多数 NDS 工具都与三大主流桌面平台（Windows、macOS、Linux）兼容，因此用户能够自由选择。NDS 成员和地图覆盖范围包括北美、欧洲、中东、非洲和亚太地区，其中包括中国、韩国和日本。

2. 动态特征标准

（1）ASAM OpenSCENARIO

ASAM OpenSCENARIO 定义了一种文件格式，用于描述驾驶和交通模拟器的动态内容。ASAM OpenSCENARIO 的主要用例是描述复杂的同步操作，涉及多个实体，如车辆、行人和其他交通参与者。

（2）ASAM OpenODD

ASAM OpenODD 是一种标准化的、机器可读的格式，用于定义设计运行范围。

（3）ISO/FDIS 34501　道路车辆—自动驾驶系统测试场景—词汇

该标准规定了自动驾驶系统（ADS）测试场景的术语和定义。这些内容适用于 ISO/SAE 22736 中规定的 3 级及以上 ADS。术语和定义标准是自动驾驶系统测试场景的基础，制定适当的国际标准将在支持自动驾驶车辆的测试、评估和管理方面发挥关键作用。该标准用于在全球范围内统一和标准化自动驾驶系统测试场景的术语和定义。

（4）ISO/FDIS 34502　道路车辆—自动驾驶系统测试场景—基于场景的安全验证框架

该标准为自动驾驶（AD）系统测试场景和基于场景的安全评估过程提供了指导和最先进的工程框架。工程框架阐明了在产品开发过程中应用的基于场景的总体安全评估过程。本指南和框架适用于 ISO/SAE 22736 中定义的 3 级及以上 AD 系统。

（5）ISO/DIS 34503　道路车辆—自动驾驶系统测试场景—设计运行范围分类方法

该标准规定了用于定义自动驾驶系统（ADS）设计运行范围（ODD）的分层分类法的基本要求。ODD 包括静态和动态属性，可以用来开发测试场景，在测试场景中，ADS 被设计用来运行。该标准还定义了 ODD 属性的基本测试程序。该标准适用于 ISO/SAE 22736 中规定的 3 级及以上自动驾驶系统。ISO/SAE 22736 定义了设计运行范围（ODD）的概念。ODD 的定义是确保 ADS 安全运行的基础，因为它定义了 ADS 的运行条件。

虽然世界范围内的自动驾驶行业可能会发展出不同的自动驾驶类型，但仍有必要为制造商、运营商和消费者提供关于 ODD 定义框架的指导，最终用户和监管机构应确保自动驾驶的安全部署。本文件将帮助自动驾驶制造商纳入 ODD 定义的最低属性，并允许最终用户、运营商和监管机构参考 ODD 定义的最低属性集。

（6）ISO/CD 34504　道路车辆—自动驾驶系统测试场景—场景分类

该标准定义了一种针对场景的分类方法，可以提供用于描述场景的标签属性信息。该标准适用于 ISO/SAE 22736 中规定的 3 级及以上自动驾驶系统。

（7）ISO/WD 34505　道路车辆—自动驾驶系统测试场景—场景评估以及测试场景生成

该标准提供了一种评估测试场景以及基于已知测试功能的、可被追溯测试能力的、从测试场景到测试用例的方法体系。本标准同时明确测试场景中的重要元素属性，包含但不限于测试初始化条件、测试激发条件、测试步骤、通过与不通过条件以及预期测试结果等。该标准同时描述测试用例逻辑关系，例如与真实世界、数据来源及数据库（如出现频率、危险程度、复杂程度）以及被测功能的关联性，又如设计运行范围的覆盖度的评价体系以及条件。该标准适用于 ISO/SAE 22736 中规定的 3 级及以上自动驾驶系统。

3. 接口标准

（1）ASAM OSI

ASAM OSI 是虚拟场景中自动驾驶功能环境感知的通用接口。用户可以将带有标准化接口的任何传感器连接到任何自动驾驶功能模块和任何驾驶模拟器工具上。

（2）AUTOSAR

汽车开放系统架构（AUTOSAR）实现了智能出行软件架构的标准化。该计划的主要目标是能够将软件模块交换为独立于硬件的软件应用程序的集成平台。每个软件应用程序（称为组件）都可以访问标准化的 AUTOSAR API/ 服务，并且可以自由部署到目标车辆内的任何合适的设备上。

AUTOSAR 经典平台基于 OSEK，针对基于信号的通信进行了优化，可用于实时性和安全性要求较高的 ECU；应用程序可以访问分层软件架构的运行时环境；内存服务、通信服务和 I/O 硬件抽象等都实现了标准化；可交付成果包括涵盖相关功能集的库；软件供应商提供的实施方案可以作为 C 软件栈使用。AUTOSAR 通信服务允许访问 CAN、COM、以太网、FlexRay、Lin、SAE J 1939、UDP 和 XCP，此标准还提供了相应车辆架构中多 ECU 环境 XML 系统的描述流程。

AUTOSAR 自适应平台基于 POSIX，并针对面向服务的通信进行了优化，可用于高性能计算系统。该平台由功能集群的 API 或服务构成，包括：更新和配置管理（OTA）、REST、身份和权限管理、诊断（UDS、DoIP）、日志和跟踪、通信管理（SOME/IP、DDS）、操作系统等。API 和服务允许访问相应的硬件和功能，不同功能集群的 API 和服务包含 C++ 标准库，应用构建基于此中间件的功能，提供了参考实现，称为演示器。

典型的 AUTOSAR 用例包括车联网应用和高度自动驾驶（ADAS），它们需要用于车辆网联、远程诊断和动态更新的出行服务。

（3）Modelica 协会 FMI—功能模型接口

功能模型接口（FMI）是 Modelica 协会发布的免费标准。此标准规定了一个容器和一个接口，可通过组合使用 XML 文件、二进制数以及将 C 代码压缩到单个文件中，完成动态模型交换。FMI 规定了语义和应用程序接口（API），用于执行导入应用（如模拟器）的模型。它可支持动态模型的两种运行模式：模型交换（混合 ODE 系统访问）和协同仿真（求解器是 FMU 的一部分）。目前，最新发布的标准版本是 FMI 2.0.2，当前正在制定的主要版本是 3.0。

（4）ISO 23150 道路车辆自动驾驶功能传感器和数据融合装置之间的数据通信—逻辑接口

ISO 23150 标准属于 ISO/TC 22/SC 31 工作组，旨在实现车载环境传感器（如雷达、激光雷达、摄像头和超声波传感器）与融合装置之间逻辑接口的标准化，融合装置会基于传感器数据来生成环境模型，并呈现车辆周围场景。该接口采用模块化和语义表示，并提供关于对象级别的信息（如潜在移动对象、道路对象、静态对象等），以及关于特征级和检测级的信息和传感器技术特定信息。该标准未规定电气和机械接口要求，也不包括原始数据接口。

由于 ASAM OSI SensorData 接口与这些信息的关联性较高，因此在 ASAM OSI 制定项目期间，也考虑到了这两个标准之间的协调。

（5）Modelica 协会 SSP—系统结构和参数化

系统结构和参数化（SSP）标准是一种与工具无关的格式，用于系统结构描述、封装和交换，以及系统结构参数化。该标准包括一组基于 XML 的格式，用于描述组件模型网络及其信号流和参数化，还包括基于 ZIP 的封装格式，以便确保整个系统的有效分配，包括任何引用的模型和其他资源。该标准由 Modelica 协会发布，能够为组件的 FMI 采用提供大力支持，但不仅限于 FMI 组件。

4. 架构标准

SAE J3131 规定了自动驾驶参考架构，包含一些功能模块，能够为未来 3 级至 5 级（J3016）自动驾驶系统的应用接口提供支持。该架构将模拟以下内容：场景驱动的功能需求和非功能需求、自动驾驶应用、自动驾驶系统的功能分解以及相关功能域（即功能分组）。领域包括但不限于自动驾驶（即取代驾驶员的自动驾驶）、线控和主动安全，以及与故障和系统故障自动恢复相关的领域（例如，确保车辆处于安全状态的系统）。该架构将包含 1 级和 2 级功能分组。此文件将提供一个示例（将功能分为两个功能分组的实例），并详细说明各组之间的功能和信息接口。架构和边缘用例参考的 SysML 模型将解决高速公路上系统回退到最小风险状态的问题。SAE J3131 是 SAE 国际道路自动驾驶（ORAD）计划的一部分。

5. 自动化标准

（1）ASAM XIL

ASAM XIL（通用模拟器接口）实现了测试自动化软件以及 X 在环测试台架之间通信的标准化。该标准定义了测试台 API（ECUC、ECUM、MA、网络、EES、诊断端口）和框架 API（面向对象的端口、独立访问变量）。模型访问端口是一个中心接口，用于管理 XIL 模拟器上运行仿真模型的访问。此端口允许对仿真模型进行读写访问、测量（捕获）设置、激励生成、目标脚本执行，以及模型变量和任务的元数据检索。

诊断端口通过诊断系统读取来自 ECU 的诊断服务数据。ECUM 和 ECUC 端口通过 MC 服务器访问 ECU。ECUM 具有测量和捕获功能，ECUC 具有校准和 CAL 页面管理功能。由于 ECU 通信由相应的 MC 服务器或 D 服务器封装，因此 XIL API 不需要提供任何关于 ECU 通信的接口信息。

电气错误模拟端口为电气错误模拟硬件提供通用 API。API 可以隐藏使用过的硬件、驱动软件和通信。EES 端口以抽象方式提供了一组已定义的功能，例如不同类型错误的设置。网络端口旨在提供总线通信的标准化访问，以便监测和传输总线数据。此端口具有 CAN 帧读写访问功能、CAN 帧捕获设置以及 CAN 帧回放功能。

该标准包含 C# 和 Python 技术参考文件、XIL 支持库、测试套件、模式和通用 UML 模型。程序集作为安装程序分发。

（2）Modelica 协会 DCP—分布式协同仿真协议

分布式协同仿真协议（DCP）标准是 Modelica 协会发布的应用级通信协议，旨在将模型或实时系统集成到仿真环境中，可以利用底层传输协议（如 UDP、TCP 或 CAN）实现模拟相关配置信息和数据的交换。此外，DCP 有利于集成不同供应商的工具和实时系统，旨在提高基于仿真的工作流程效率，并减少集成工作量。DCP 的设计考虑到了 FMI 兼容性，但并不局限于 FMI 或软件模型。

6. 领域表达 / 分类标准

（1）ASAM OpenXOntology

ASAM 本体提供了 ASAM OpenX 标准涉及的上路行驶领域模型，规定了交通基础设施、交通参与者相互作用和环境条件的词汇。这也将促进 ASAM OpenX 中人工智能的使用。该标准将在以下方面提供指南：

1）可以利用 ASAM OpenXOntology 的不同工具工作流程。

2）关于如何实现 ASAM OpenXOntology 的各个 ASAM OpenX 标准。

3）为应用特定用例扩展本体。

4）每个 ASAM OpenX 标准的迁移/阶段化示例。

（2）ASAM OpenLABEL

ASAM OpenLABEL 是一种通用格式，可用于自动驾驶功能开发期间创建的传感器数据和场景的注解。此格式是机器可处理且人员可读的。它包括一个用户指南，阐释了用户如何使用 ASAM OpenLABEL 支持的可用标记方法，包括：标记方法、标记结构（包括关系）、文件格式和结构定义、场景标记。

（3）AVSC000022202004

自动驾驶车辆安全联盟（AVSC）制定了描述设计运行范围的最佳实践（SAE 工业技术联盟于 2020 年发布的"AVSC 描述设计运行范围的最佳实践：概念框架和词汇"）。这个框架有助于为设计运行范围建立通用分类和描述，以支持设计运行范围开发人员和用户之间的一致性。

AVSC 是一个由汽车行业公司组成的联盟，这些公司致力于自动驾驶车辆的测试和路试。该联盟的目标是建立公众和自动驾驶车辆制造商之间的信任，实现目标的特定方式之一是制定开发商需遵循的最佳实践。联盟正在制定一份路线图，该路线图概述了与自动驾驶行业相关的多个主题，以便为行业内的合作提供支持。

（4）SAE J3016/SAE J3164/SAE J3206

这些标准是 SAE 国际道路自动驾驶（ORAD）计划的一部分。ORAD 委员会负责制定并维护关于自动驾驶功能的 SAE 标准和内容，包括从 3 级到 5 级（参见 SAE J3016 的定义）。该委员会由多个工作组构成。上述标准由以下工作组推动：

1）SAE J3016：分类和定义——道路驾驶相关术语的分类和定义。

2）SAE J3164：操作和行为——道路自动驾驶系统（3~5 级）的特性和操作定义、分类和最佳实践。

3）SAE J3206：验证和确认——支持自动驾驶系统验证与确认的定义、信息、最佳实践和测试方法。

7. 测试规范

ASAM OTX（开放测试交换格式）是一种独立于平台和测试人员的交换格式，用于 ISO 13209（OTX）中标准化可执行测试序列的形式描述，允许跨部门、工具和进程边界进行测试序列的交换。存储在序列中的专有技术不会丢失，即使多年后仍可以重新使用。

OTX 是一种基于 XML 的领域特定编程语言，测试序列是使用编写系统创建的。测试的创建流程不需要编程语言或所用 API（封装了从运行时系统到相应硬件的访问信息，例如用于车辆诊断的 MVCI 服务器 API）的知识，开发人员便可着重关注被测进程。对于符号级测试序列的形式描述，可以采用图形、文本表示（伪代码）方式，开发人员也可以采用编程语言（如 C# 或 JAVA）完成描述。此外，OTX 还基于测试序列创建、维护和执行的实践经验，规定了各种基本概念。例如，可以在第一步中定义基本测试序列，而不必描述确切的技术细节，然后由相应专家进行补充，以便首先创建可运行的描述。将设计（编写系统）和执行（运行时系统）分离，便可以使用代码生成器转换相应目标平台（Windows、Linus、嵌入式）的测试，且不会丢失任何测试内容。

凭借标准化的扩展机制，可以使用新库来扩展 OTX。因此，ASAM OTX 扩展还具有其他常规可用的 OTX 功能，包括：文件的常规读写访问；XML 处理；存储当前运行时的任意信息；配置任务；将 OTX 扩展到封装在外部服务、系统、设备、数据库或简单库中的功能；捕获、评估和保存测试序列的结果；从序列内部向环境传输状态信息；先进的便利功能；在运行时收集通信数据；访问 SQL 数据库；以结构化方式评估测试序列结果；状态机；压缩数据交换（采用容器格式）。

在车辆生命周期中，OTX 在开发、生产和车辆使用（售后和车辆内部）期间得到了成功的应用，从而成功实现了测试序列（已经过验证和实地试验的测试序列）的交换和存档目标。ASAM OTX 扩展包含每个 OTX 扩展的 XSD 模板和一个公共 UML 模型。

8. 数据处理

（1）ASAM MDF

ASAM MDF（测量数据格式）是一种二进制文件格式，用于存储测量或计算的数据，以便进行测量后处理或长期保存。拟存储数据的常见来源是传感器、ECU 或总线监控系统。ASAM MDF 能够实现高性能的信号数据读写，可以支持行式存储（非常适合写入）和列式存储（对读取性能进行了优化）。除了简单的测量数据外，ASAM MDF 还在同一个文件中存储描述性和可定制的元数据。

信息存储的定义基于以下用例：

1）总线日志：存储公共总线系统的流量。

2）分类结果：以一维或二维方式存储带描述的分类结果。

3）测量环境：描述命名约定，以存储关于如何获得测量结果的信息。

4）通道和通道组命名：描述如何为常见用例设置通道和通道组的不同名称，以向用户提供重要信息并实现通道的唯一标识。该标准包含用于元数据描述的 XML 模式。

（2）ASAM ODS

ASAM ODS（开放数据服务）定义了通用数据模型（用于测试数据的通用

解释)、接口(用于模型管理、数据持久化存储和数据检索)以及数据交换语法和格式。ODS 服务器是通过 HTTP 协议访问的,协议具有 Protobuf 序列化、CORBA 或 RPC。

ASAM ODS 区分了基础模型(对于所有类型的应用,基础模型是唯一的)和应用模型(仅针对应用)。对于该模型中的所有应用元素,都知道与其相关的基本元素类型。此外,还定义了基本元素的维度和单位、管理、测量、安全性以及描述性数据。针对以下常见用例定义了应用数据模型:

1)总线数据:支持 CAN、LIN、FlexRay、MOST 和以太网消息。
2)几何构造:例如用于传感器位置的坐标系。
3)噪声、振动和声振粗糙度。
4)工作流:基于 Petri 网的概念。
5)校准:例如来自传感器和放大器的试验台数据。

此外,该标准还提供了一个大数据连接器,用于描述如何将实例数据和海量数据呈现为 ODS 数据存储库的导出数据,以用于大数据分析系统(如 HADOOP)。导出定义为 Avro、JSON 和 Parquet。ASAM ODS 还支持在 ASAM MDF 中存储二进制测量数据。该标准包含 XML 模式、Google 协议缓冲区、Step-Express 文件、IDL 描述、RPC 接口和 xsd 文件。ASAM ODS 不仅允许存储实际测量数据和描述测量数据,还可描述测试执行所需的参数数据。

3.3.2 流程标准

1. 功能安全标准

(1) AVSC000012011911

自动驾驶车辆安全联盟(AVSC)为车载后备测试驾驶员的选择、培训和监督程序制定了最佳实践(SAE 工业技术联盟于 2020 年发布"被测自动驾驶车辆车载后备测试驾驶员的选择、培训和监督程序的 AVSC 最佳实践")。它描述了在公共道路上适当监督 4 级和 5 级自动驾驶车辆测试的资格和培训。

(2) ISO 21448:2022 道路车辆—预期功能安全

ISO 21448:2022 是由 ISO/TC 22/SC 32 工作组制定的,目的是为实现预期功能安全(SOTIF)所采用的适用设计、验证和确认措施提供指导,用于证明由于预期功能的功能性不足或人员可合理预见的误用而导致的危害不存在不合理的风险。此标准不适用于 ISO 26262 系列所涵盖的故障,也不适用于系统技术直接造成的危险(如激光传感器造成的眼睛损伤)。

该标准的目的是应用于预期功能,其中适当的态势感知对安全至关重要,并且态势感知源自复杂的传感器和处理算法。在识别危险事件时,将预期用途和合理可预见的误用与潜在的危险系统行为结合起来考虑。合理可预见的误用可能直接导致潜在的危险系统行为，也被视为可能直接触发预期功能安全相关危险事件的事件。故意更改系统操作被视为功能滥用，功能滥用不在该标准的范围内。

（3）ISO 26262 系列

由 ISO/TC 22/SC 32 工作组制定的 ISO 26262 系列标准适用于安全相关的汽车电子电气系统，它包括一个或多个电气电子（E/E）系统。该标准涉及安全相关电气电子系统失灵可能造成的危险，包括这些系统的交互作用；不涉及与电击、火灾、烟雾、热量、辐射、毒性、易燃性、反应性、腐蚀、能量释放有关的危险以及类似危险，除非是由安全相关电气电子系统失灵直接造成的危险。

该标准描述了功能安全框架，以协助开发安全相关的电气电子系统，并将功能安全活动整合到公司特定的开发框架中，既包括明确的技术重点，以便在产品中实现功能安全，也涉及企业开发过程，即过程要求，以证明企业在功能安全方面具备相应的能力。

2. 信息安全标准

ISO/SAE DIS 21434 国际标准是由 ISO/TC 22/SC 32 工作组制定，旨在解决道路车辆电气电子系统工程中的信息安全问题。使用该标准有助于制造商跟上不断变化的技术步伐，同时应对网络攻击。该标准还可用于实施信息安全管理系统，包括道路车辆信息安全风险管理等。

3.3.3 方法标准

（1）ISO 11010 乘用车—模拟仿真模型分类

ISO 11010 是由 ISO/TC 22/SC 33 制定的，为道路车辆开发和测试模拟仿真中采用的模型分类提供标准。此标准的主要目的是提供一个框架，利用该框架，可以系统地分配某些应用、所需仿真模型的驾驶操作及其元素和特性。该标准将仿真模型分为若干模型类别、名称编号和相关元素、特性和常用建模方法。

（2）SAE J3018/SAE J3092

这些标准是 SAE 国际道路自动驾驶（ORAD）计划的一部分。ORAD 委员会负责制定和维护关于自动驾驶功能的 SAE 标准和内容，包括从 3 级到 5 级（参见 SAE J3016 的定义）。该委员会由多个工作组构成。上述标准由以下工作组推动：

1）SAE J3018：道路试验指南——车辆配备原型自动驾驶系统（3~5 级）时的安全道路测试指南。

2）SAE J3092：验证和确认——支持自动驾驶系统验证和确认的定义、信息、最佳实践和测试方法。

3.3.4 产品标准

联合国欧洲经济委员会（UNECE）通过了一项关于客车自动车道保持系统（ALKS）的国际法规——UN-ECE 第 157 号法规。自动车道保持系统是一种车辆技术，可以在没有驾驶员进一步指令的情况下长时间控制车辆的横向和纵向运动。在此期间，系统主要控制车辆，代替驾驶员执行驾驶任务。在某些情况下，可以启用自动车道保持系统，如车辆行驶在禁止行人和骑行者的道路上。根据设计，这些道路装有物理隔离装置，以分隔对向行驶的交通工具。目前，该法规将自动车道保持系统的运行速度限制在最高 60km/h。这是第一个由 50 多个成员国商定的自动驾驶功能（SAE 3 级）认证法规。它规定了以下方面的安全要求：

1）即将发生碰撞时的紧急机动。
2）当系统要求驾驶员收回控制时的过渡需求。
3）最低风险策略：当驾驶员未响应过渡需求时，在所有情况下，系统应将车辆乘员和其他道路使用者的安全风险降至最低。

为建立此法规的基础，联合国欧洲经济委员会还通过了网络安全和软件更新法规。

> 如今，汽车行业已经就场景四层抽象分级模型（功能场景 - 抽象场景 - 逻辑场景 - 具体场景）达成了共识，同时也开展了大量的基于此分级模型的仿真应用研究。本章系统介绍了符合自动驾驶系统 DevOps 周期的场景仿真环境抽象架构，并从基础标准、流程标准、方法标准和产品标准四个层面总结归纳了当前国内外相对使用广泛的场景仿真工具链标准。可以看到，作为一个新兴的领域，尽管已经有大量已发布或正在制定 / 修订中的标准可以用于场景仿真工具链的集成，但这中间仍然存在一个较大的空白，基于场景的仿真测试方法想要满足当前世界上对于自动驾驶功能的测试需求，不论是在开发阶段还是验证阶段，不论是用于政府监管还是企业研发，都还有相对较长的路要走。

第4章 ASAM OpenX 自动驾驶仿真系列标准

作为一个完整的仿真场景描述方案，ASAM OpenX 系列标准包括 OpenDRIVE、OpenSCENARIO、OpenCRG、OSI、OpenLABEL、OpenODD 以及 OpenXOntology。仿真测试场景的静态部分（如道路拓扑结构、交通标志标线等）由 OpenDRIVE 文件描述；道路的表面细节（如坑洼、卵石路等）由 OpenCRG 文件描述；仿真测试场景的动态部分（如交通车的驾驶行为）由 OpenSCENARIO 文件描述；仿真测试开放模拟接口格式由 OSI 描述；场景标签的方法、结构及文件格式等由 OpenLABEL 描述；机器可阅读的设计运行范围标准化格式由 OpenODD 描述；ASAM OpenXOntology 为上述这些标准提供了一个基于本体的体系结构，从而为 ASAM OpenX 系列标准提供领域模型的通用定义。本章将对 ASAM 的自动驾驶仿真系列标准展开具体的介绍。

4.1 ASAM OpenCRG

ASAM OpenCRG 格式主要应用在高精度道路表面领域，通过弯曲的规则网格来描述道路表面。

如图 4-1 所示，ASAM OpenCRG 是一种二进制文件格式，并支持 MATLAB/Octave-API 和 C-API。Matlab/Octave-API 提供了创建、操作、可视化和检查 OpenCRG 文件的功能，C-API 只允许检查和处理 OpenCRG 文件。

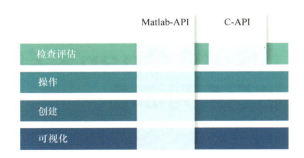

图 4-1　OpenCRG 内容概览

曲线网格表示一个区域附近任意道路中心线周围的路面数据。路面平铺成一个弯曲的网格，纵向切口与道路中心线平行，横向切口与道路中心线正交。对于每一个方格，我们可以指定一个道路数据值给一个图块。路面数据通常表示道路高程，但也可用于表示摩擦系数等。如图 4-2 所示的坐标系中，X、Y、Z 可分别表示道路的水平几何和高程。

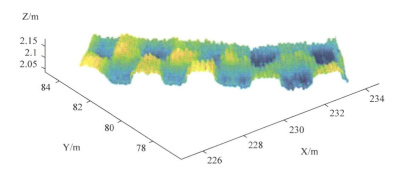

图 4-2　道路几何三维坐标系

图 4-2 中的曲线规则网格使用参考线坐标系，道路中心线由弯曲的参考线给出。这些弯曲的参考线由一系列低精度航向角定义。u 方向沿着参照线的切线，v 方向是正交的向 u 方向，路面数据以 z 方向正交给出 u/v 平面。在惯性 x/y 坐标系中可以放置一个弯曲的规则网格，通过在 x/y 坐标中提供高精度的起

始位置。一个 OpenCRG 文件由几个数据段组成，这些数据段表示不同的内容。OpenCRG 文件是用 ISO 8859-1 编码的纯文本编写的，实际的道路数据可以用二进制格式提供。每段数据中的一行被认为是一条记录，在道路数据部分，一条记录的最大长度为 80B；除了道路数据部分，记录最大长度为 72B。

ASAM OpenCRG 可以与 ASAM OpenDRIVE 相结合，以丰富道路网的表面信息，如坑洞、减速带和井盖。结合 ASAM OpenCRG 和 ASAM OpenDRIVE 时，OpenCRG 文件可以用作表层或摩擦层的图层。由于 OpenCRG 只提供了值的网格，因此这些数值的转化取决于模拟器。要说明的是，OpenCRG 补丁结合 OpenDRIVE，仅能覆盖路网内所需的道路部分。

4.2 ASAM OpenDRIVE

ASAM OpenDRIVE 格式是一种具有可扩展的标记语言（XML）语法，用于描述道路网，使用文件的扩展名为 .xodr。存储在 ASAM OpenDRIVE 中的数据包括道路、车道和对象（如路标）的几何图形，以及沿途的特征（如信号灯），这些数据来源可以是合成的，也可以是基于真实道路扫描的。这一标准可以帮助行业降低创建和转换路网等信息的成本，提供通用的地图数据格式。

4.2.1 参考线

ASAM OpenDRIVE 道路网是沿着参考线进行建模的，这是每一条路的核心部分，包括道路、车道，以及所有立面、剖面都附着在参考线上，如图 4-3 所示。

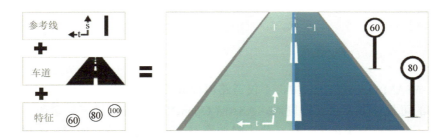

图 4-3　OpenDRIVE 道路网模型

道路网中，表示特征（如信号）的对象可以通过参考线或全局坐标系，参考线（中间的蓝线）在路的中心，车道（蓝色和浅绿色部分）可以连接到此参考线。

在 ASAM OpenDRIVE 中，多条道路形成一个道路网，可以相互连接，整个道路网可以被认为是由单个道路相互连接组成。这些连接的路段可以支持模拟交通的驾驶逻辑，特别是为了跟随路径，可以将更多的资源预留给验证和开发自动驾驶功能。

4.2.2 路口示例

在 OpenDRIVE 中，车辆在路口的车道数描述有相应规范，如 "road id=2"，如图 4-4 所示。

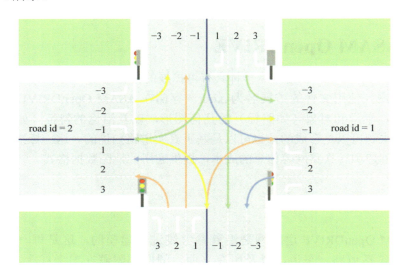

图 4-4　OpenDRIVE 车道与路口描述

4.2.3 静态路网描述

在 ASAM OpenDRIVE 中，不仅道路可以连接，车道也可以连接，它们对于道路网的可视化非常重要。同时，ASAM OpenDRIVE 描述格式包含所有静态对象。为了完整地渲染环境，有必要去附加静态三维路边对象（如树）的描述格式和建筑物。道路表面信息可通过 OpenCRG 描述，而驾驶模拟的动态内容可通过 OpenSCENARIO 来描述。这三个标准相辅相成，可以充分覆盖车辆仿真的全部静态和动态内容。

ASAM OpenDRIVE 已成为一个比较完善的标准，目前已经被许多知名制造商使用，用以开发 AD/ADAS 功能。

4.3 ASAM OpenSCENARIO

ASAM OpenSCENARIO 定义了仿真世界的动态内容，例如，交通参与者的行为和如何预期这些行为，以及他们之间的相互影响和环境。静态组件（如道路网）不是 ASAM OpenSCENARIO 的覆盖范围，但是可被引用。

在 ASAM OpenX 标准中，OpenSCENARIO 标准目前非常活跃，同时占有独特的地位。OpenSCENARIO 工作组的总体规划如图 4-5 所示，现已开发了两个并行版本，即 OpenSCENARIO V1.x（2021 年 3 月发布了 V1.1.0）和 OpenSCENARIO V2.x（于 2022 年 7 月发布）。

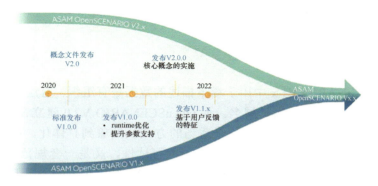

图 4-5　OpenSCENARIO 制定总体规划

这两个版本在应用程序工具中占据不同的位置。V1.0.0 是一种更低层级的、具体的规范格式，主要是为仿真工具读取而设计；而 V2.0 允许在更高的抽象层次上创建描述和测试以定义场景，为除现有的 XML 格式文件提供另一种表达方式。由于两个版本的标准涉及强耦合的开发活动，ASAM 在前期做了大量工作，以确保两个并行版本的 OpenSCENARIO 有一致性和兼容性。

OpenSCENARIO V2.0.0 旨在覆盖 OpenSCENARIO V1.0.0 的全部特性。ASAM OpenSCENARIO V2.0 里的所有子集都可以映射到 OpenSCENARIO V1.0 中。所有未来 ASAM OpenSCENARIO 发布时将附带一个用于迁移的最新规则集，保证从 V1.x 到 V2.x 的路径畅通。任何场景从最新的 OpenSCENARIO V1.x 转化到 OpenSCENARIO V2.0 的运行行为也应相同。

4.3.1　OpenSCENARIO V1.x

OpenSCENARIO 定义了一个数据模型和一个派生的文件格式，用于驾驶仿真开发和验证中使用的场景描述。OpenSCENARIO 的主要内容是描述复杂的、涉及多个实体的同步运动，如车辆、行人和其他交通参与者。一个场景的定义可能基于驾驶员操作，如执行车道变换。OpenSCENARIO 通过定义层次结构提供场景的描述方法，而场景中的元素属性和关系都是基于此构造出来的。该描述方法包括：

1）故事板。

2）使用由条件定义的触发器触发的事件。

3）逻辑道路网描述参考。

4）实体的实例化，如车辆、行人在道路上和道路外的活动。

5）利用重用机制，即目录和参数声明。

6）其他内容，如车辆、驾驶员、行人、交通的描述等。

4.3.2 OpenSCENARIO V2.0

OpenSCENARIO V1.x 中用于场景描述的数据是有组织、有层次的，并基于 XML 格式编写以 .xosc 为扩展名。而 OpenSCENARIO V2.0 建立在 DSL 上，可以支持所有级别的场景描述，并以适当的方式从抽象到具体化。如图 4-6 中所示，OpenSCENARIO V2.0 既保留了人工的可读性，又是一套规范的机器语言。因此，该格式可允许这一领域的从业人员，在没有特定工具的情况下直接编写和审阅场景，保留一个完全形式化的描述能力，使得机器和人都能精确地理解和执行。

```
Concrete overtake scenario
scenario overtake_concrete:
  v1: car with(category: sedan, color: black)
  p: path
  path_explicit(p,[point("15",30m),
                   point("95",1.5m), ...])

  do parallel():
    dut.car.drive(p) with:
      lane(2)
      speed(50kph)
    serial:
      A: v1.drive(p, duration:3s) with:
        speed(70kph)
        lane(2, at: start)
        lane(1, at: end)
        position(15m, behind: dut.car, at: start)
        position(1m, ahead_of:dut.car, at:end)
      B: v1.drive(p, duration: 4s) with:
        position(5m, ahead_of: dut.car, at: end)
      C: v1.drive(p, duration: 3s) with:
        speed(80kph)
        lane(2, at: end)
        position(10m, ahead_of: dut.car, at: end)
```

```
Abstract overtake scenario
scenario overtake:
  v1: car # the first car
  v2: car # the second car
  p: path


  do parallel(duration: [3..20]s):
    v2.drive(p)
    serial:
      A: v1.drive(p) with:
        lane(same_as: v2, at: start)
        lane(left_of: v2, at: end)
        position([10..20]m, behind: v2, at: start)
      B: v1.drive(p)
      C: v1.drive(p) with:
        lane(same_as: v2, at: end)
        position([5..10]m, ahead_of: v2, at: end)
```

图 4-6　OpenSCENARIO V2.0 脚本示例

与 OpenSCENARIO V1.0.0 相比，V2.0 具有更详细的动作、属性设置，用来覆盖不同层次的测试用例描述。因此，其应代表适当水平的复杂程度，包括动态动作和 ODD 特征等。例如，在复杂道路上驾驶自动驾驶汽车，复杂性则包括具有环形交叉口、公共汽车站、高速公路坡道等道路特征，以及匝道出入口处交通流密集分布。除了这些提升之外，DSL 支持通过灵活的场景组合和参数化，允许现实中紧急行为的发生。这将实现对新的复杂硬件的大规模测试和验证，以及复现它们与复杂环境的交互情况。经历近两年半的紧张开发工作，这一标准已于 2021 年末进行公开发布（概念版）。

为了支持新标准的开发和应用，OpenSCENARIO V2.0 还发起了"使用者论坛"。这个论坛吸引了来自不同公司的实践者，使得标准开发者和应用者能够一起讨论并解决具体实施问题，核心重点是确保在语言特征和功能上没有歧义。

4.4 ASAM Open Simulation Interface（OSI）

为了让功能开发者更方便地使用仿真技术，功能开发框架之间的仿真环境必须依赖于通用接口。ASAM OSI 可以为自动驾驶功能和驾驶模拟的多样性提供框架，它允许用户通过标准化接口，连接任何自动驾驶功能和任何驾驶模拟器工具。OSI 简化了集成性，因此增强了虚拟测试的可访问性和实用性。如图 4-7 所示，ASAM OSI 最初是一种通用的数据交换格式，符合 ISO 23150 逻辑接口的接口，用于连接虚拟环境中自动驾驶功能的传感器和场景环境。

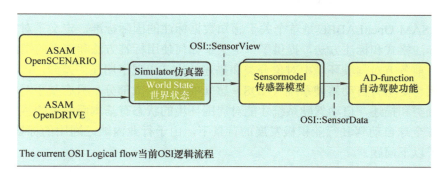

图 4-7　OSI 总体逻辑流程示意图

ASAM OSI 包含一个基于对象的环境描述。ASAM OSI 定义了 GroundTruth、SensorData、SensorView 和 FeatureData 等接口。

1）GroundTruth 界面提供模拟场景中全局坐标系的精确视图。

2）SensorData 接口描述来源于 GroundTruth 参考坐标系中的对象，可以使用理想传感器数据直接连接到自动驾驶功能，作为真实世界传感器感知行为的复制。

3）SensorView 配置界面是来源于 GroundTruth 并被用于传感器建模，同时描述了输入传感器配置。如图 4-8 所示，OSI 作为纽带，衔接了物理真值与仿真环境。

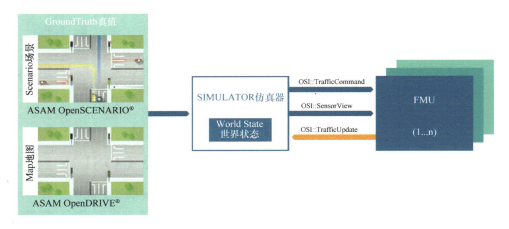

图 4-8　OSI 与物理真值和仿真环境的关系

4.5　ASAM OpenLABEL

ASAM OpenLABEL 是首个关于感知数据标注的国际标准，定义了对象和场景的标注格式和标注方法，提供了一个关于如何使用标签方法和定义的指南。

目前各方对驾驶环境中对象分类和描述的方式出现了明显的差异，该种分类和描述也是所有自动驾驶系统（ADS）感知的基本组成部分。只有基于对象进行有序分类和描述，自动驾驶系统才能对周围环境的状态有基本而深刻的感知。

在全球自动驾驶行业积极发展的背景下，由于行业内缺乏通用的标签标准，导致了以下问题：

1）阻碍 V2V 发展：在涉及同时存在两个或多个不同自动驾驶车辆的复杂情况下，不同主体对周围环境的不同描述和理解可能会导致事故发生。

2）数据共享问题：采用不同标签分类法和规范的组织之间进行数据共享是一项非常困难的任务。

3）标注质量降低：每个单独的标注任务都需要特别的培训，甚至需要开发定制的软件功能，标准不统一可能致使这些功能带来更高的错误概率，从而威胁到安全。

4）旧标签的弃用：ADS 开发是一个长期的过程，需要考虑到驾驶场景、传感器等的升级优化，标签的数量和全面性也将发生变化。

因此，需要一种灵活的描述语言来满足未来的扩展和修改需求，并保证向后兼容性。

4.5.1 数据格式

使用标准格式将有助于节省转换带注释数据的成本和资源。ASAM OpenLABEL 将以 JSON 格式表示，并将指定哪些坐标系用作标签的参考，可以很容易地由工具和应用程序进行解析（图 4-9）。

```
JSON example
1  {
2      "openlabel": {
3          "metadata": {
4              "schema_version": "1.0.0",
5              "tagged_file": "../resources/scenarios/scenario123.osc"
6          },
7          "ontologies": {
8              "0": {
9                  "uri": "https://openlabel.asam.net/V1-0-
10 0/ontologies/openlabel_ontology_scenario_tags.ttl",
11                 "boundary_list": ["DrivableAreaSigns",
12 "DrivableAreaEdge","DrivableAreaSurface"],
13                 "boundary_mode": "exclude"
14             }
15         },
16         "tags": {
17             "0": {
18                 "type": "RoadTypeMinor",
19                 "ontology_uid": "0"
20             },
21             "1": {
22                 "type": "HorizontalStraights",
23                 "ontology_uid": "0"
24             },
25             "3": {
26                 "type": "LaneTypeTraffic",
27                 "ontology_uid": "0"
28             },
29             "4": {
30                 "type": "ZoneSchool",
31                 "ontology_uid": "0"
32             },
33             "5": {
34                 "type": "IntersectionCrossroad",
35                 "ontology_uid": "0"
36             },
37             "6": {
38                 "type": "SpecialStructurePedestrianCrossing",
39                 "ontology_uid": "0"
40             },
41             "7": {
42                 "type": "WeatherWind",
43                 "ontology_uid": "0",
44                 "tag_data": {
45                     "vec": [{
46                         "type": "range",
47                         "val": ["10", "25"]
48                     }
```

图 4-9 ASAM OpenLABEL JSON 格式示意图

4.5.2 可标记的数据类型

ASAM OpenLABEL 还将通过增强标记动作、意图和对象之间关系，提供在场景中（一个时间点/帧）以及跨多个场景标记对象的方法。

ASAM OpenLABEL 格式可为不同类型的数据管理提供相对应的标记方法，包括二维和三维边界框、三维边界框的旋转、图像和点云的语义分割等（图 4-10）。这些语义分段可以是实例类、单个/多个类、部分类或完整类。

重要的是，标签要符合用户或公司使用者的分类定义。因此，项目组计划在 ASAM OpenLABEL 标准中加入在标记过程导入本体和分类的内容。同时，项目组与 ASAM OpenXOntology 项目密切互动，以便 ASAM OpenLABEL 与 OpenX 域模型保持一致，并为 ASAM OpenXOntology 标准提供输入。由于 ASAM OpenLABEL 和 ASAM OpenXOntology 目前正在并行开发，ASAM OpenLABEL 标准将与外部本体一起开发，可以使用 ASAM OpenLABEL 应用指南帮助用户导入相关本体。

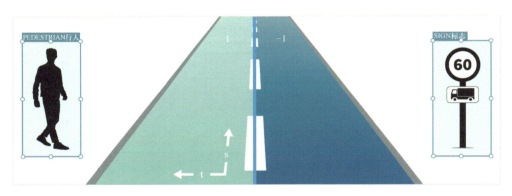

图 4-10　注释场景的标签示例

4.5.3 标准内容和工作计划

ASAM OpenLABEL 的开发始于 2021 年 1 月，包含以下工作组：

1）用户指南：用户指南将帮助 ASAM OpenLABEL 的未来用户将标准应用于他们的用例，用户指南内将附有示例。

2）协调：本工作组的主要任务是确保 ASAM OpenLABEL 与 ASAM 领域中的其他标准保持一致。

3）标记：对象和场景标记工作组应为场景中标识的对象（某一时间点）创

建标记规范。

4）对象标记：本工作组的重点是描述如何标记单个对象。

5）场景标记：本工作组关注如何在场景上下文中标记对象，主要包括条件标签、事件标签、操作标签、关系标签。

6）场景标签：本工作组将在元级别上定义场景标签，包括可以从场景内容派生的标签以及不可派生的标签。

7）数据格式：本工作组将根据概念文件中给出的输入和规范工作组提供的输入创建 JSON 格式。

8）标准文件：本工作组与所有其他工作组密切互动，并负责创建最终标准文件。相关工作将主要由服务供应商执行。

ASAM OpenLABEL 的第一个版本已于 2021 年 11 月发布。

4.6　ASAM OpenODD

ASAM OpenODD 目前仍然是 ASAM 仿真领域中一个开发初期的标准化项目。ASAM 在 2020 年 9 月启动了一个概念项目，即为未来的 ASAM OpenODD 标准创建基础概念，其目的是提供一种能够表示智能网联汽车的运行设计范围的描述格式。

运行设计范围（ODD）应在车辆的整个运行寿命内有效，并且是其安全和运行概念的一部分。ODD 用于智能网联汽车的功能规范，它指定了智能网联汽车必须能够处理的环境参数（静态和动态）。它们包括所有类型的交通参与者、天气状况、基础设施、地点、任一天中的时间要素以及每一天对驾驶状况可能产生影响的其他要素。

（1）项目目标

ASAM OpenODD 项目的目标是创建一个机器可解释的格式来表示 ODD 规范。使用这种格式将使得 ODD 描述变得可交换、可比较和可处理。这种新格式将适用于以下用例的描述：

1）一个城市可以使用 ASAM OpenODD 格式为其内部定义为一个 ODD，汽车制造商可以与他们现有的 ODD 定义进行比较，以确定车辆是否可以在这个特定的城市行驶。

2）支持 ADAS 和 AD 系统开发：开发者将可以使用 ODD 定义验证车辆所需的测试用例，ODD 的应用将有助于将有限的验证资源集中在真正需要的场景上。

明确的 ODD 定义可以为后续基于场景的仿真测试提供基础，例如，精准地定位处于 ODD 边界上的测试场景，以使自动驾驶功能边界的验证更加高效地实现。为了可以使用 ODD 描述进行场景仿真和后处理，ASAMOpenODD 的格式满足以下要求：可搜索性、可交换性、可扩展性、机器可读性、可测量性和验证性、人类可读性/受限自然语言。

（2）项目内容

基于此，ASAM 成立了 OpenODD 概念项目，研究以下五个标准内容：

1）属性：为 ASAM OpenODD 格式提供一组基本的相关属性。

2）规范：负责开发 ASAM OpenODD 描述语言的语义和语法，还支持使用不同的本体/分类来定义概率。

3）度量：讨论可度量的可能性以及 ODD 需要能够表示什么，因此任何应用程序都可以对 ODD 执行分析。

4）表示不确定性：解决表示不确定性的问题，目标是使 ODD 格式能够处理罕见事件和误用情况。

5）用户指南：制定 ODD 格式的用户指南。用户指南的初稿将在随后的标准化项目中完成。

ASAM OpenODD 标准化计划考虑并旨在补充 BSI（BSI PAS 1883 提供 ODD 的分类法）和 ISO（ISO 34503 使用分类法提供 ODD 的高级别定义格式）的标准化工作。三个项目均保持密切联系，避免相互矛盾。ASAM OpenODD 的概念项目已于 2021 年 10 月发布，目前已经启动了标准的正式制定工作。

4.7　ASAM OpenXOntology

4.7.1　ASAM OpenXOntology 目标和内容

OpenX 标准主要是用来描述场景中道路网络、驾驶行为、交通参与对象以及驾驶和交通模拟之间的逻辑关系，同时共享道路交通领域的概念，如道路、车道和交通参与者等。ASAM OpenXOntology 为这些概念提供了一个基于本体的体系结构，从而为 ASAM OpenX 标准提供了领域模型的通用定义。

ASAM OpenXOntology 由多个部分组成，包括核心本体论（Core Ontology）、领域本体论（Domain Ontology）以及两者的连接本体，多个部分相互构建。

Ontology，即指本体论，本意为探究世界本原或基质的哲学理论。在计算机科学和信息科学中，本体论主要给出构成相关领域词汇的基本术语和关系，以及利用这些术语和关系构成的规定这些词汇外延规则的定义，与 ISO 704 中定义的术语概念相近。当技术人员与计算机程序交换信息与数据时，可使用这些标准化定义。通过这种方式，本体论和术语可使人类和计算机对同一个概念形成共识。

与术语（terminology）和分类学（taxonomy）不同，本体论还对概念之间的关系和区别进行描述。逻辑形式化的本体论使用谓词逻辑来描述这些关系。通过这种方式，本体论使人类和机器能够使用逻辑推理来获得关于所交换数据的额外知识。在该标准的上下文中，术语 Ontology 是指逻辑形式化的本体论，特别是基于描述逻辑的本体论。

ASAM OpenXOntology 项目设立之初是为了满足 ASAM OpenX 标准使用的公共定义的需求。本体论有助于实现这一目标的原因有很多，例如可以提供概念的通用定义。计算机的推理需要结合 OWL 文件与 SWRL（Semantic Web Rule Language，语义网规则语言）才能进行。SWRL 是一种结合了 OWL 和 RuleML 的语义 Web 规则语言，它规定了推理的规则和形式化的描述，可被工作人员和计算机同时理解。在目前阶段，OpenXOntology 还是更接近于一种基于文本的分类法；在下一阶段，OpenXOntology 将研究引入 SWRL 和对象属性，以使计算机更有效地基于 OpenXOntology 进行数据处理。

1）ASAM OpenXOntology 架构涵盖了道路交通领域的以下概念：
① 道路基础设施，如道路、车道、交叉路口等。
② 交通基础设施，如交通标志、信号灯等。
③ 道路交通设施随时间的变化，如道路建设、改道等。
④ 动态交通参与者，如汽车、行人和骑手等。
⑤ 环境因素，如天气、时间等。
⑥ 通信环境，如车与车通信 V2V、卫星定位信号等。

2）ASAM OpenXOntology 包含以下可交付成果：
① OWL 文件：OWL（Web Ontology Language）是一种用来描述本体的编程语言，使用 XML 进行编写，OWL 文件用来帮助计算机理解 OpenXOntology 中各概念和关系的含义，以便进一步处理信息。
② 用户指南和参考模型：帮助使用者更好地理解和使用 OpenXOntology。

4.7.2　ASAM OpenXOntology 的体系架构

ASAM OpenXOntology 由多个相互构建的层组成，本体论架构如图 4-11 所示。

1）核心本体（Core ontology）：它是 ASAM OpenXOntology 的一部分，基于 HQDM（High Quality Data Model）定义了一组基本概念和关系，如时间、空间、行为、事件等，具有普适性，完全独立于特定的领域或实例。这些概念和关系可以作为更复杂和特定领域概念的构建块，具体包括：
① 实物及其状态变化。
② 活动，包括涉及处于主动和被动角色的物理对象的动作和行为。

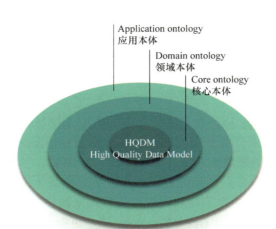

图 4-11 本体论架构

③ 标记物理对象状态变化的事件。

④ 关键时间点和活动触发点。

核心本体论还提供元模型，用于描述域中个体之间的共同组成、空间和时间关系。

2）领域本体（Domain ontology）：它规定了特定领域的概念及其关系，对于 ASAM 来说，领域本体论定义了道路交通领域的核心概念，如车道、道路和路面等。它只包含所有使用 ASAM OpenXOntology 的 ASAM OpenX 标准共享的概念。这些共享的概念在领域本体论中进行了总结，以便为 ASAM OpenX 标准提供一种一致且有意义的底层语言。

3）应用本体（Application ontology）：每个 ASAM OpenX 标准应有一个应用本体，它描述了特定的 ASAM OpenX 标准工作范围中的相关概念及其关系。应用本体只在特定标准的领域之内使用，如 ASAM OpenDRIVE 或 ASAM OpenSCENARIO。

4.7.3　ASAM OpenXOntology 与其他 OpenX 标准关系

ASAM OpenDRIVE 使用 ASAM OpenXOntology 定义与其他 ASAM OpenX 标准共享的诸如车道和道路等静态道路基础设施元素。另外，ASAM OpenDRIVE 使用了 ASAM OpenXOntology 中对各元素之间连接关系和空间关系的定义。ASAM OpenXOntology 与其他 OpenX 系列标准的关系如图 4-12 所示。

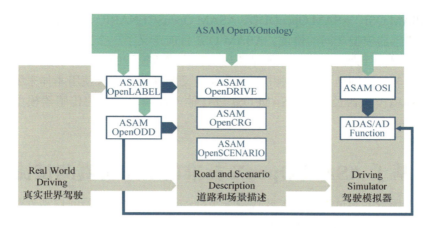

图 4-12　ASAM OpenXOntology 与其他 OpenX 系列标准的关系

ASAM OpenSCENARIO 从 ASAM OpenXOntology 检索动态和静态元素参与者之间的空间和时间关系的定义，特别是 ASAM OpenSCENARIO2.0 的领域特定语言将使用核心本体论中的概念和关系，为语言术语提供清晰、明确、基于逻辑的定义。与其他 ASAM 标准不一致的模糊术语可能需要在即将发布的版本中进行更改。

在很大程度上，ASAM OpenLABEL 中的标签定义了道路交通域中的实体和几何约束的类型，足以在多传感器数据流中捕获这些实体的结构，如 lidar 3D 边界框、2D 图像框或多边形。表示道路交通领域知识的通用本体将提供标签的逻辑和更全面的描述，为创建推理应用本体铺平道路，并将 ASAM OpenLABEL 标准与将采用它的其他 ASAM OpenX 标准相协调。由于 ASAM OpenXOntology 提供标签的对象描述，因此 ASAM OpenLABEL 项目与 ASAM OpenXOntology 紧密相连。另一方面，ASAM OpenLABEL 项目也向 OpenXOntology 项目提供关于需要标记的相关实体及其关系的需求。

目前，ASAM OpenODD 仍在开发中。基本属性集引用了现有的 ODD 标准，如 BSI PAS 1883，它作为一个底层本体来实例化各个 ODD 规范。在 ASAM OpenXOntology 协调的未来阶段，这些标准将与其他领域概念保持一致，并形成一个通用的领域本体。例如，ASAM OpenODD 将能够使用 ASAM OpenXOntology 中的概念和关系来构建特定的 ODD，而 ASAM OpenXOntology 还将列出构建 ODD 规范时要使用的可用关系。此外，ASAM OpenXOntology 将支持扩展底层本体的方法，例如向降雨强度添加一个新的子类。

ASAM OSI（开放仿真接口）将使用 ASAM OpenXOntology 的概念和关系生成地面真值，作为传感器和传感器融合模型的输入。ASAM OpenXOntology 有望确保 ASAM OSI、ASAM OpenODD、ASAM OpenSCENARIO、ASAM OpenDRIVE 和各种传感器模型之间的协调。ASAM OSI 目前定义了一个固定的消息结构、实体分类和驾驶行为，因此，必须保证与现有传感器模型的连通性和兼容性。这意味着必须非常仔细地考虑本体中关于协议定义的规范，应该使用本体来缩小场景引擎、环境模拟器及使用 ASAM OSI 进行输入和输出消息的传感器模型之间的差距。

4.8 基于 ASAM OpenX 标准的场景仿真测试流程

基于场景的测试正在逐渐替代基于里程的测试，被用于验证自动驾驶的安全性。全球汽车行业已在标准化测试和测试自动化方面进行了大量的投入，ASAM 测试自动化领域（如 ASAM OTX 扩展、ASAM XIL）的标准就能明显反映出汽车测试领域的这一变化。在这些测试流程中引入基于场景的测试，为场景、测试用例、测试平台和测试自动化的相互作用带来了一系列新的挑战。当前在实践应用方面，行业还未达成统一共识，也就导致无法依靠共识来确保各部分及其相应标准的相互作用且和谐一致。

为了开发高级驾驶辅助系统和自动驾驶功能，许多新的利益相关者都参与了场景制定、分析和发布，包括汽车相关认证机构、政府监管机构、交通相关研究机构等，与过去传统的汽车测试领域相比，基于场景的测试所涉及的利益相关者数量也大幅增加。而仿真测试作为基于场景的测试中至关重要的一环，与场地测试和道路测试相比，仿真测试设备（包含软硬件）不够成熟，场景仿真技术尚处于发展初期。

基于此现状，ASAM 在大量的行业需求背景下，开启了仿真测试新标准领域，将基于场景的仿真测试引入自动驾驶汽车高级驾驶辅助系统的整体开发流程中，包括制定场景规范语言、标签数据、接口、设计运行范围和通用本体标准等。同时，为了使基于场景的测试与现有测试自动化环境之间相互兼容，且尽可能保证不同标准之间的一致性，ASAM 建立了测试需求项目组（Test Specification Group），来研究基于 ASAMOpenX 标准的场景仿真测试流程，如图 4-13 所示。

与 3.2.2 节中描述的场景仿真环境的抽象架构相对应，图 4-13 诠释的场景仿真测试流程也包含了测试描述、场景描述、运行、运行后处理、存储、数据检索等阶段。其中 Test Specification 和 ASAM OpenODD 用于描述测试信息和 ODD 信息；ASAM OpenSCENARIO、OpenDRIVE 和 OpenCRG 用于描述场景动静态信息；ASAM OSI 用于描述在仿真运行中的接口信息；ASAM OpenLABEL 可应用的范围较广，既可以用于在运行中记录传感器数据标签，也可以在运行后处理中标注信息，还可以通过提供场景标签作为场景描述、标签和关键字信息来做数据检索；在整个仿真测试流程框架中，OpenXOntology 都将作为全域本体库为各个环节提供支持。

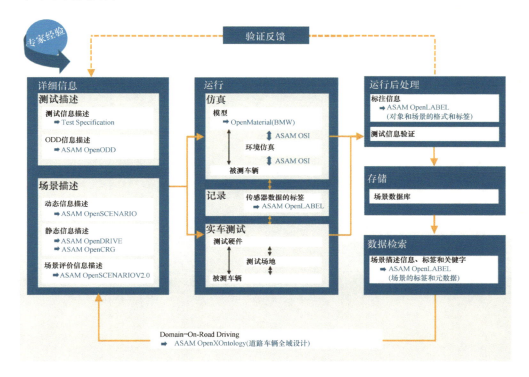

图 4-13　基于 ASAMOpenX 标准的场景仿真测试流程

  本章着重介绍了 ASAM 针对自动驾驶场景仿真测试领域的 OpenX 系列标准。其中，ASAM OpenDRIVE 提供了标准化的机器可阅读的静态场景描述方法；ASAM OpenSCENARIO 提供了标准化的机器可阅读的动态场景描述方法。这两个标准作为当前场景仿真技术中最重要的两个标准，已经在全球汽车行业中得到了大量的应用，国际上已经有百余家从事场景仿真的 OEM、Tier 1、工具供应商、服务集成商、研究机构和高校等单位参与了这两项标准的制定工作，同时已有大量的工具链已经支持了这些标准。在接下来的两章中，将重点展开阐述这两项标准中的描述语言、语法和技术要点等内容。

第 5 章 自动驾驶仿真静态场景描述语言

作为当前场景仿真技术中最重要的标准之一，描述自动驾驶仿真静态场景的 ASAM OpenDRIVE 标准受到了相关行业的普遍接受，在众多产品和开发验证项目中作为参考理论，得到了大量的工程应用实践。本章详细阐述了 ASAM OpenDRIVE 标准的基本概要（包含术语及规范、与其他标准的关联）、通用架构（包含文件结构、坐标系、几何形状）、要素（道路、车道、交叉口、物体、标志、铁路）及其应用语法。

5.1 静态场景语言概述

5.1.1 概要

OpenDRIVE 格式使用文件拓展名为 xodr 的可扩展标记语言（XML）作为描述路网的基础。存储在 OpenDRIVE 文件中的数据描述了道路的几何形状以及可影响路网逻辑的相关特征（features），例如车道和标志。OpenDRIVE 中描述的路网可以是人工生成或来自于真实世界的。OpenDRIVE 的主要目的是提供可用于仿真的路网描述,并使这些路网描述之间可以进行交换。

该格式通过节点(nodes)而被构建,用户可通过自定义的数据扩展节点。这使得各类应用(通常为仿真)具有高度的针对性,同时还保证不同应用之间在交换数据时所需的互通性。

5.1.2 术语及规范

1. 命名惯例

data types 根据 IEEE 标准规定。

2. 单位

如无另外说明,所有数值均采用 SI 单位,例如:位置/距离单位为 m;角度单位为 rad;时间单位为 s;速度单位为 m/s。

地理位置用空间坐标系定义的单位来说明,可遵循如 WGS 84-EPSG 4326 坐标系。

用户可以直接定义某些数据的数量单位。如果数量单位没有被明确定义或无法被解析,则将默认采用 SI 单位。表 5-1 所列单位可用于直接定义数据。

表 5-1 单位

类别	描述	标识符
距离	米	m
	千米	km
	英尺	ft
	陆地英里	mile
速度	米/秒	m/s
	英里/小时	mph(即 mile/h)
	千米/小时	kph(即 km/h)
重量	千克	kg
	吨	t
坡度	百分比	%

一些可选的单位只能作为指示牌以及速度标明使用,它们不能作为通用单位使用,例如不能用来定义道路几何形状或其他内容。

3. 情态动词

为符合 OpenDRIVE 标准,用户需要通过文中的情态动词来辨别强制性要求、建议、允许以及可能性和能力。在使用情态动词时,其使用规则见表 5-2。

表 5-2　情态动词的使用规则

规　　定	情态动词
Requirement 强制性要求 需严格遵守要求以便符合该标准，不得违背	shall shall not
Recommendation 建议 建议指的是建议多种可能性中最合适的一种，但不提及或排除其他可能性	should should not
Permission 许可 指的是在 OpenDRIVE 可交付内容的范围内允许采取的措施	may need not
Possibility and capability 可能性和能力 这些语言形式用于说明技术、材料、物理或其他方面的可能性或可行性	can can not
Obligation and necessity 义务与必要性 此类语言形式用于描述 OpenDRIVE 以外的法律、组织或技术的义务和必要性	must must not

4. 拼写惯例

此文档使用表 5-3 所列拼写惯例。

表 5-3　拼写惯例

标记	定　　义
Code elements	此格式用于代码元素，例如类和属性的技术名称以及属性值
Code snippets	此格式用于摘录作为实现示例的代码
Terms	此格式用于介绍术语表及新术语并对术语进行强调
Mathematical elements	此格式用于计算和数学元素
<element>	此标记用于描述 XML 说明文档中的元素的标签
@attribute	"@" 用于标明任意 OpenDRIVE 元素的属性

　　OpenDRIVE 结构图的建模根据统一建模语言（UML）来进行。UML 谱如图 5-1 所示。

　　其中，元素的角色标明了其在一个关联中（association）所有的上下文（context），角色标注在关联指向的物体处。OpenDRIVE 类图表（class diagram）使用了以下配色方案来增强可读性：

　　1）图表的顶层元素标记为橙色，在自上而下读取图表时，橙色有助于更快找到入口。

　　2）标记为黄色的类属于 UML 包（package），这些包在说明文档章节里有 UML 图表之处讨论过。

　　3）标记为蓝色的类属于 OpenDRIVE 包，这些包区别于上面提到的黄色标记的 UML 包。

　　4）标记为绿色的类包含了几何形状信息。

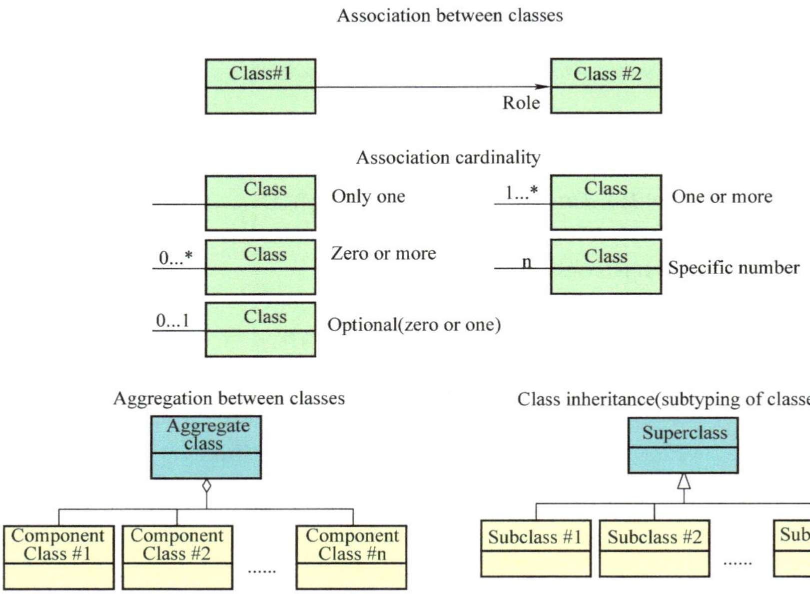

图 5-1　UML 谱（参阅 ISO TS 19103 地理信息—概念模式语言）

5. ID 的使用

在 OpenDRIVE 中使用 ID 时，请遵循以下规则：

1）ID 在一个类中必须（shall）是唯一的。

2）车道 ID 在车道段中必须（shall）是唯一的。

3）仅可（may）引用已定义的 ID。

5.1.3　与其他标准的关联

1. ASAM OpenDRIVE 在 ASAM 标准系列中的角色

ASAM OpenDRIVE 是 ASAM 仿真标准的一部分，该标准专注于车辆环境的仿真数据。除了 ASAM OpenDRIVE，ASAM 还提供其他仿真领域的标准，例如 ASAM OpenSCENARIO 和 ASAM OpenCRG。

2. OpenDRIVE 与 OpenCRG 以及 OpenSCENARIO 之间的关联

ASAM OpenDRIVE 为路网的静态描述定义了一种存储格式，通过与 ASAM OpenCRG 结合使用，可以将非常详细的路面描述添加至路网当中。OpenDRIVE 和 ASAM OpenCRG 仅包含静态内容，若要添加动态内容，则需要使用 ASAM OpenSCENARIO。三个标准的结合则提供包含静态和动态内容、由场景驱动的对交通模拟的描述（图 5-2）。

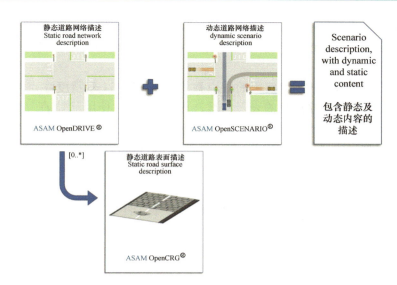

图 5-2　OpenDRIVE、OpenCRG 以及 OpenSCENARIO 之间的关联

3. 向后兼容早期版本

OpenDRIVE 1.6 版包含了在 1.5 版中出现过的元素，但这些元素与 1.4 版不兼容。为了确保能与 1.4 版和 1.5 版兼容，这些元素在 1.6 版的 XML 模式中从技术上被定义为可选。在 UML 模型的注释中，它们被标记为"向后兼容的可选"。

4. 其他标准的引用

在 ASAM Open DRIVE 中引用的其他标准包括：XML 1.0 模式；UML 2.5.1 标准；ISO 3166-2 用于国家/地区代码；ISO 8855 用于右手坐标系；ISO 8601 用于时间/日期；地理坐标参考（ISO DIN 19111）。

5.2　静态场景语言的通用架构

5.2.1　通用架构

1. 文件结构

OpenDRIVE 数据存储于 XML 文件中，文件拓展名为 .xodr。OpenDRIVE 压缩文件的拓展名为".xodrz"（压缩格式 gzip）。

OpenDRIVE 文件的结构符合 XML 规则；关联的模式文件在 XML 中得到引用。用于 OpenDRIVE 格式的模式文件可从以下链接中读取：https://www.asam.net/standards/detail/opendrive/。

元素被置于层级中，层级大于 0 的元素是上一层级的子级，层级等于 1 的元素则为主元素。可通过用户定义的数据对每个元素进行拓展，此类数据被存储于"用户数据"元素中。

所有在 OpenDRIVE 中使用的浮点数均为 IEEE 754 双精度浮点数。为了确保 XML 表示法中对浮点数的表示精准，应（should）使用已知的、保留最小的浮点数打印算法的正确精度来进行执行，或者执行应该确保始终有 17 个有效十进制数字得到生成（例如使用 the "%.17g" ISO C printf 修饰符）。在导入执行时，建议（should）使用一个已知的正确精度来保留浮点数并读取算法。

2. 合并文件

可使用 <include> 标签在适当的位置对多个文件进行合并，解析该标签后，OpenDRIVE 读取器须（shall）立刻开始读取作为标签属性的文件。用户有责任确保从包含文件中读取而来的内容与包含开始时的上下文一致。

<include> 标签发生在父标签下，该父标签必须（must）存在于父文件以及包含文件内。

示例如下：

```
原始文件
XML
<planView>
<include file="planview.xml"/>
</planView>

包含文件
XML
<planView>
<geometry x="−0.014" y="−0.055" hdg="2.88" length="95.89" s="0.0">
<arc curvature="−0.000490572"/>
</geometry>
<geometry x="−92.10" y="26.64" hdg="2.84" length="46.65" s="95.89">
<spiral curvStart="−0.000490572" curvEnd="−0.004661241"/>
</geometry>
</planView>
```

3. 文件中使用的属性

所有可在 OpenDRIVE 文件中使用的属性都能在 UML 模型里得到完整标注：若单位适用于一个属性，则可根据 5.1.2 节所述"单位"对它们进行说明。

1）类型：描述了属性的数据类型，可以分为基本数据类型或复杂数据类型。基本数据类型指的是字符串（string）、双精度浮点数（double）、浮点数（float）等；而复杂数据类型则指该说明文档中所描述的物体。

2）值：规定了相对于指定类型的给定属性的值域。

5.2.2 坐标系

1. 坐标系概况

OpenDRIVE 中可使用的坐标系如图 5-3 所示。

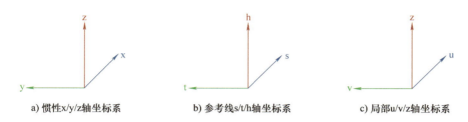

a）惯性x/y/z轴坐标系　　b）参考线s/t/h轴坐标系　　c）局部u/v/z轴坐标系

图 5-3　OpenDRIVE 中可使用的坐标系

若无另外说明，对局部坐标系的查找与定位将相对于参考线坐标系来进行。对参考线坐标系位置与方向的设定则相对于惯性坐标系来开展，具体方法为对原点、原点的航向角/偏航角、横摆角/翻滚角和俯仰角的旋转角度及它们之间的关系进行详细说明（图 5-4）。

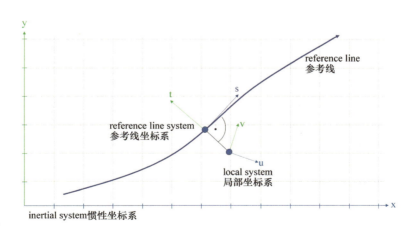

图 5-4　OpenDRIVE 中坐标系之间的相互关系

2. 惯性坐标系

根据 ISO 8855 标准规定，惯性坐标系是右手坐标系，其轴的指向方向如下：x 轴 ⇒ 右方；y 轴 ⇒ 上方；z 轴 ⇒ 指向绘图平面外。

以下惯例适用于地理参考：x 轴 ⇒ 东边；y 轴 ⇒ 北边；z 轴 ⇒ 上方。

通过依次设置航向角/偏航角（heading）、俯仰角（pitch）和横摆角/翻滚角（roll），元素（如物体、标志等）可被置于惯性坐标系中，如图 5-5 所示。

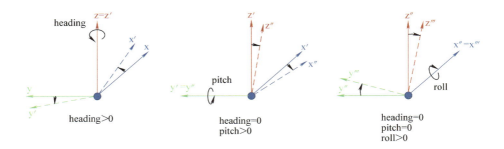

图 5-5　含有旋转定义的惯性坐标系

图 5-6 展示了对应角的正轴与正方向。

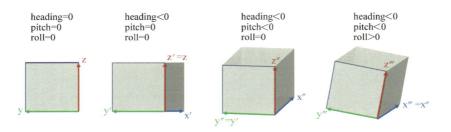

图 5-6　惯性坐标系（带旋转定义）

x'/y'/（z'=z）指的是以航向角/偏航角围绕 z 轴旋转 x/y/z 轴之后的坐标系。坐标系 x″/（y″=y'）/z″ 指的是以俯仰角围绕 y' 轴旋转 x'/y'/z' 轴之后的坐标系。最后，坐标系（x‴=x″）/y‴/z‴ 在用横摆角/翻滚角旋转 x″/y″/z″ 后获得。

3. 参考线坐标系

参考线坐标系同样也是右手坐标系，应用于道路参考线。s 方向跟随着参考线的切线方向。这里需要说明的是：参考线总是被放置在由惯性坐标系定义的 x/y 平面里。t 方向与 s 方向成正交。在定义完垂直于 x 轴和 y 轴、朝上的 h 方向后，整个右手坐标系才算完成。被定义的自由度如图 5-7、图 5-8 所示。

与惯性系相似，s'/t'/h' 与 s‴/t‴/h‴ 指的是围绕航向角/偏航角和横摆角/翻滚角旋转后得到的坐标系。如图 5-9 所示，通过提供原点坐标以及相对于惯性坐标系原点的方向（航向角/偏航角），参考线坐标系可（can）被置于惯性空间中。

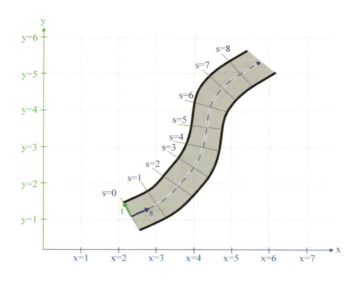

图 5-7 参考线坐标系

s：坐标沿参考线，以 m 为单位，由道路参考线的起点开始测量，在 xy 平面中计算（也就是说，这里不考虑道路的高程剖面） t：侧面，在惯性 x/y 平面里正向向左 h：在右手坐标系中垂直于 st 平面

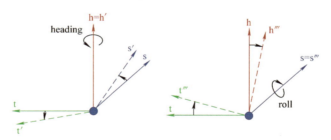

图 5-8 参考线系（带旋转定义）

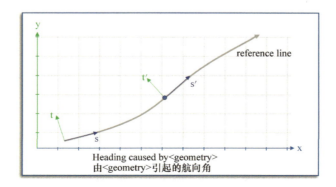

图 5-9 航向角 / 偏航角在参考线中

超高程导致参考线内产生横摆角/翻滚角，如图5-10所示。

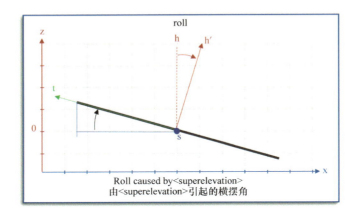

图5-10　横摆角/翻滚角在参考线中

俯仰角在s/t/h轴坐标系中不可能出现，参考线的高程如图5-11所示。高程对s的长度不产生影响。

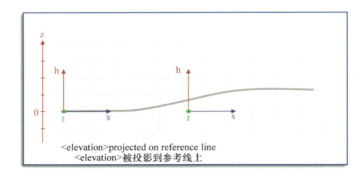

图5-11　在参考线中的高程

4. 局部坐标系

根据ISO 8855标准，局部坐标系是右手坐标系，其轴的指向方向如下（以下内容适用于非旋转坐标系）：

1）u：向前匹配s。
2）v：向左匹配t。
3）z：向上匹配h。

可（can）通过依次设置航向角/偏航角、俯仰角和横摆角/翻滚角，将元素（例如物体）置于局部坐标系中，如图5-12、图5-13所示。

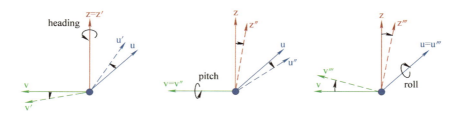

图 5-12 局部坐标系（带旋转定义）

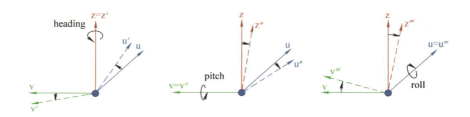

图 5-13 带航向角/偏航角、俯仰角和横摆角/翻滚角的局部坐标系

图 5-14 展示了对应角的正轴与正方向。局部坐标系只能（can）通过以下方法被置于参考线空间中：在参考线坐标系中提供局部坐标系的原点和相对于参考线坐标系、局部系原点的方向（航向角/偏航角），如图 5-14 所示。

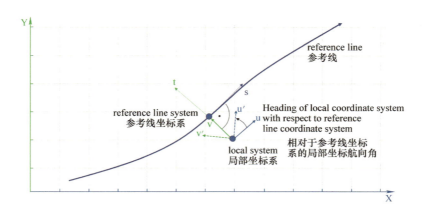

图 5-14 相对于参考线坐标系的局部坐标系

5. 所有可用坐标系的总结

惯性坐标系、参考线坐标系和局部坐标系将在 OpenDRIVE 中同时被使用。图 5-15 中的示例描述了三个坐标系相对于彼此的位置与方向设定。

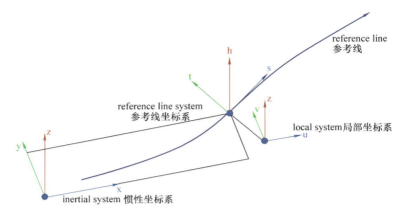

图 5-15 OpenDRIVE 中坐标系总结

6. OpenDRIVE 中的地理坐标参考

空间参考系的标准化由欧洲石油调查组织（EPSG）执行，该参考系由用于描述大地基准的参数来定义。大地基准是相对于地球的椭圆模型的位置合集所做的坐标参考系。

通过使用基于 PROJ（一种用于两个坐标系之间数据交换的格式）的投影字符串来完成对大地基准的描述。该数据应（shall）标为 CDATA，因为其可能（may）包含会干预元素属性 XML 语义的字符。

在 OpenDRIVE 中，关于数据集的地理参考信息在 <header> 元素的 <geoReference> 元素中得以呈现。Proj 字符串（参见以下 XML 示例）包含了所有定义已使用的空间参考系的参数。关于 proj 字符串的细节信息，参见 https://proj.org/usage/projections.html。

投影的定义不能（shall）多于一个。若定义缺失，那么则假定为局部笛卡儿坐标系。

这里强烈建议使用 Proj 字符串的官方参数组（使用该链接查询字符串：https://epsg.io/）。参数不应（should not）被改变。一些空间参考系如 UTM 具有隐东及北伪偏移，这里使用 +x_0 与 +y_0 参数对它们进行定义。若想应用偏移，请使用 <offset> 元素，而不是改变所有参数值（图 5-16）。

XML 示例如下：

```
XML
<geoReference>
<![CDATA[+proj=utm +zone=32 +ellps=GRS80 +towgs84=0,0,0,0,0,0,0 +units=m +no_defs]]>
</geoReference>
```

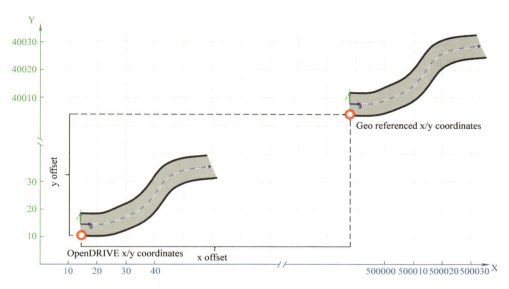

图 5-16 地理坐标参考偏移

规则如下：

<offset> 应（should）使 OpenDRIVE 的 x 和 y 坐标大致集中在（0;0）周围。在 x 和 y 坐标过大的情况下，由于 IEEE 754 双精度浮点数的精确度有限，在内部使用浮点坐标的应用可能（might）不能够对它们进行精确处理。

5.2.3 几何形状

道路的走向可以（can）是多种多样的，它们可以是空旷地面上的直线、高速公路上细长的弯道、山区狭窄的转弯。为从数学角度对所有这些道路线进行正确建模，OpenDRIVE 提供了多种几何形状元素。图 5-17 展示了五种定义道路参考线几何形状的可行方式：直线、螺旋线或回旋曲线（曲率以线性方式改变）、有恒定曲率的弧线、三次多项式曲线、参数三次多项式曲线。

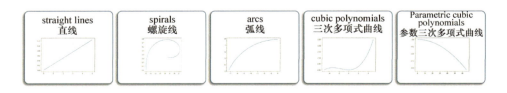

图 5-17 OpenDRIVE 的几何形状元素

1. 道路参考线

道路参考线是 OpenDRIVE 中每条道路的基本元素。所有描述道路形状以及其他属性的几何元素都依照参考线来定义，这些属性包括车道及标志。

按照定义，参考线向 s 方向伸展，而物体出自参考线的侧向偏移，向 t 方向伸展。

图 5-18 展示了 OpenDRIVE 中一条道路的不同部分：道路参考线、一条道路上的单独车道、沿道路放置的道路特征（如标志）。

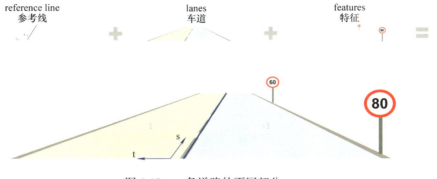

图 5-18　一条道路的不同部分

在 OpenDRIVE 中，参考线的几何形状用 <planView> 元素里的 <geometry> 元素来表示。<planView> 元素是每个 <road> 元素里必须要用到的元素。

以下规则适用于道路参考线：

1）每条道路必须（shall）有一条参考线；每条道路只能（shall）有一条参考线。

2）参考线通常在道路中心，但也可能（may）有侧向偏移。

3）几何元素应（shall）沿参考线以升序（即递增的 s 位置）排列。

4）一个 <geometry> 元素应（shall）只包含一个另外说明道路几何形状的元素。

5）若两条道路不使用交叉口来连接，那么新的道路的参考线应（shall）总是起始于其前驱或后继道路的 <contactPoint>。参考线有可能（may）被指向相反方向。

6）参考线不能（shall not）有断口（leaps）。参考线不应（should not）有扭结（kinks）。

2. 直线

如图 5-19 所示，直线是最简单的几何形状元素，它不包含其他属性。

在 OpenDRIVE 中，直线用 <geometry> 元素里的 <line> 元素来表示。

3. 螺旋线

如图 5-20 所示，螺旋线是一条描述参考线变化曲率的回旋曲线。螺旋线可（may）被用来描述曲率在 <line> 到 <arc> 连贯的转换。

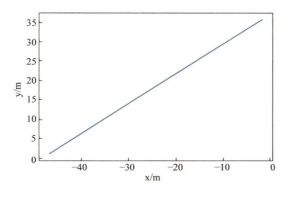

图 5-19 直线

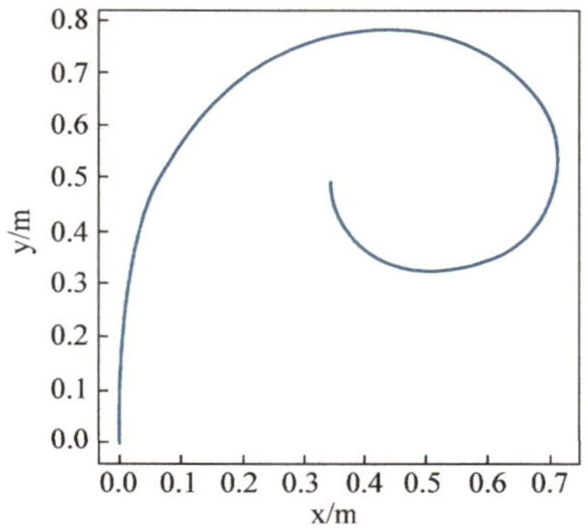

图 5-20 用螺旋线来描述道路几何形状

螺旋线是以起始位置的曲率（@curvStart）和结束位置的曲率（@curvEnd）为特征，沿着螺旋线的弧形长度（见 <geometry> 元素 @length），曲率从头至尾呈线性。也可以按顺序排列 <line>、<spiral> 和 <arc> 几个元素，从而对复杂曲率进行描述。

在 OpenDRIVE 中，螺旋线用 <geometry> 元素里的 <spiral> 元素来表示。

以下规则适用于螺旋线：@curvStart 和 @curvEnd 不应该（should not）相同。

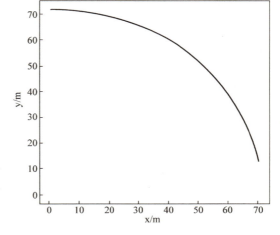

4. 弧线

如图 5-21 所示，弧线描述了有着恒定曲率的道路参考线。

图 5-21 用弧线来描述道路几何形状

在 OpenDRIVE 中，弧线用 <geometry> 元素里的 <arc> 元素来表示。

以下规则适用于弧线：曲率不应（should not）为零。

5. 从几何形状元素中生成任意车道线

如图 5-22 所示，通过对 OpenDRIVE 中所有可用的几何形状元素进行组合，便可以创建诸多种类的道路线。为避免曲率中出现断口，建议使用螺旋线将直线与弧线以及其他有不同曲率的元素进行结合。

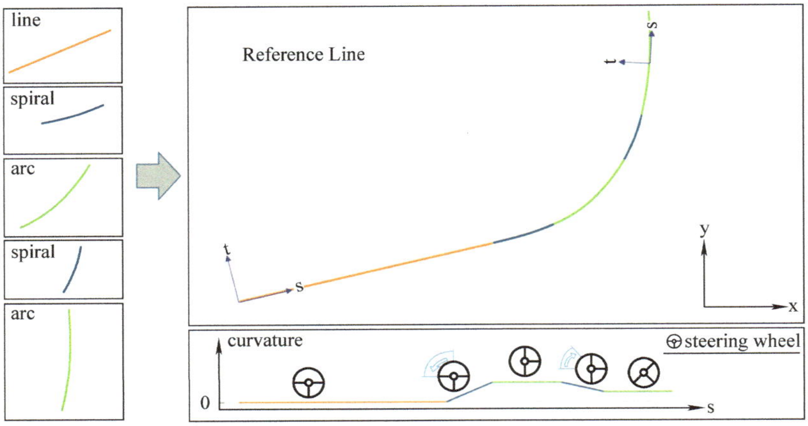

图 5-22 从几何形状元素创建参考线

6. 参数三次曲线

参数三次曲线被用于描述从测量数据中生成的复杂曲线。参数三次曲线相较于三次多项式更为灵活，它能描述更多种类的道路线。与在 x/y 坐标系中被定义或被当成局部 u/v 坐标系的三次多项式比起来，x 坐标与 y 坐标的插值是通过它们自身的样条相对于共同的插值参数 p 而进行的。

只需使用 x 轴和 y 轴便可以用参数三次曲线生成道路线。为保持三次多项式的连贯性，可（may）利用 u 轴和 v 轴同时将它们计算到三次多项式里：

$$u(p)=aU+bU*p+cU*p2+dU*p^3$$
$$v(p)=aV+bV*p+cV*p2+dV*p^3$$

若无另外说明，插值参数 p 则在 [0;1] 范围内。另外，也可（may）在 [0; @length of <geometry>] 的范围内对其赋值。与三次多项式相似，有着变量 u 和 v 的局部坐标系可（may）被任意放置和旋转。

为简化描绘，局部坐标系可（may）与 s/t 坐标系在起始点（@x，@y）和起始方向 @hdg 上保持一致：u 点在局部 s 方向，即沿参考线在起始点上；v 点在局部 t 方向，即从参考线在起始点上作横向偏移；参数 @aU、@aV 和 @bV 应（shall）为零。

如图 5-23~ 图 5-25 所示，给参数 @aU、@aV、和 @bV 赋予非零值会导致 s/t 坐标系的转移和旋转。

在为已知参数 p 定义曲线上的点后，在考虑相对于参数 @aU、@aV、@bU、@bV、起始坐标（@x，@y）和起始方向 @hdg 所规定的位移和方向的前提下，

u 值和 v 值会被转换成 x/y 坐标系里的值。

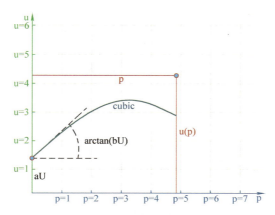

图 5-23 为 u 坐标插值所做的参数三次多项式

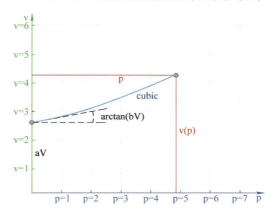

图 5-24 为 v 坐标插值所做的参数三次多项式

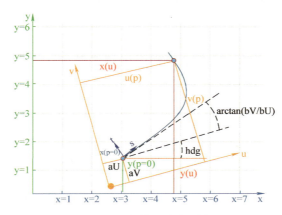

图 5-25 参数三次多项式

这里需注意的是：插值参数 p 和 <geometry> 元素中起始点（@x，@y）和与参数 p 相关的点 [x（p），y（p）] 之间弧线实际长度是非线性关系。通常来说，只有起点和终点参数 p=0 和 p=@length（选项 @pRange=arcLength）与弧线的实际长度一致。

考虑到 <geometry> 元素中说明的位移和旋转参数 @a、@b、(@x，@y) 和 @hdg，在给定的 u 坐标上确定最终的 x/y 曲线位置。

在 OpenDRIVE 中，参数三次曲线用 <geometry> 元素里的 <paramPoly3> 元素来表示。

以下规则适用于参数三次曲线：

1）若局部 u/v 坐标系与 s/t 坐标系的起始点一致，那么多项式参数系数为 @aU=@aV=@bV=0。

2）若 @pRange="arcLength"，那么 p 可（may）在 [0,@length from <geometry>] 范围内对其赋值。

3）若 @pRange="normalized"，那么 p 可（may）在 [0, 1] 范围内对其赋值。

4）多项式参数 aU、bU 和 aV 应为 0，以确保参考线的平滑。

5.3 静态场景语言要素及语法

5.3.1 道路

路网在 OpenDRIVE 中用 <road> 元素来表示。每条道路都沿一条道路参考线延伸，一条道路必须（shall）拥有至少一条宽度大于 0 的车道。

OpenDrive 中的道路可以（may）与真实路网或为应用而设的路网中的道路相提并论。每条道路由一个或多个 <road> 元素描述。一个 <road> 元素可以（may）覆盖一条长路、交叉口之间较短的路，甚至多条道路。只有在道路的属性不能在先前 <road> 元素中得到描述或需要一个交叉口的情况下，才应（should）开始一个新的 <road> 元素。

1. 道路段以及横截面的属性

某些道路属性是基于道路横截面得到描述的，道路横截面是道路参考线上给定点处的道路正交视图。超高程是一种与道路横截面相关的属性。如果元素对道路横截面有效，那么它对道路参考线上给定点处的整个宽度都有效。其他道路属性是基于道路平面图得到描述的，其中包括车道和道路高程。这些属性称为道路段，其描述了道路的各个部分以及它们沿道路参考线 s 坐标的特定属性。对路段有效的属性仅对特定车道有效，可能（may）对整个道路宽度无效。

这意味着可为不同属性（如道路类型或车道段）创建不同的道路段，方式是使用新的起始 s 坐标以及 <road> 元素中的附加元素。两个给定 s- 起始位置之间的差别隐式地指定了组的长度。段的存储必须（shall）按 s 坐标升序来进行。

2. 道路连接

为了能够在路网中行进，道路必须（must）相互连接。道路可以（may）连接到其他道路或交叉口上（孤立的道路除外）。图 5-26 的场景展示了禁止、允许以及建议的道路连接方式。非常重要的是，相互连接的道路的车道及其参考线须与其前驱以及后继道路的车道及其参考线直接连接。如果参考线连接正确，则应该避免重叠或断口，但不完全禁止。

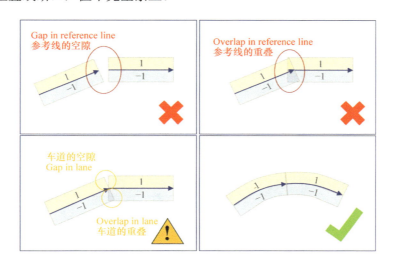

图 5-26　禁止、允许以及建议的道路连接

图 5-27、图 5-28 的场景展示了可行的道路连接方式。图 5-27 中包括两条同向、反向或汇聚的道路，如果这两条参考线相互不连接，则也无法实现道路连接。

在 OpenDRIVE 中，道路连接用 <road> 元素里的 <link> 元素来表示。<predecessor> 以及 <successor> 元素在 <link> 元素中被定义。对于虚拟和常规的交叉口来说，<predecessor> 以及 <successor> 元素必须使用（shall）不同的属性组。

以下规则适用于道路连接：

1）只有在连接（linkage）清晰的情况下，才能（shall）直接连接两条道路。如果与前驱或后继的关系模糊，则必须（shall）使用交叉口。

2）道路可（may）将其他道路或交叉口作为其后继或前驱，它也可以（may）没有后继或前驱。

3）道路也可（may）作为自身的后继或前驱。

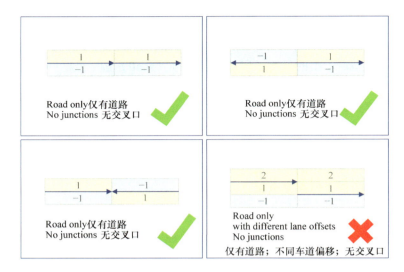

图 5-27　可行的道路连接场景

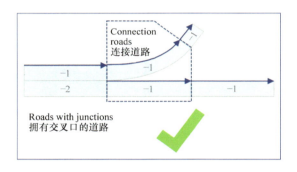

图 5-28　可行的路口内道路连接场景

3. 道路类型

道路类型（如高速公路、乡村公路）定义了道路的主要用途以及相关的交通规则。道路类型对于整个道路横截面均有效。通过在沿参考线的给定点上定义不同道路类型，可（may）在 <road> 元素中根据需要改变道路类型。道路类型将持续有效，直到另一个道路类型被定义。

在 OpenDRIVE 中，道路类型用 <road> 元素中的 <type> 元素来表示。道路类型本身在 @type 属性中被给定。

以下规则适用于道路类型：

1）当道路类型有变更时，必须（shall）在父级 <road> 元素中创建一个新的 <type> 元素。

2）可（may）添加国家/地区代号以及州标识符至 <type> 元素中，以便对适用于该道路类型的国家交通规则进行详细说明。相关数据并不存储在 OpenDRIVE 中，它将存储于应用中。

3）只能（shall）使用 ALPHA-2 国家/地区代号，ALPHA-3 国家/地区代号不能得以使用，原因是只有 ALPHA-2 国家/地区代号才支持州标识符。

4）单独车道可能（may）与其所属道路的类型不同。道路类型和车道类型代表不同的属性，若有具体说明，那么两种属性都为有效。

4. 道路类型的限速

可（may）为道路类型设置速度限制（限速），若道路类型已更改且在路段中已有速度限制存在，由于道路类型并不拥有全局有效的速度限制，则需要一个新的速度元素。必须（shall）为每个道路类型元素单独定义限速。

在 OpenDRIVE 中，速度限制用 <type> 元素里的 <speed> 元素来表示。

以下规则适用于速度限制：

1）最大速度可以（may）被定义为每个道路类型元素的默认值。

2）单独车道可以（may）有不同于其所属道路的速度限制，其将被定义为 <laneSpeed>。

3）源自标志的限速必须（shall）始终被优先考虑。

5. 高程的方法

以下几种方法用于标高道路或道路的部分：道路高程详细说明了沿道路参考线（s 方向）的高程；通过使用超高程以及形状定义，横断面图将对与 t 方向参考线正交的高程进行详细说明。

道路高程的类型如图 5-29 所示，s 长度不随着高程变化。

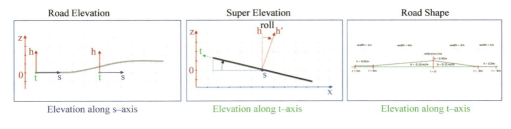

图 5-29 高程的类型

（1）道路高程

一条道路可（may）沿其参考线被标高，需根据每个在参考线上给定点的道路横截面来对道路高程进行定义。高程以米（m）为单位，道路的默认高程为零。若使用了地理坐标参考，则根据地理坐标参考对零进行定义。

在 OpenDRIVE 中，高程用 <elevationProfile> 元素中的 <elevation> 元素来表示。

以下规则适用于道路高程：

1）道路必须（shall）沿其参考线被标高。

2）道路高程可（may）单独或者结合超高程以及道路形状被定义。

3）对高程元素的定义必须（shall）按升序进行。由于高程可以上下移动，元素必须（shall）被连接到参考线上的相应位置。

4）道路高程的定义持续有效，直到该类型的下一个元素得到定义。

（2）超高程

超高程是横断面图的一部分，它描述了道路的横坡。它可（may）用于将道路往内侧倾斜，从而使车辆更容易驶过。如图 5-30 所示，对于被超高程的道路而言，道路的 t 轴不与下层地形平行。因此，横断面图的定义适用于整个道路横截面。超高程不改变车道的实际宽度，但它会影响被投影的宽度。超高程的默认值为零。

超高程从数学角度被定义为围绕参考线的道路横截面的倾斜角。这意味着超高程对于向右边倾斜的道路具有正值，对于向左边倾斜的道路具有负值。为简化上述示例，图 5-30 中的参考线平行于 y 轴。

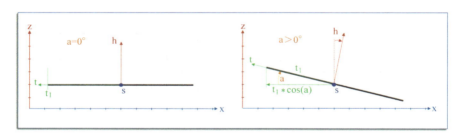

图 5-30　超高程

在 OpenDRIVE 中，超高程用 <lateralProfile> 元素中的 <superelevation> 元素来表示。

以下规则适用于超高程：

1）超高程的定义必须（shall）适用于整个道路横截面。

2）道路的单条车道通过使用 @level 属性实现。

（3）形状定义

由于某些横向道路形状过于复杂，仅使用超高程来描述是不够的。通过形状则能够更详细地描述在参考线上给定点处的道路横截面的高程。这意味着，一个有多个 t 值的 s 坐标上可以（may）拥有多个形状定义，从而对道路的弯曲形状进行描述。如果不结合超高程而使用了形状，车道的实际宽度可能会由于其曲线的形状而被改变，相对于平面图的投影宽度不受影响；如果结合超高程而使用了形状，如图 5-31 所示，相对于超高程状态的道路投影宽度不会变化，但相对于平面图的投影宽度会有变化。

被定义的 t 范围必须（must）最少要覆盖到整个 <road> 元素的最大 t 展开式。

图 5-32 展示了如何对两个横断面图之间的高度信息进行计算，图中的横断面图处于 s_{R1} 并拥有五个多项式定义，而处于 s_{R2} 的横断面图则拥有三个多项式定义。可使用图 5-31 中的公式对两个横断面图之间的一个点以及线性插值进行计算。

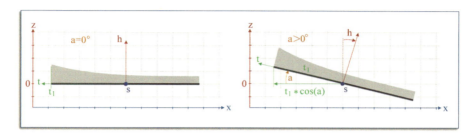

图 5-31　形状定义（左边）与超高程相结合（右边）

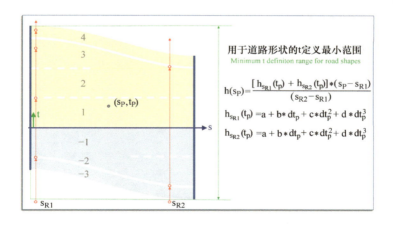

图 5-32　道路形状最小的 t- 定义范围

典型的应用案例是高速测试跑道以及路拱上的弯曲路面，形状的默认值为零。

以下规则适用于形状：

1）可结合超高程以及道路高程对形状进行定义。

2）在使用形状时，不应该（should not）存在任何车道偏移。

6. 道路表面

OpenDRIVE 并不包含对道路表面的描述，该类描述则包含在 OpenCRG 中，但 OpenDRIVE 可以引用在 OpenCRG 中生成的数据。两者均不包含有关道路表面视觉展示的数据。借助 OpenCRG 可以对更细节化的道路表面属性进行建模，如图 5-33 中的卵石或坑洼。

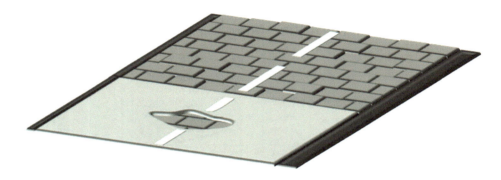

图 5-33　CRG 文件中定义的道路表面

根据 CRG 的名称，CRG 数据被置于常规网格中，该网格是沿参考线被布置的（类似 OpenDRIVE 的道路参考线）。在每个网格位置上，它都包含了在真实道路上测量到的绝对高程和某些附加数据，这些数据可以对相对于参考线的 delta 高程进行计算。将 OpenDRIVE 和 CRG 数据进行结合的关键在于对两条参考线之间的相关性以及一条使用两者高程数据的规则进行定义。CRG 数据可能（may）会与 OpenDRIVE 道路参考线有偏差，其方向可能与道路布局方向相同或者相反（图 5-34）。

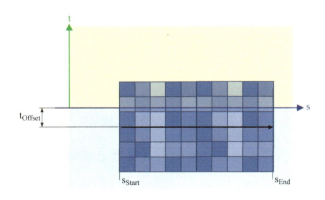

图 5-34　沿参考线放置一个 OpenCRG 文件

可（may）在不同模式下将 CRG 数据应用于给定的 OpenDRIVE 道路。

（1）@mode = attached 附加

出于对 @tOffset 以及 @sOffset 参数的考虑，CRG 数据集的参考线将被替换为 OpenDRIVE 道路的参考线。通过对 CRG 网格的评估以及 @zOffset 和 @zScale 的应用后得出 CRG 局部高程值，该值会被添加到 OpenDRIVE 道路的表面高程数据中（该数据衍生于高程、超高程以及路拱的组合）。无须考虑道路的全方位几何是否匹配，这个模式可用于将相对于原始 CRG 数据的参考线的道路表面信息从任意 CRG 道路转移到 OpenDRIVE 道路中。CRG 道路的原始位置、航向角/偏航角、曲率、高程以及超高程均不在考虑范围内，CRG 网格的评估是沿 OpenDRIVE 参考线，而不是沿 CRG 参考线而进行的（图 5-35、图 5-36）。

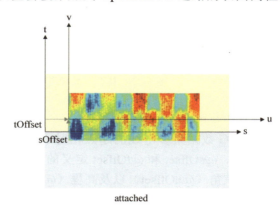

图 5-35 OpenCRG 附加模式：附加

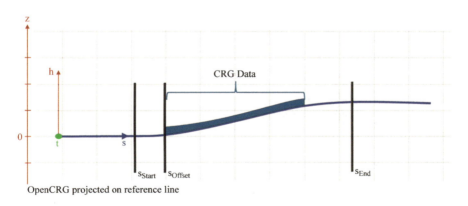

图 5-36 具有高程的 OpenCRG 附加模式

该模式与附加模式基本无异，唯一与附加模式不同的是只有 CRG 数据的高程值会被作为关注对象（即 OpenDRIVE 高程被设置为零）。为了避免出现问题，需准确地将 @sStart 及 @sEnd 设置为 CRG 数据的边界，否则可能会出现如图 5-37 所示的高度为零的缺口。

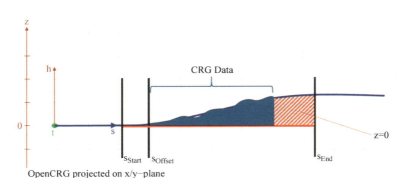

图 5-37 具有标高参考线的 OpenCRG attached0 模式

（2）@mode = genuine 真实

CRG 数据集参考线的起点相对于 OpenDRIVE 道路参考线上的点，位于由 @sStart、@sOffset 和 @tOffset 定义的位置上。通过为横向以及纵向移位、航向角 / 偏航角（@hOffset）以及高程（@zOffset）提供偏移值，可以明确 OpenCRG 与 OpenDRIVE 各自的参考线之间的相关性。在真实（genuine）模式中，CRG 数据会完全取代 OpenDRIVE 高程数据，也就是说，会直接从 CRG 数据中计算出道路表面给定点的绝对高程（可把这看成将 OpenDRIVE 高程、超高程和路拱均设为零时，对 CRG 和 OpenDRIVE 数据进行合并）。若使用该方法，必须（must）确保 CRG 数据的几何形状在一定的范围内与下层的 OpenDRIVE 道路几何是匹配的（图 5-38）。

（3）@mode = global 全局

数据集仅从给定轨道或交叉口记录中引用，但并无平移或旋转转换可被应用。CRG 文件中的所有数据保留在其原生的坐标系中。高程数据被认为是惯性数据，也就是 AS IS。

（4）@orientation 方向

由于 CRG 数据可能（may）只覆盖了道路表面部分，所以必须（must）

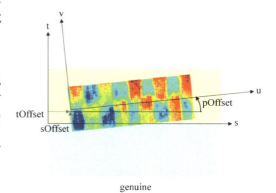

图 5-38 OpenCRG 附加模式：genuine 真实

确保衍生于 OpenDRIVE 数据的高程信息在有效的 CRG 范围外依然可以（can）得以使用（图 5-39）。在 OpenDRIVE 中，道路表面用 <road> 元素里的 <surface> 元素来表示，OpenCRG 中描述的数据则用 <surface> 元素里的 <CRG> 元素来表示。若在给定位置的相同物理属性（属性用途）具备一个以上的 CRG 条目，那么 OpenDRIVE 文件内出现顺序中的最后一个条目必须（shall）作为相关条目。所有其他的条目则被忽略。

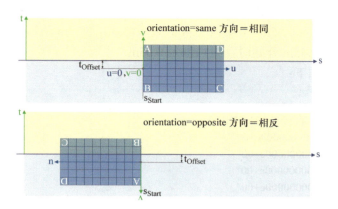

图 5-39　OpenCRG 方向

方向属性在 OpenCRG 的 u/v 坐标系的原点处沿着 CRG 文件进行旋转。"same" 值的旋转角度为 0，"opposite" 值则为 180°。T- 偏移不被方向属性所影响。

7. 道路的应用案例

许多道路都有一个路拱，例如用于提供一个排水坡度，从而让水能从路面上流入水沟中。图 5-40 展示了一个拥有路拱的两车道路的样本定义。

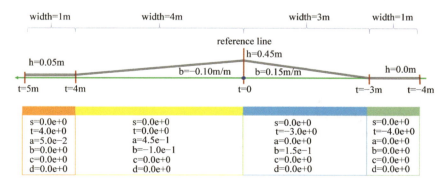

图 5-40　使用道路形状建模的路拱例子

线性路拱拥有以下属性：

1）道路的宽度从 t = −4 开始。由于值为 0，因此在高度到 t = −3 的范围内不会有任何改变。

2）从 t = −3 到 t = 0，每 m 线性上升 0.15m。这意味着，在 t = 0（道路的中间）处，道路已达到 0.45m 的高度。

3）从 t = 0.45m 开始，道路每 m 线性下降 0.1m。这意味着，当达到 t = 4 时，道路的高度为 0.05m（0.45m−0.40m 为 0.05m；在 4m 距离后，道路每 m 损失 0.1m；当从 0.45m 开始时，终点则为 0.05m）。

XML 示例如下：

```xml
<lateralProfile>
<shapes="0.0000000000000000e+00"
t="-4.0000000000000000e+00"
a="0.0000000000000000e+00"
b="0.0000000000000000e+00"
c="0.0000000000000000e+00"
d="0.0000000000000000e+00"/>
<shapes="0.0000000000000000e+00"
t="-3.0000000000000000e+00"
a="0.0000000000000000e+00"
b="1.4999999999999999e-01"
c="0.0000000000000000e+00"
d="0.0000000000000000e+00"/>
<shapes="0.0000000000000000e+00"
t="0.0000000000000000e+00"
a="4.5000000000000001e-01"
b="-1.0000000000000001e-01"
c="0.0000000000000000e+00"
d="0.0000000000000000e+00"/>
<shapes="0.0000000000000000e+00"
t="4.0000000000000000e+00"
a="5.0000000000000003e-02"
b="0.0000000000000000e+00"
c="0.0000000000000000e+00"
d="0.0000000000000000e+00"/></lateralProfile>
```

5.3.2 车道

在 OpenDRIVE 中，所有道路都包含了车道。每条道路必须（shall）拥有至少一条宽度大于 0 的车道，并且每条道路的车道数量不受限制。

需要使用中心车道对 OpenDRIVE 中的车道进行定义和描述。中心车道没有宽度，并被用作车道编号的参考，其自身的车道编号为 0。对其他车道的编号以中心车道为出发点：车道编号向右呈降序，也就是朝 t 的负方向；向左呈升序，也就是朝 t 的正方向。

图 5-41 展示了一条道路的中心车道，该车道拥有多条交通车道以及不同的行驶方向。在这个示例中，根据靠左行车以及靠右行车的交通模式，中心车道将道路类型中定义的行驶方向分隔开来。由于并未使用车道偏移，因此中心车道等同于道路参考线。

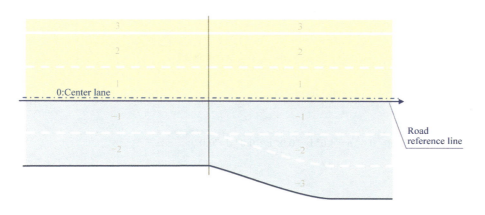

图 5-41　拥有不同行驶方向车道的道路以及其中心车道

图 5-42 展示了拥有相同行驶方向车道的道路（即单行道）的中心车道。以下规则适用于车道的使用：

1）每条道路必须（shall）拥有一条中心车道及一条宽度大于 0 的车道。

2）道路可（may）根据需要而设定任意数量的车道。

3）中心车道不能（shall）拥有宽度，这就意味着不能（shall）将 <width> 元素用于中心车道。

4）中心车道编号必须（shall）为 0。

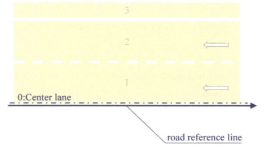

图 5-42　拥有相同行驶方向车道的道路以及其中心车道

5）车道编号必须（shall）在中心车道之后从 1 开始，朝 t 的负方向为降序，朝 t 的正方向为升序。

6）车道编号必须（shall）保持连续性且无任何间断。

7）每个车道段都必须（shall）有唯一的车道编号。

8）可（may）通过使用 <lane> 元素的 @type 属性对双向车道进行详细说明。

XML 示例如下：

```xml
<lanes>
<laneSection s="0.0">
<left>
<lane id="2" type="border" level="false">
<link>
</link>
<width sOffset="0.0" a="1.0" b="0.0" c="0.0" d="0.0"/>
</lane>
<lane id="1" type="driving" level="false">
<link>
</link>
<width sOffset="0.0" a="4.0" b="0.0" c="0.0" d="0.0"/>
</lane>
</left>
<center>
<lane id="0" type="none" level="false">
<link>
</link>
</lane>
</center>
<right>
<lane id="−1" type="driving" level="false">
<link>
</link>
<width sOffset="0.0" a="4.0" b="0.0" c="0.0" d="0.0"/>
</lane>
<lane id="−2" type="border" level="false">
<link>
</link>
<width sOffset="0.0" a="1.0" b="0.0" c="0.0" d="0.0"/>
</lane>
</right>
</laneSection></lanes>
```

1. 在车道段中进行车道分组

为了能够便利地在 OpenDRIVE 道路描述中进行查找，一个车道段内的车道可分为左、中、右车道，车道在该组中用 <lane> 元素来描述（图 5-43）。由于车道编号朝 t 的负方向呈降序且朝 t 的正方向呈升序，应用可（can）从 ID 属性中给出的车道编号中得知车道的方向（除非 @type 是双向的）。

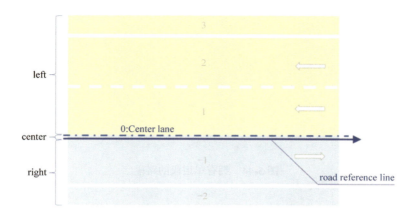

图 5-43　车道按左、中、右分组

在 OpenDRIVE 中，车道组用 <laneSection> 元素内的 <center>、<right> 和 <left> 元素来表示。ID 属性用嵌套在 <center>、<right> 和 <left> 元素里的 <lane> 元素来定义。

以下规则适用于车道分组：

1）带有正 ID 的车道在中心车道的左侧，而带有负 ID 的车道则在中心车道的右侧。

2）每个车道段必须（shall）包含至少一个 <right> 或 <left> 元素。

3）必须（shall）给每个 s 坐标定义一个 <center> 元素。

4）每个车道段都可（may）包含一个 <center> 元素。

5）为了能够更好地确认方向，车道应（should）按照降序 ID 按从左到右的顺序排列。

2. 车道段

车道可（may）被分成多个段，每个车道段包含车道的一个固定编号。如图 5-44 所示，每次车道编号的变更都随之产生一个新车道段的需求。车道段的定义将沿道路参考线按升序来进行。图 5-44 中，路段被分割成不同的车道段。若车道编号改变，则需要定义一个新的车道段。

为了能更轻易地在复杂道路上对车道段进行使用，可（may）仅使用 @singleSide 属性对道路的一侧进行定义。图 5-45 展示了这一原理。

在 OpenDRIVE 中，车道段用 <lanes> 元素里的 <laneSection> 元素来表示。

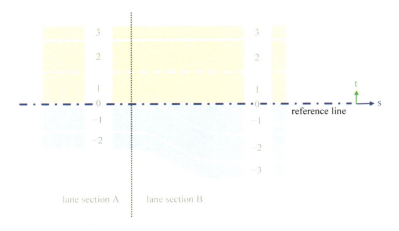

图 5-44　拥有车道段的路段

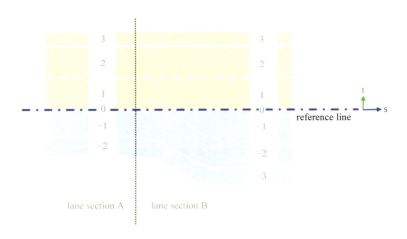

图 5-45　分别为道路的两侧所定义的车道段

以下规则适用于车道段：
1）每条道路都必须（shall）拥有至少一个车道段。
2）车道段必须（shall）按升序来定义。
3）每个 s 位置上都必须（shall）只有一条中心车道。
4）应该（should）避免在长距离上使用宽度为 0 的车道。
5）每次车道编号改变都必须（shall）有新的车道段被定义。
6）车道段将持续有效，直到一个新的车道段被定义。
7）可（may）根据需要多次更改一个车道段内的车道属性。
8）可（may）仅使用 @singleSide 属性为道路的一侧对车道段进行定义。

3. 车道偏移

车道偏移可（may）用于将中心车道从道路参考线上位移，以便能够更轻松地在道路上对车道的局部横向位移进行建模（如对左转车道进行建模）。

根据用于车道偏移的插值，车道偏移和形状定义两者的组合可导致不一致性。若线性插值被用于定义沿参考线的道路形状，那么它也应（should）被用于偏移定义，以便两者的定义能被一致地组合使用。图 5-46 展示了中心车道偏离道路参考线而产生的偏移。

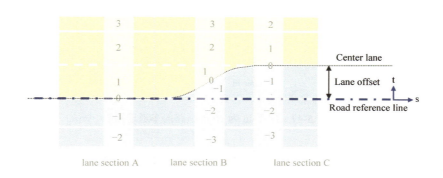

图 5-46　车道偏移

在 OpenDRIVE 中，车道偏移用 <lanes> 元素内的 <laneOffset> 元素来表示。以下规则适用于车道偏移：

1）车道偏移不能（shall not）与道路形状一同使用。
2）当底层的多项式函数有变化时，必须（shall）启动一个新的车道偏移。
3）若边界定义已存在，则不允许（shall not）出现偏移。

4. 车道连接

车道的连接信息被存储在 OpenDRIVE 中以便进行车道查找，并将借助于每条车道的前驱以及后继信息来对连接进行描述；车道和交叉口均可（may）作为车道的前驱和后继部分，车道可（may）连接至相同或不同道路上的其他车道上（图 5-47）。

在 OpenDRIVE 中，车道连接用 <lane> 元素里的 <link> 元素来表示。<predecessor> 和 <successor> 元素在 <link> 元素内得到定义。

以下规则适用于车道连接：

1）一条车道可（may）拥有另外一条车道作为其前驱或后继。
2）只有当两条车道的连接明确时，它们才能（shall）被连接。若与前驱或后继部分的关系比较模糊，则必须（shall）使用交叉口。

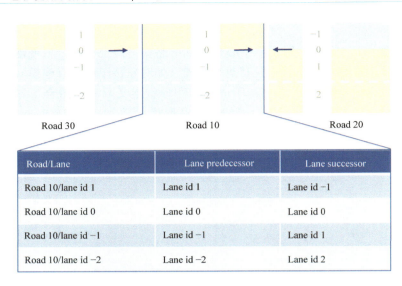

图 5-47　用于 id 为 10 的道路的车道连接

3）若车道结束于一个路口内或没有任何连接，则必须（shall）删除 <link> 元素。

5. 车道属性

车道属性描述了车道的用途以及形状。每个车道段都定义了一条车道属性，该属性也可能（may）在该车道段中有变化。如果没有特意为车道段定义一条属性，应用便可（can）采用默认属性。

以下规则适用于车道属性：

1）车道属性的定义必须（shall）相对于相应车道段的起点来展开。

2）直到另外一个同类型的车道属性得到定义或车道段结束，特定的车道属性都必须（shall）保持有效。

3）相同类型的车道属性必须（shall）按升序定义。

（1）车道宽度

车道的宽度是沿 t 坐标而定义的。车道的宽度有可能（may）在车道段内产生变化。

车道宽度与车道边界元素在相同的车道组内互相排斥。若宽度以及车道边界元素在 OpenDRIVE 文件中同时供车道段使用，那么应用必须（must）使用 <width> 元素提供的信息。

在 OpenDRIVE 中，车道宽度由 <lane> 元素中的 <width> 元素来描述。

以下规则适用于车道宽度：

1）车道的宽度必须（shall）在每个车道段中至少被定义一次。

2）必须（shall）为整个车道段的长度定义车道宽度，这意味着 s=0 必须（must）要有一个 <width> 元素。

3）中心车道不能（shall not）拥有宽度，也就是说不能对中心车道使用 <width> 元素。

4）直到新的宽度元素被定义或者车道段结束，车道的宽度都必须（shall）保持有效。

5）当多项式函数的变量发生改变时，新的宽度元素必须（shall）得到定义。

6）每个车道段的多个宽度元素都必须（shall）按升序得到定义。

7）不能（shall not）在相同车道组里同时使用宽度元素以及边界元素。

（2）车道边界

车道边界是用来描述车道宽度的另一种方法，它并不会直接定义宽度，而是在独立于其内部边界参数的情况下，对车道的外部界限进行定义。根据上述情况，内车道也被定义为车道，该车道虽然与当前被定义的车道有着相同 ID 符号，但内车道的 ID 绝对值要更小。相比较对宽度进行详细说明而言，此类定义要更加便利。尤其是在道路数据是源自于自动测量结果的情况下，该方式可以避免多个车道段被创建。

车道宽度与车道边界元素在相同的车道组内互相排斥。若宽度以及车道边界元素在 OpenDRIVE 文件中同时供车道段使用，那么应用必须（must）使用 <width> 元素提供的信息。在 OpenDRIVE 中，车道边界用 <lane> 元素中的 <border> 元素来表示。

以下规则适用于车道边界：

1）不能（shall not）在相同车道组内一同使用宽度元素以及边界元素。

2）边界元素不能（shall not）和车道偏移同时存在。

3）当多项式函数的变量发生改变时，必须（shall）要定义一个新的边界元素。

（3）车道类型

每条车道都会被定义一个类型。车道类型定义了车道的主要用途及与其相对应的交通规则。可用的车道类型包括：

1）路肩 /shoulder：描述了道路边缘的软边界。

2）边界 /border：描述了道路边缘的硬边界，其与正常可供行驶的车道拥有同样高度。

3）驾驶 /driving：描述了一条"正常"可供行驶、不属于其他类型的道路。

4）停 /stop：高速公路的硬路肩，用于紧急停车。

5）无 /none：描述了道路最远边缘处的空间，并无实际内容。其唯一用途是在（人类）驾驶员离开道路的情况下，让应用记录 OpenDRIVE 仍在运行。

6）限制 /restricted：描述了不应有车辆在上面行驶的车道。该车道与行车道拥有相同高度，通常会使用实线以及虚线来隔开这类车道。

7）泊车 /parking：描述了带停车位的车道。

8）分隔带 /median：描述了位于不同方向车道间的车道，在城市中通常用来分隔大型道路上不同方向的交通。

9）自行车道 /biking：描述了专为骑自行车者保留的车道。

10）人行道 /sidewalk：描述了允许行人在上面行走的道路。

11）路缘 /curb：描述了路缘石。路缘石与相邻的行车道在高度上有所不同。

12）出口 /exit：描述了用于平行于主路路段的车道，主要用于减速。

13）入口 /entry：描述了用于平行于主路路段的车道，主要用于加速。

14）加速车道 /onRamp：由乡村或城市道路引向高速公路的匝道。

15）减速车道 /offRamp：驶出高速公路，驶向乡村或城市道路所需的匝道。

16）连接匝道 /connectingRamp：连接两条高速公路的匝道，例如高速公路路口。

关于车道类型的使用，如图 5-48~ 图 5-52 所示。

在 OpenDRIVE 中，车道类型用 <lane> 元素内属性 @type 元素来表示。

以下规则适用于车道类型：可（may）通过使用新的车道段，根据需要多次地更改车道类型。

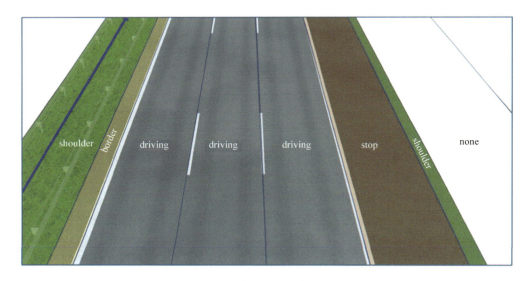

图 5-48　高速公路的车道类型

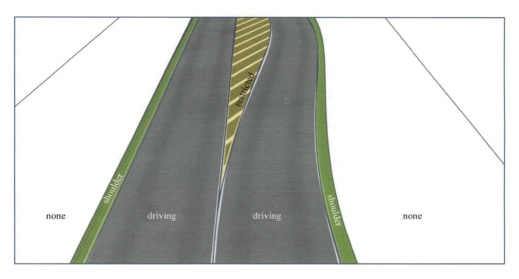

图 5-49 乡村公路的车道类型

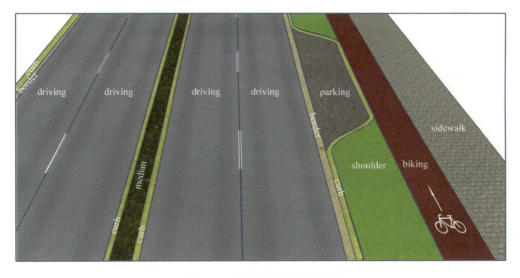

图 5-50 城市道路的车道类型

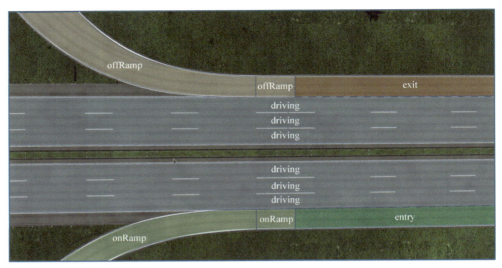

图 5-51　高速公路入口和出口的车道类型

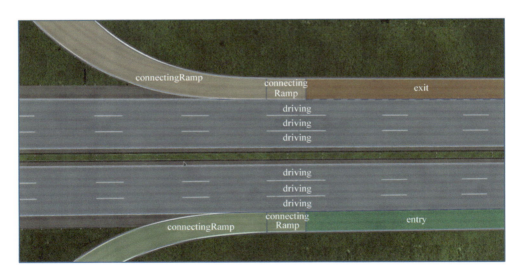

图 5-52　两条互相连接的高速公路的车道类型

（4）车道材质

除 OpenCRG 之外，OpenDRIVE 提供了一个用于存储车道材质信息（即表面、摩擦属性及粗糙程度）的元素。若未对材质进行定义，那么应用可（can）采用默认值。

在 OpenDRIVE 中，车道材质用 <lane> 元素内的 <material> 元素来表示。

以下规则适用于车道材质:

1) 中心车道不能 (shall not) 拥有材质元素。

2) 直到另一材质元素得到启动或车道段结束,车道的材质元素都必须 (shall) 保持有效。

3) 若每个车道段都各自拥有多个材质元素,那么这些元素必须 (shall) 相对于 s 位置按升序得到定义。

(5) 车道限速

可 (may) 对车道上允许的最大行驶速度进行定义,该车道限速随即将覆盖道路限速 (图 5-53)。

在 OpenDRIVE 中,车道速度用 <lane> 元素内的 <speed> 元素来表示。

以下规则适用于车道限速:

1) 中心车道不能 (shall not) 拥有任何限速。

2) 除非有另一个限速得到定义或车道段结束,车道的限速都必须 (shall) 保持有效。

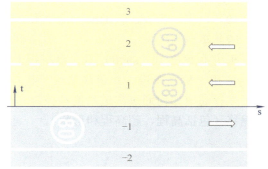

图 5-53 特定于车道的限速

3) 若每个车道段都拥有多个车道限速元素,那么这些元素必须 (shall) 按升序得到定义。

4) 源自于标志的限速必须 (shall) 始终被优先考虑。

(6) 车道的使用

车道可 (can) 局限于特定的道路使用者,例如货车或公共汽车,这类限制可 (may) 在道路标识描述的限制之上另外在 OpenDRIVE 中得到定义 (图 5-54)。

OpenDRIVE 在 <lane> 元素内提供了 <access> 元素,以便描述车道使用规则。

以下规则适用于车道使用规则:

1) 中心车道不能 (shall not) 拥有使用规则。

2) 直到另一条使用规则得到定义或车道段结束,使用规则都必须 (shall) 保持有效。

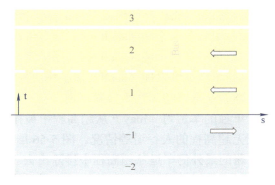

图 5-54 车道使用—公交车道

3）若每个车道段都拥有多个使用规则元素，那么这些元素必须（shall）按升序得到定义。

4）车道使用元素可（may）在相同偏移位置开始。

5）若一个车道元素内无 <access> 元素存在，则也没有使用限制。

6）若 <rule> 元素里出现否定值，那么所有其他车辆仍被允许使用车道。

7）若 <rule> 元素里出现允许值，那么所有其他车辆则被禁止使用车道。

8）只能为给定 s 位置赋予否定值或允许值的其中一个，二者不能同时出现。

9）即便只有一个子集被改变，都必须（must）为所有限制重新定义一个新的 s 位置。

10）否定＝无 /deny=none，这个限制被用于恢复所有先前限制。

（7）车道高度

车道高度必须（shall）沿 h 坐标得到定义。无关于道路高程，车道高度可（may）用于标高车道。车道高度用于执行如图 5-55 所示的小规模高程，该图展示了人行通道如何通过车道高度被拔高。车道高度被认为是偏离道路并朝 z 方向的偏移（包括高程、超高程和形状）。

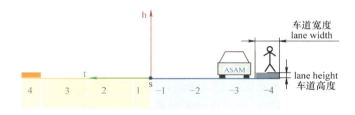

图 5-55　车道高度

在 OpenDRIVE 中，车道高度用 <lane> 元素内的 <height> 元素来表示。以下规则适用于车道高度：

1）必须（shall）使用元素 <height> 来修改如路缘石等物体的车道高度。

2）中心车道不能（shall not）被车道高度标高。

3）车道高度不能（shall not）用于定义道路高程或超高程。

4）车道高度仅能（shall）在小规模高程中使用。

（8）从道路超高程中排除车道

单独的车道可（may）从超高程中被排除，以便覆盖如带路缘石和边界的道路或无超高程的人行道等情况。图 5-56 展示了对属性 @level 的使用，该属性将把道路的最外侧车道从超高程中排除出去。

OpenDRIVE 提供的属性 @level 用于将车道从道路超高程中排除出去。当车道的属性设为真（TRUE），那么该车道将会被道路的超高程和道路形状定义排除；车道的高程则与内侧连接车道的高度保持一致。

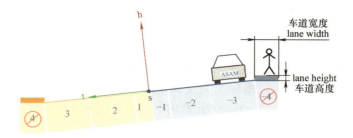

图 5-56　车道从道路超高程中被排除出去

多个外侧车道的水平可能（may）为真（level=TRUE），例如，一条人行道之后紧跟着的是一条自行车道。

以下规格适用于将车道从道路高程中排除：

1）如果一条车道有 @level = TRUE 这条属性，那么必须（shall）至少在一侧只有 @level = TRUE 的车道存在，直至到达道路边缘。

2）可（may）出现多条 @level = TRUE 的外车道。

6. 道路标识

道路上的车道可（can）拥有不同的车道标识，例如不同颜色和样式的线。OpenDRIVE 为路标提供了 <roadMark> 元素。路标信息定义了车道外边界上的线的样式，在左车道上则为左边界，在右车道则为右边界，而作为分隔左右车道的中心线的样式则由中心车道路标元素来确定。

可（may）为道路横断面内的每一条车道定义多个路标元素，也可（may）使用多个属性（如 @type、@weight 和 @width）来描述车道标识的属性。

有两种规定路标类型的方法：通过 <roadMark> 元素内的 @type 属性可以输入存储在应用内的关键词，这些关键词被用于描述简化的路标类型，如实线、虚线或草地；<type> 元素包含了更多 <line> 元素，这些元素将对路标进行更详细的描述。

以下规则适用于路标：

1）<roadMark> 元素只能（shall）用于描述外侧路标。

2）必须（shall）按照一定方式将车道线标志的中心线置于车道的外侧边界线，并使车道线标志的外半侧从物理角度上被置于下一条车道上。

（1）路标类型和线条

关于路标类型和线条的详细信息可（may）在 <roadMark> 元素内的 <type> 元素里得到定义。每个 <type> 定义包含一个或多个有路标线条附加信息的 <line> 定义。<type> 元素里的路标信息比 <roadMark> 元素内 @type 属性中给出的要更加具体。

通过属性 @length 和 @space 对路标的概况进行描述：@length 代表了线条的可见部分；@space 描述了不可见部分。

可（may）通过定义横向偏移对路标进行描述，线条定义对车道给定的长度有效并自动会被重复使用，线条的可选 @rule 属性定义了从内部穿过车道的交通规则。在 OpenDRIVE 中，路标类型及线条用 <roadmark> 元素内的 <type> 元素来表示。线条定义被包含在 <type> 元素内的 <line> 元素中。

（2）显性路标类型和线条

当不规则路标不能被可重复的线条图案所描述时，可（may）用自定义的路标元素对其进行描述。这些显性的定义也包含了线条定义的 <line> 元素，但需要知道的是，这些线条并不能像在重复的路标类型的情况中那样被自动重复利用。在 OpenDRIVE 中，不规则路标类型和线条用 <roadmark> 元素内的 <explicit> 元素来表示。线条定义被包含在 <explicit> 元素内的 <line> 元素中。<explicit> 元素应该（should）被特别用于测量数据。

（3）路标偏移

可（may）使用 <sway> 元素来描述非直线但有侧边曲线的车道标志。<sway> 元素为以下的（显性）类型定义转移了横向参考位置，从而定义了一个偏移。横向偏移曲线（sway）偏移将相对于车道标识的名义参考位置，即车道边界。

横向曲线的主要应用案例为创建穿过施工现场的道路，行车道在黄线之间，白线被横向偏移（swayed），并只作为标志存在（图 5-57）。

图 5-57　带有横向偏移曲线（sway）和偏移的路标

由横向参考位置而来的偏移在 <roadMark> 元素内的 <sway> 元素中得到定义。

7. 特定车道规则

可以为 OpenDRIVE 标准中未明确定义并将存储在所用应用程序中的特定车道定义特殊规则。在 OpenDRIVE 中，车道规则用 <lane> 元素中的 <rule> 元素来表示。

以下规则适用于车道规则：应用可（may）拥有仅对相应的应用有效、但在 OpenDRIVE 中无效的特别车道规则。

5.3.3 交叉口

交叉口指的是三条或更多道路相聚的地方，与其相关的道路被分为两种类型：含有驶向交叉口车道的道路称为来路；呈现了穿过交叉口的路径称为连接道路（图 5-58）。

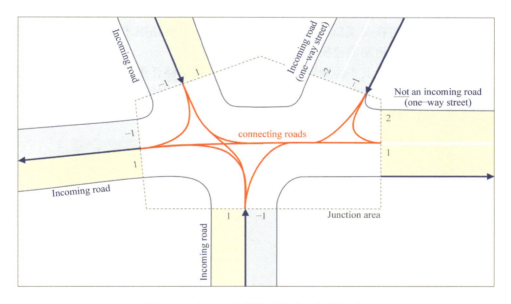

图 5-58　交叉口中的道路类型（靠右行驶）

在 OpenDRIVE 中，交叉口用 <junction> 元素来表示。连接道路则用 <junction> 元素中的 <connection> 元素来表示。OpenDRIVE 并未特意将去路定义为元素或属性，来路也可被视为去路，因此二者在此处可以相提并论。通往该道路的连接道路将此类道路隐性地定义为去路。

以下规则适用于车道规则：

1）只有在道路不能被直接连接的情况下，交叉口才能（shall）得以使用。若一条道路拥有两条或以上可能的前驱或后继道路，这将导致二义性出现，而此时交叉口便会为连接清除二义性。

2）与道路不同，交叉口并不具备任何前驱或后继交叉口。

3）交叉口可（may）拥有自己的名称，以便将自身与其他交叉口区分开来。

4）如果只有两条道路相汇，那么便不应该（should not）使用交叉口。

1. 来路

来路包含了通向交叉口的车道。由于 OpenDRIVE 并没有特别定义去路，因此来路也可被视为去路。为能详细说明一条作为来路的道路，将通过在 <connection> 元素中使用 @incomingRoad 属性来引用该道路的 ID。

以下规则适用于来路：

1）如果来路拥有驶离交叉口的车道，其也可被视为去路。

2）连接道路不能（shall not）作为来路。

2. 连接道路

连接道路会对在交叉口相遇的道路进行连接，该道路描述了车辆穿过一个交叉口的路线。连接道路的建模与标准道路相同。

连接道路将基于其车道对路线进行描述。连接道路详细说明了相同交叉口的来路和去路的车道之间的连接。如果该车道并没有被连接，就意味着这些车道之间的路线不通。图 5-59 展示了交叉口范围内的连接道路，它连接了来路及去路。

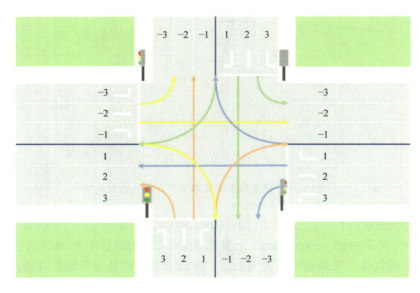

图 5-59 连接道路（靠左行车交通）

以下规则适用于连接道路：

1）每条连接道路都必须（shall）只由一个 <connection> 元素代表。一条连接道路拥有的车道数量可以（may）根据需要而定。

2）一条有着多车道的来路可以（may）通过不同方式被连接到所属正在驶离交叉口的道路的车道：在有多条连接道路的情况下，若每条都有一个用于连接两条特定车道的 <laneLink> 元素，若一条连接道路有多个用于两条特定车道连接的 <laneLink> 元素，则在该交叉口中变道是可行的。

3）被连接车道必须（shall）如描述一样与道路平滑地相切合。

4）可以（may）为特定车辆（如公交车）预留连接道路。

（1）交叉口中连接道路的优先级

如果一条来路借助多条连接道路被连接到一条正在驶离交叉口的道路，以便呈现几种可能的车道连接，那么其中一种连接可（may）被优先考虑。只有在应用无法从交叉口前或交叉口内的标志或正驶入交叉口的车道中得出优先级时，才需要对其进行分配。

<priority> 元素用于将优先级分配到连接道路，可能的属性为 @high 和 @low。

以下规则适用于交叉口内连接道路的优先级：只能（shall）在没有标志的情况下使用优先级元素。

（2）连接道路的方向

一个交叉口的连接道路可能（may）有多个方向。在驾驶方向是唯一的情况下，为易于使用，连接道路的参考线应该（should）被置于驾驶方向内。<connection> 元素中属性 @contactPoint 用于对连接道路的方向进行详细说明。

以下规则适用于连接道路的方向：

1）"start" 值必须（shall）用于标明连接道路正在沿 <laneLink> 元素中的连接延伸。

2）"end" 值必须（shall）用于标明连接道路正在沿 <laneLink> 元素中的连接的反方向延伸。

3. 交叉口内的道路表面

通过对应 OpenCRG 中使用的描述来对路面进行描述，道路可（may）在交叉口被标高。可使用路面对交叉口内复杂的高程进行描述，其中包括重叠的道路。所有现存交叉口内道路高程的描述被 <surface> 元素所取代。由于 OpenDRIVE 不包含 OpenCRG，因此本详细说明不对 <surface> 元素进行描述。

4. 虚拟交叉口

虚拟交叉口用于描述道路中的连接，这类连接不要求像在一般交叉口一样去分拆主路。因此，虚拟交叉口可更轻易地被放置，其只应用于通往停车场以及住宅区的车道上。图 5-60 展示了如何应用虚拟交叉口，颜色为透明蓝的道路（road 2、road 4、road 5）属于虚拟交叉口的一部分。

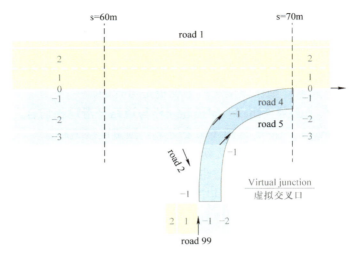

图 5-60 虚拟交叉口的示例，其展示了停车场的入口和出口

无须强制对图 5-60 中"road 99"进行定义，单有连接道路就足够了。虚拟交叉口用 <junction> 元素以及 @type 属性进行建模。

以下规则适用于虚拟交叉口：

1）虚拟交叉口中的主要来路不需要在到达交叉口区域前结束。

2）虚拟交叉口不能（shall not）取代常规交叉口以及连接多条常规道路的交叉口。

3）虚拟交叉口仅能（shall）用于主要道路的分支，主要道路永远拥有较高优先级。

4）虚拟交叉口不能（shall not）配备控制器，因此它没有任何交通灯。

5）如果没有任何来路被定义，@incomingRoad 这个属性则值为 −1。

虚拟连接标明了两条道路或它们中一条或多条车道之间可能的连接。由于被标识的连接是虚拟的，因此没有任何真实路线可得到定义。这意味着参考线的路线不会被改变。

虚拟连接描述了道路与车道之间的拓扑连接，它不需要在几何层面上正确。该特性作为便捷函数被执行，以便 OpenDRIVE 对初学者来说更容易上手。拥有虚拟连接的虚拟交叉口如图 5-61 所示。

虚拟连接由 <junction> 元素中的 @type 属性来建模。<connection> 元素中的 <predecessor> 和 <successor> 元素描述了虚拟连接的前驱以及后继的道路。

第 5 章 自动驾驶仿真静态场景描述语言

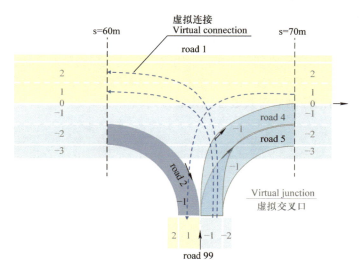

图 5-61 拥有虚拟连接的虚拟交叉口

以下规则适用于虚拟连接：
1）虚拟连接不能（shall not）取代由道路以及车道连接来描述的常规几何元素。
2）虚拟连接只能（shall）在虚拟道路中被定义。

5. 交叉口组

可（may）将两个或两个以上的交叉口分到交叉口组中，以标明这些交叉口属于同一个环岛。图 5-62 展示了如何将交叉口（Junction 1、Junction 2、Junction 3）汇总到交叉口组 A 中。

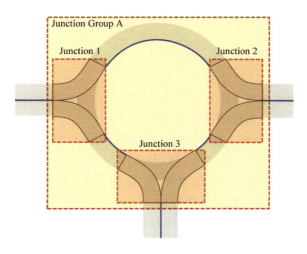

图 5-62 拥有三个交叉口的交叉口组

交叉口组是通过 <junctionGroup> 元素来描述的。所属交叉口组的交叉口由 <junctionReference> 元素来详细说明。

如图 5-63 所示，控制器可（may）用于管理交叉口内的标志。关于控制器的使用参见 5.3.5 节内容。<junction> 元素中的元素功能在于罗列已有控制器并根据其他交叉口内的控制器对其进行优先级排列。

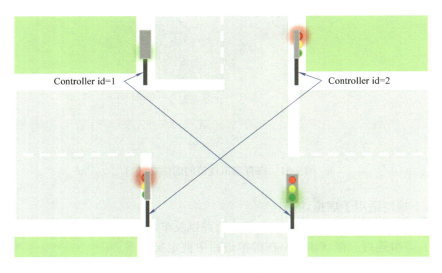

图 5-63　拥有四个交通标志灯以及两个控制器的 X 形交叉口

用于交叉口的控制器由 <junction> 元素中的 <controller> 元素进行描述。控制器的属性 @type 根据应用而定，因此 OpenDRIVE 并不对该属性进行详细说明。

5.3.4　物体

物体指的是通过拓展、定界以及补充道路走向从而对道路产生影响的项。最常见的例子是停车位、人行横道以及交通护栏。

图 5-64 展示了两种用于描述物体的边界框的方式：四边形物体，定义宽度、长度以及高度；圆形物体，定义半径以及高度。

可（may）使用 <outline> 元素对复杂的物体进行进一步的描述。若 <outline> 得到定义，它则会取代边界框。OpenDRIVE 中的物体不会改变自身位置，且可（may）以动态或静态的方式得到声明：动态物体虽是静态的，但它具备一个或以上的可移动部分，例如隧道内或风车上的风扇；静态物体是完全静态的且不具有任何可移动部分，例如建筑物或树木。

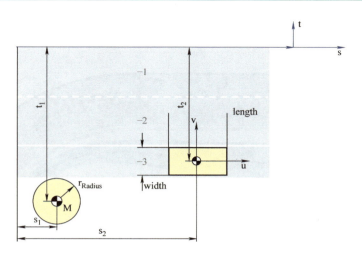

图 5-64　圆形以及四边形的物体

在 OpenDRIVE 中，物体用 <object> 元素中的 <objects> 元素来表示，其按每个 <road> 元素被定义。

以下规则适用于物体：

1）物体的类型必须（shall）由 @type 属性给出。

2）物体可以（may）是动态或静态的。

3）源自 OpenSCENARIO 的物体不能（shall not）与 OpenDRIVE 中的物体混合。

4）必须（shall）详细说明物体有效的方向。

5）必须（shall）使用 s 以及 t 坐标来描述物体的原点位置。

6）物体的形状可以（may）是圆形或四边形的，但两者不能并存。形状由使用的属性来定义。

1. 重复物体

为了避免 XML 代码过长，可以（may）重复相同类型的物体，可以（may）对重复物体的属性进行更改。此元素主要用于描述栏杆、栏杆柱以及路灯。

图 5-65 展示了一个较大的四边形物体，它重复了其他物体。图 5-66 和图 5-67 展示了多个较小的重复物体，其中，图 5-66 展示的是四边形物体，图 5-67 展示的是圆形物体。

在 OpenDRIVE 中，重复物体用 <object> 元素中的 <repeat> 元素来表示。

以下规则适用于重复物体：

1）重复物体的参数可以（may）不同于原始物体的参数。

2）重复物体的参数必须（shall）取代原始物体的参数。

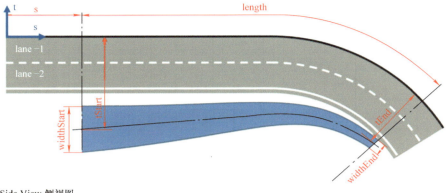

图 5-65　一个被重复的较大四边形物体

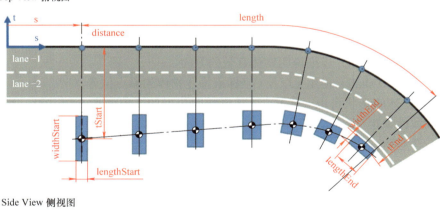
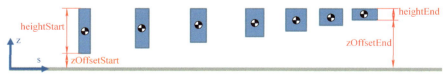

图 5-66　多个被重复的较小四边形物体

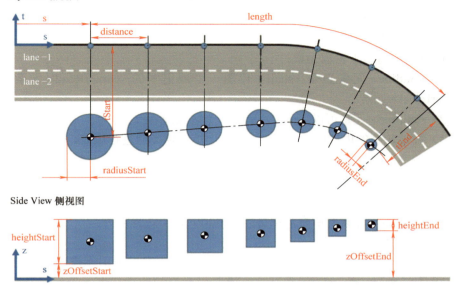

图 5-67 多个被重复的较小圆形物体

2. 物体轮廓

物体可以（may）有一个轮廓。由于其复杂性，无法单独用四边形和圆形物体的参数来描述，则可以（may）使用更详细的方式对多边形或非矩形物体的轮廓进行描述。

轮廓定义了一系列端点，其中包含了相对于道路参考线的物体的高度。可用如草、混凝土、沥青或行人通道等填充物类型对被述轮廓的内部区域进行填充。

物体轮廓的定义主要用于交通岛、有着不规则形状的停车位以及特殊的道路线（图 5-68）。

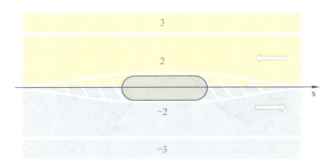

图 5-68 作为物体的交通岛

在 OpenDRIVE 中，物体轮廓用 <object> 元素内的 <outlines> 元素来表示。<outlines> 元素被视作 <outline> 元素的包裹容器，该元素本身包含了用于描述如弯路、桥梁和边界等内容的其他元素。

以下规则适用于轮廓元素：

1）<outline> 元素必须（shall）伴随一个或更多的 <cornerRoad> 元素或者 <cornerLocal> 元素。

2）<outline> 元素可以（may）呈现一个区域或者线条特征。

3）被述轮廓的内部区域可以（may）由填充物类型进行填充。

4）轮廓可以（may）被说明为物体的内轮廓或外轮廓，可以（may）对被描述的轮廓是否被置于物体的外边界这类情况进行详细说明。

5）可以（may）使用应用处理物体车道类型的方式对轮廓进行详细说明。

6）<outline> 元素的所有点都必须（must）置于边界框内。

（1）道路坐标系边角

道路坐标系边角是 <outline> 中的强制性元素，它们被用于描述物体的非线性形状且与 <cornerLocal> 元素互斥。道路坐标系边角通过其 s 坐标以及 t 坐标描述了相对于道路参考线的物体轮廓。

物体的形状可（may）由物体在边角的高度以及相对于参考线的高度差来描述。图 5-69 展示了拥有若干端点的非线性物体，该物体由沿着参考线的 s 坐标和 t 坐标来描述。道路坐标系边角有助于将物体沿着道路进行放置，如放置混凝土障碍。

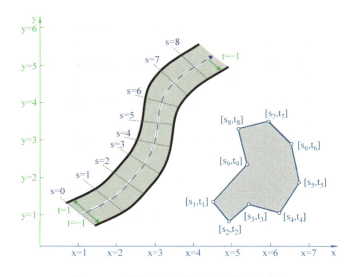

图 5-69　用道路坐标系边角来描述的物体

在OpenDRIVE中，道路坐标系边角用<outline>元素中的<cornerRoad>元素来表示。

以下规则适用于<cornerRoad>元素：

1）一个<outline>元素中必须（shall）存在至少两个<cornerRoad>元素。

2）<cornerLocal>元素与<cornerRoad>元素不得（shall not）并排存在于同一个<outline>元素中。

（2）局部坐标系边角

局部坐标系边角是<outline>中强制性的元素，它们被用来描述物体的非线性形状且与<cornerRoad>元素互斥。局部坐标系边角描述了局部u/v坐标系中的物体轮廓。

图5-70展示了一个非线性的物体，该物体拥有局部坐标系中描述的多个端点。局部坐标系边角有助于对道路之外的物体相对于单个点进行放置，如建筑物或交通岛。

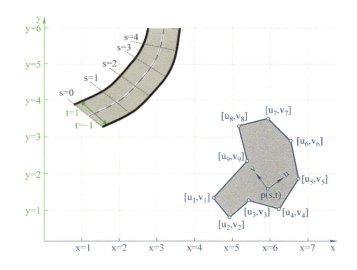

图5-70　由局部坐标系边角所描述的物体

在OpenDRIVE中，局部坐标系边角用<outline>元素中的<cornerLocal>元素来表示。

以下规则适用于<cornerLocal>元素：

1）一个<outline>元素中必须至少存在两个<cornerLocal>元素。

2）不允许（shall not）在相同的<outline>元素中混合使用<cornerRoad>以及<cornerLocal>元素。

3. 物体的材质

置于道路上的物体（如道路补丁）可以（may）由不同于它周围的道路的材质组成。因此，物体的材质可单独被定义。在 OpenDRIVE 中，可以对表面、粗糙度以及摩擦力进行描述，其值将根据应用而定且不在 OpenDRIVE 中被定义。

在 OpenDRIVE 中，物体的材质用 <object> 元素中的 <material> 元素来表示。

以下规则适用于物体的材质：物体的材质可以（may）不同于它周围的道路。

4. 物体的车道有效性

物体默认为对所有道路的车道有效。道路有效性只允许为特定车道渲染物体。在 OpenDrive 中，车道有效性用 <object> 元素中的 <validity> 元素来表示。

以下规则适用于有效性元素：

1）一个物体可以（may）对特定车道有效。
2）一个物体可以（may）只对一条车道有效。

5. 停车位的使用规则

停车位这个物体类型与所有其他物体类型无异，均是通过使用 <object> 元素内的 @type=parkingSpace 属性来定义的。如图 5-71 所示，停车位的轮廓由 <cornerRoad> 或 <cornerLocal> 元素描述。

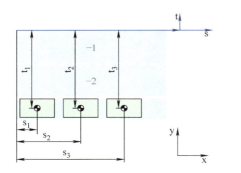 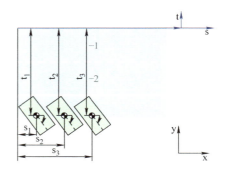

图 5-71　方形停车位（左图）以及斜方形停车位（右图）

特定停车位的使用可能（may）局限于某个群体（如残障人士或居民），或者某种车辆组（如公交车）。更多的限制并不包含在 OpenDRIVE 中，它们将根据应用而定。

在 OpenDRIVE 中，停车位的使用规则用 <object> 元素里的 <parkingSpace> 元素来表示。

以下规则适用于 parkingSpace 元素：

1）对于特定停车位的使用可以（may）受限于特定人群或车辆分组。
2）可以（may）定义更多使用限制，但它们并不是 OpenDRIVE 的一部分。

6. 物体的标识

标识描述了所有物体的道路线，如人行横道、停止线以及停车位（图 5-72）。标识根据元素的边界框或通过物体的轮廓点得到定义。

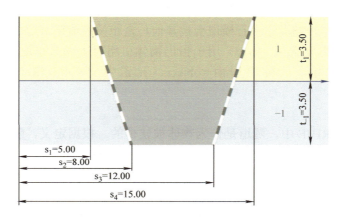

图 5-72　OpenDRIVE 中的人行横道

在 OpenDRIVE 中，物体的标识用 <object> 元素中的 <markings> 元素来表示。<markings> 元素作为 <marking> 元素的包裹容器，它包含了更多关于标识的信息，通过引用相应轮廓点的 ID，可（may）为一个轮廓点到另一个轮廓点之间的直线定义标识。为此，<marking> 元素内的 <cornerReference> 元素将得以使用。

以下规则适用于物体标识元素：
1）对一个物体的标识必须（shall）在其轮廓中被全部或部分定义。
2）标识的颜色必须（shall）被定义。
3）若没有使用任何轮廓，@side 属性则将是必要的。
4）若使用了一个轮廓，则至少两个 <cornerReference> 元素是必要的。

7. 物体边界

物体可以（may）拥有一个边界，该边界指的是已定义宽度的边框。不同的边界类型（目前有混凝土以及路缘）可供不同物体（如交通岛）使用。

在 OpenDRIVE 中，物体边界用 <object> 元素中的 <borders> 元素来表示。<borders> 元素被视作 <border> 元素的包裹容器，该元素本身包含了更多的属性用于描述边界。

以下规则适用于物体边界：

1）若 useCompleteOutline 为真，<cornerReference> 不能（shall not）被定义。

2）若 useCompleteOutline 为伪，则需要至少两个 <cornerReference>。

8. 物体引用

可以将一个物体连接到一条或多条道路、标志或其他物体上。此类连接代表了两个元素之间的逻辑连接。物体引用可以在多种情况下得以使用，例如一条人行横道穿过多条道路，便可以使用物体引用。在这种情况下，对人行横道的定义只针对一条道路，随即该人行横道会被其他与之相关的道路引用。

车道有效性元素可（may）用于指出物体引用对于哪条车道来说是有效的。在 OpenDRIVE 中，物体引用由 <objects> 元素中的 <objectReference> 元素来表示。

9. 隧道

在 OpenDRIVE 中，隧道是作为物体被建模的。根据定义，隧道对道路的整个横截面均有效。可（may）对隧道的不同属性进行描述：长度、隧道是否等同于一个地下通道且有日光照射以及光照条件。图 5-73 展示了一条对整个道路横截面有效的隧道。

在 OpenDRIVE 中，隧道用 <objects> 元素中的 <tunnel> 元素来表示。

以下规则适用于隧道元素：

1）在使用 <laneValidity> 元素时，隧道可（may）受限于某些车道。

2）必须（shall）对隧道的 @type 属性进行详细说明。

10. 桥梁

桥梁在 OpenDRIVE 中是作为物体被建模的。根据定义，桥梁对于一条道路完整的横截面均有效。可（may）对桥梁的不同属性进行描述：长度以及如混凝土、钢铁或砖等类型。图 5-74 展示了一座对整个道路横截面有效的桥梁。

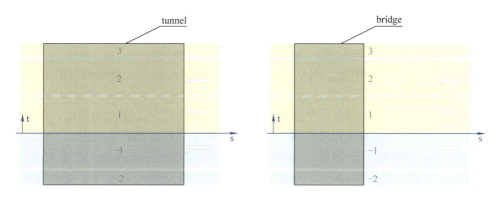

图 5-73　一条隧道　　　　　　　　图 5-74　一座桥梁

在 OpenDRIVE 中，桥梁用 <objects> 元素中的 <bridge> 元素来表示。以下规则适用于桥梁元素：

1）通过使用 <laneValidity> 元素，桥梁可（may）限定于特定车道。
2）桥梁的 @type 必须（shall）被详细说明。

5.3.5 标志

如图 5-75 所示，标志是指交通标志、交通灯以及为控制和规范道路交通所设的路标。

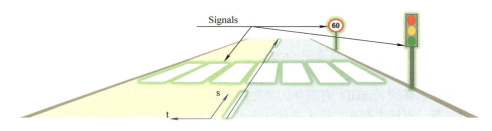

图 5-75　OpenDRIVE 中的标志

标志具备不同的功能和属性：

1）标志用于控制交通行为，如限速和转弯限制。除此之外，它们还用于警示道路交通路上的危险情况。

2）它们可以是静态或动态的，如停车标识这样的静态标志并不会改变其传递信息，而如交通灯等动态标志可（may）在仿真过程中改变其传递信息，它们的状态均可（may）在 OpenSCENARIO 中得到定义。

3）必须（shall）根据特定的道路对标志进行放置，并通过使用 s 坐标和 t 坐标相对于道路参考线对标志的位置进行描述。标志的放置方式必须能够清晰显示出标志所属哪条道路或车道以及它们的生效点。此外，必须（shall）要避免模糊的诠释。

每个国家的交通规则都有所不同，由此属性 @country 将用于详细说明标志的所属国。在 OpenDRIVE 中放置标志时，应（should）考虑各国不同的法律和交通规则。规则生效的年份用于标明法律的更改情况。

标志的高度和宽度不是必须存在的，但为能恰当地描述标志，建议使用高度和宽度（图 5-76）。若路标没有与交通绑定，则不能将它定义为标志，此类路标只会被定义为物体。带有属性 @type 和 @subtype 的标志只有与 @country 和 @countryRevision 相结合时才具有唯一性。

```
<signals>
    <signal s="3981.4158159146"
            t="-14.0503"
            id="5000162"
            name="Vorschriftzeichen"
            dynamic="no"
            orientation="+"
            zOffset="3.8835"
            country="Germany"
            type="274"
            subtype="100"
            countryRevision = "2017"
            value="100"
            unit="km/h"
            width="0.77"
            height="0.77"
            hOffset="0.0" />
</signals>
```

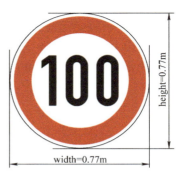

图 5-76 标志的宽度和高度

在 OpenDRIVE 中，标志用 <road> 元素里的 <signals> 元素来表示。

以下规则适用于标志：

1）标志必须（shall）有具体的类型和子类型。
2）若已有标志存在，标志必须（shall）优先于其他交通规则得到使用。
3）必须（shall）使用 @country 属性添加国家代码来指代各国特定的规则。
4）可（may）使用属性 @countryRevision 来说明交通规则的生效年份。
5）标志可（may）对单一方向或两个方向有效。
6）标志可（may）为动态或静态。

1. 针对标志的车道有效性

标志默认为对一条道路上的所有车道均有效。借助车道有效性，则可以将标志的有效性限定于某特定车道。标志在图 5-77 中以路标的形状出现，并规定了不同车道的限速。

在 OpenDRIVE 中，车道有效性用 <signal> 元素里的 <validity> 元素来表示。

以下规则适用于有效性元素：一个标志可（may）对一条或多条车道有效。

2. 标志依赖

标志依赖指的是一个标志对另一个标志输出的控制。例如，当交通灯变红时，警示灯可以（can）自动开启。

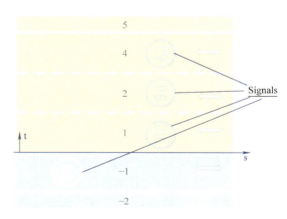

图 5-77 带有（路标形状）标志的车道

关于依赖类型的规则在应用中得到定义，并不存储在 OpenDRIVE 中。在 OpenDRIVE 中，标志依赖用 <signal> 元素里的 <dependency> 元素来表示。

以下规则适用于依赖元素：

1）一个标志可（may）有多个依赖。

2）OpenDRIVE 中并不具体定义依赖的类型，但可（may）在应用中对其进行设置。

3. 标志与物体之间的连接

通过 OpenDRIVE 可以将标志与物体或另一标志连接起来。对标志和物体的引用将在 <signal> 元素中（而非上位 <signals> 元素中）得到定义，这仅对特定标志有效。连接的类型将根据应用而定，OpenDRIVE 并不对其进行定义。

关于依赖类型的规则将在应用中得到定义，其并不存储在 OpenDRIVE 中。在 OpenDRIVE 中，标志依赖用 <signal> 元素里的 <dependency> 元素来表示。图 5-78 中展示了另一示例。该示例中，限速被描述为路标物体的同时，其也作为标志被引用。在 OpenDRIVE 中，标志引用用 <signal> 元素里的 <reference> 元素来表示。

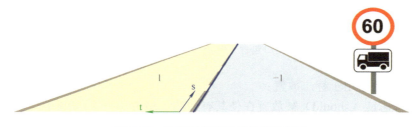

图 5-78 特定于车道以及类型的限速

以下规则适用于标志引用元素：一个标志可（may）与物体或另一标志进行连接。

4. 标志放置

标志应（should）被放置在使其有效的道路旁，从而使应用可以识别到标志的有效性。该位置被称为标志的逻辑位置。标志的 s 位置描述了道路上标志生效的位置。

在某些情况下，标志的物理位置和逻辑位置是不同的，如图 5-79 所示。OpenDRIVE 提供了互相排斥的、用于描述标志物理偏差的两种可行方式。标志的放置对其内容并不产生影响。标志可（may）可被置于由参考线坐标系描述的另一物理位置上。物理位置偏离了逻辑位置的标志用 <signal> 元素里的 <positionRoad> 元素来表示。这意味着特定道路的 ID 与道路的 s 坐标和 t 坐标将一同被引用，如停车标志和停车线的不同位置。标志也可（may）被置于由惯性坐标系描述的另一物理位置上。当标志的物理位置偏离了逻辑位置，并且通过惯性坐标系来对其进行放置时，此类标志可用 <signal> 元素里的 <positionRoad> 元素来表示。当标志不被置于道路旁而是放置在道路另一侧或者交叉口上方时，惯性坐标系便会得以使用。

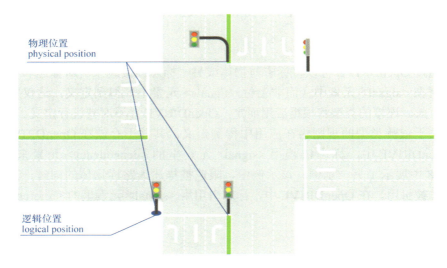

图 5-79　交叉口包含了在物理以及逻辑位置上的标志

以下规则适用于标志放置：
1）标志应（should）被放置在使其有效的道路旁。
2）标志的物理位置可（may）偏离其逻辑位置。

5. 标志信息的复用

通过对标志的内容进行引用，可在 OpenDRIVE 中对标志之间的标志信息进行复制。这一快捷选项避免了放置多个类型和内容相同的标志时可能会产生的冲突。若标志已包含复制内容，则必须（shall）特别说明该标志适用于道路的哪个方向。标志可（may）同时对多条道路有效，这种情况通常发生在交叉口。标志引用可（may）用于将物理标志以逻辑的方式附加在多条道路上（如交通灯）。

与 <signal> 元素相对应，车道有效性可（may）用于对含有复制内容的标志进行补充，由此能够从标志的有效性范围内包括或排除一些特定车道。

置于通往交叉口的一条来路上的限速标志作为含有复制内容的标志的一个示例，该标志对交叉口内每条连接道路均有效。连接道路上的标志会（may）引用和复制标志内容，从而确保所有标志都遵循同样的限速规则。

在 OpenDRIVE 中，出于复用标志信息目的而对另一标志进行的引用由 <signal> 元素里的 <signalReference> 元素来表示。

以下规则适用于复用标志信息用途：
1）可（may）为每个 <signalReference> 元素添加一个车道有效性元素。
2）标志引用只能（shall）为标志所用。
3）对于复用其他标志内容的标志，必须（shall）特别规定标志有效的方向。

6. 控制器

控制器为一个或多个动态标志提供相同的状态，是标志组行为的包裹容器。控制器用于对公路上的动态速度以及交通灯切换相位进行控制（图 5-80）。与标志依赖不同，控制器作为高级元素并不依赖于其他标志。控制器的附加内容（如交通灯相位）存储在 OpenDRIVE 文件之外。

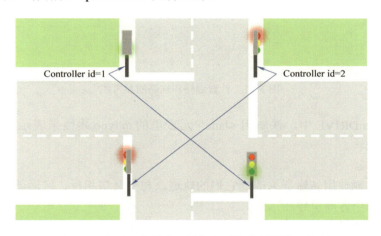

图 5-80　交叉口的四个交通灯由两个控制器进行控制

在 OpenDRIVE 中，控制器用 <OpenDRIVE> 元素里的 <controller> 元素来表示。被引用标志的 ID 存储在 <controller> 元素的 <control> 元素中。

以下规则适用于控制器：控制器必须（shall）对一个或多个标志有效。

5.3.6　铁路

除了道路，OpenDRIVE 还可对轨道交通系统（即有轨电车以及轻轨电车）进行建模。OpenDRIVE 不能（can not）用于复杂的轨道网络和轨道标志，它只描述道路与轨道相交之处的轨道网络。在 OpenDRIVE 中，铁路用 <road> 元素里的 <railroad> 元素来表示。

以下规则适用于铁路：每条铁路都需要一条道路。

1. 铁轨

在 OpenDRIVE 中，对铁轨的描述向来是针对铺设着一对铁轨的道路而进行的，因此无法脱离道路来对铁轨进行定义。无论涉及的是一列电车，或共享无轨道交通的空间，或是分离无轨道交通，均需要定义一条单独的道路。

通过 @type 属性，根据每条车道来定义铁轨。由于轨道交通与道路交通有所不同，适用于铁轨建模的规则也有所区别。图 5-81 展示了对道路和铁路使用参考线的区别。

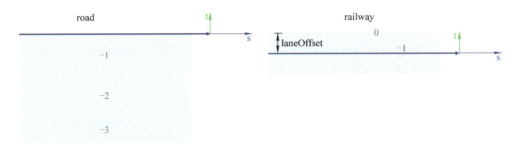

图 5-81 针对道路和铁路的参考线

在 OpenDRIVE 中，铁轨用 <lane> 元素里的 @type 属性来表示。铁路的值为电车和铁轨。

2. 转辙器

有轨车辆使用转辙器来改变它们的轨道。与交叉口相反，转辙器只能（can）将车辆往两个方向引导。

以下介绍了两种不同类型的转辙器：动态转辙器将铁轨拆分成指向两个方向的两条轨道，它可（can）在仿真过程中被改变；静态转辙器将铁轨拆分成指向两个方向的两条轨道，它在仿真过程中不能被改变。

转辙器可（may）被放置在主轨道任意位置上。图 5-82 展示了两个搭档转辙器（#12 和 #32）。A 边轨道②连接两条主轨道（①和③）。

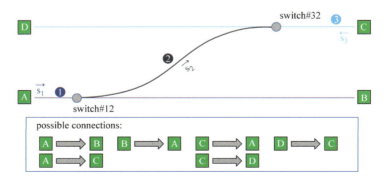

图 5-82 铁路转辙器

在 OpenDRIVE 中，转辙器用 <railroad> 元素里的 <switch> 元素来表示。

3. 车站

有轨电车等轨道车辆需要车站以供人们上下车，每个车站都必须（shall）至少有一个站台，站台可进一步地被分成几个段，它决定了车站的物理延展部分。<station> 元素也可（may）用于公交车站。

图 5-83 展示了车站的两个场景：在第一个场景中，一个站台被道路①和③引用，指向不同的行驶方向，该站台只由一个段组成；在第二个场景中，站台 1 只被道路③引用。站台 2 则被道路①和②引用，站台 2 被分为两个段。

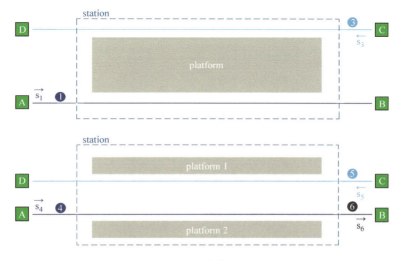

图 5-83　铁路车站

在 OpenDRIVE 中，车站用 <OpenDRIVE> 元素里的 <station> 元素来表示。

> 本章详细介绍了自动驾驶仿真静态场景描述语言 ASAM OpenDRIVE 标准的术语与规范、与其他相关标准的关联兼容、静态场景语言的通用架构和参考元素，以及具体语言要素和语法规范，展示了丰富的示例和实践指南。ASAM OpenDRIVE 标准提供了标准化的机器可阅读的静态场景描述方法，是场景仿真体系一致性的基础。基于全球范围内 ASAM 会员的集体讨论和知识扩充，ASAM OpenDRIVE 标准经数次版本迭代，得到了行业广泛的认可和应用实践，已有大量的仿真上下游工具对其进行了支持。

第6章 自动驾驶仿真动态场景描述语言

不同于静态信息，动态信息会随着时间、表现等而进行动态变化。如何有效地明确和约束具体行为是动态场景信息的核心价值。基于此，ASAM OpenX 从之前使用的 OpenSCENARIO 1.0 系列标准，逐步拓展到 2.0 系列标准，从而使得描述语言同时具备人类可读性以及机器可读性。在这个流程中，抽象化场景是此语言的核心基石，也是贯穿于 OpenSCENARIO 最为重要的设计理念。

6.1 概述

6.1.1 背景与意义

针对高级别自动驾驶车辆功能，以及高级别辅助驾驶系统，在不同工况及情况下的反应状况评估是必不可少的步骤。这些信息被统称为场景信息，其中动态的叫作动态信息描述。针对以上的信息，ASAM 建立了 OpenSCENARIO 标准，用于特定描述动态场景信息。

6.1.2　ASAM OpenSCENARIO 整体介绍

ASAM OpenSCENARIO 具备以下特性：

1）ASAM OpenSCENARIO 是一个领域特定语言。此语言是为描述复杂的交通场景而量身定做，通过建立针对动态交通系统的核心领域模型，从而进行基于场景的描述应用。

2）ASAM OpenSCENARIO 既可以用于描述具体的场景，也可以用于描述抽象的场景。在场景的众多元素中，如车速、车辆类型、天气状况等信息，都可以通过参数化的方式进行泛化生成。通过标准化描述方式，可以帮助类似于参数及限制条件的自动化生成，完成生成以及对应的测试结果，这些数据可以有效地确保自动驾驶车辆的安全评估。

3）ASAM OpenSCENARIO 是一个编程语言。在设计和描述场景时，同时考虑这些信息和软件程序的集成也很重要。为了描述复杂的场景，信息需要通过不同的构成方式进行拼接和重构。例如，一个场景可以是另一个场景的触发场景，或者是另一个场景的并行场景。在这样的情况下，一个场景可以被设定为执行场景的初始条件，执行此场景会被引导至连续场景的构成中。

4）ASAM OpenSCENARIO 是一个声明式语言。声明式语言描述了应当发生的事件，而非描述场景如何发生。该语言需要通过约束条件来实现描述的方式。

5）ASAM OpenSCENARIO 是一个基于约束条件的语言。不同的参数可以用具体的数值来体现如车辆速度、场景时长、执行顺序等。在这些参数条件中，也同时可以用约束条件来描述。这样的条件下，同一类场景可以用同一个场景模型进行描述。

6）ASAM OpenSCENARIO 是一个面向切面的编程语言（AOP）。在一个基础的场景模型下，较多的行为信息可以针对于特定目标而完成修改，例如单一目标、多个目标同步以及面向特定测试目标的行为修改。

6.2　基于 ASAM OpenSCENARIO 的场景描述

通过场景案例，可以理解具体场景的生成内容。在一个特定的领域中，可以通过描述如"一台车辆正在接近一个匝道汇入口"来清晰地描述具体的场景；同时，可以通过描述天气、其他参与者行为等并行情况来完善场景。

6.2.1　具体场景案例

1. 一个具体的切出场景

假设一个包含三车的切出场景：在主车前，有一辆引领车辆，引领车辆切出，使得主车面对一辆静止的其他车辆。

在这个场景下，需要通过以下方式进行描述：

1）开始阶段 start_driving：三辆车辆开始行进。

2）引领车阶段 lead_vehicle：引领车（lead_vehicle）进入主车前方，且其他车（other_vehicle）到达指定的位置，并完成停止动作。

3）切出阶段 cut_out：引领车（lead_vehicle）向右侧或者左侧切出，且其他车辆（other_vehicle）保持静止动作。

在此场景中，主车面对的是突然出现的车辆的挑战，需要完成安全和有效的避障动作。同时，此场景可以有效地应用于不同的道路类型、车速、距离差以及道路附着系数等。在这样的场景下，ASAM OpenSCENARIO 需要同时给予用户人类可读以及机器可读的场景格式。这个层级的格式叫作抽象场景描述。

2. 场景中具体的动态元素

场景中，动态要素的核心包括动作执行者和动作。动作执行者包括车辆、行人、交通灯、可移动障碍物以及天气等。动作执行者在场景中可以完成动作，例如车辆可以行驶，行人可以行走。在上面的切出场景中，有三个动作执行者：主车、引领车以及其他车。在 OpenSCENARIO 2.0 通过以下的方式进行体现：

```
scenariocut_out:           ①
    lead_vehicle: vehicle      ②
    other_vehicle: vehicle     #注释③
```

在任何场景中，都必须包含主车，所以在 OpenSCENARIO 中无须特别注明。在此场景中，有以下注释点：

① scenario 具备命名关键词 cut_out。

② lead_vehicle 引领车。在 ASAM OpenSCENARIO 中，语言的句法和语法参考了较为流行的 Python 句法规则。动作执行者 lead_vehicle 具备 vehicle 的结构。具备 vehicle 结构的物体，同时具备其他特征属性，如车辆类型、车辆颜色等。以上信息同时在 OpenSCENARIO 领域模型中提供。由于在此案例中，所有的特征属性均未被指定，因而可以通过任意的、有可能是随机的方式进行指定。但是，在指定的条件中，需满足场景构成中所有指定的约束条件。此外，在此场景中，缩进具有价值。在 lead_vehicle 中前方的四个空格指明，lead_vehicle 属于 cut_out 这个特定场景的。

③ other_vehicle 其他车。在其他车中，由 # 号引出的文字为注释，直至当前行的结束位置。

到目前为止，场景中，只是对动作执行者完成了描述。尚未对动作执行进行描述。

3. 场景中按照顺序执行的动作

ASAM OpenSCENARIO 具备以下执行的动作内容：

```
doserial( ):        ①
start_driving: parallel( ):   ②
sut.vehicle.drive( )      ③
lead_vehicle.drive( )     ③
other_vehicle.drive( )    ③

     lead: parallel( ):   ④
sut.vehicle.drive( )
lead_vehicle.drive( ) with:
lane(same_as: sut.vehicle, at: end)
          position([20m..200m], ahead_of: sut.vehicle, at: end)
other_vehicle.drive( ) with:
lane(same_as: sut.vehicle, at: end)
speed(0km/h, at: end)
          position([20m..200m], ahead_of: lead_vehicle, at: end)

cut_out: parallel(duration: [1s..4s]):    ⑤
sut.vehicle.drive( )
lead_vehicle.drive( ) with:
lane(side_of: sut.vehicle, side: side, at: end)
other_car.drive( ) with:
speed(speed: 0km/h)
```

注释点如下：

① do 执行模块。执行模块包含动作的调用以及可以并行或者串行的场景动作。在这个案例中，场景具备三个串行的阶段，每一个串行阶段中描述多个动作执行者的并行行为。

② start_driving 定义阶段。此定义具备拓展的意义，例如，此场景可以定义成高速激进驾驶的场景，具体方式请见注释③。

③ start_driving 阶段。在此阶段中，车辆开始运动。请注意，在这个场景中，初始位置或者初始速度并没有定义。ASAM OpenSCENARIO 特别强调场景的抽象化。在实际应用中，定义合适的初始值需要较多的工程应用时间。若场景相应数值为硬编码，则会对于场景的复用性以及场景的探索价值有所降低。

④ lead 阶段。在此阶段中，每一个车辆都设定好具体的位置信息与速度信息，可以通过初始、中间、结束等速度、位置信息定义整体的阶段行为。其他的修饰条件，如车道关系、位置条件、控制行为等，均可以在此阶段实现。在此场景案例中 lead_vehicle 进行以下行为动作：和主车行驶在相同的车道

上 (lane(same_as: sut.vehicle, at: end))；在主车前方 20～200m 的距离范围内 (position([20m..200m], ahead_of: sut.vehicle, at: end))，与此同时，other_vehicle 制动减速至速度 0 (speed(speed: 0km/h))。

⑤ cut_out 阶段。在此阶段中，持续前一个阶段的条件下，lead_vehicle 执行着切出的动作。

4. 设定场景的执行目标

抽象场景中，在进行 do 执行模块时，会产生无限数量的具体场景。ASAM OpenSCENARIO 为此提供场景的执行覆盖度目标，从而达到可被量化的目标，明确场景的执行情况。以下面的场景目标为例：

```
extend cut_out:
    cover(side, event: end, target: 10)    ①
```

注释点如下：

① 执行的关键指标可以明确具体的取样方式以及取样的时间类型。在这个场景中，取样的 side 决定是在动作 end 结束的时候，判断取样。

以这样的方式，场景可以用于描述和覆盖任何的 ODD 设计运行域的目标，以保证场景有效地验证测试目标。例如，可以剔除具体的数值、定义距离和速度的连续范围，以及多个目标之间的交互信息处理。

5. 利用约束条件使场景达到执行目标

在很多场景下，无法用具体的覆盖度完成场景的执行。在这样的条件下，ASAM OpenSCENARIO 可以被引导，完成缺失的场景信息。例如，上述场景可能一直无法完成结束时车道的位置变化，或者在随机挑选的时候，没有足够的特定场景生成，则可以通过给定约束信息以确保相应目标的达成。以下语法可以约束切出场景一定是"向右切出"的场景：

```
extend cut_out:    ①
    keep(side == right)
```

注释点如下：

① 此拓展语法既可以放在独立的文件或者在具体的场景文件中。这样的方式，使得原场景信息在不需要做特定修改的前提条件下，具备更强的重复利用性。

6.2.2 执行具体的场景

1. 场景语言格式

ASAM OpenSCENARIO 按照 Python 的格式进行描述，包括换行以及缩进等语言格式。其中，一个完整的案例应该具备参数特征、目标以及执行动作信息。例如，在以下条件中：

```
keep(car1.speed <50km/h)
```

这个场景中，具备参数、条件以及事件信息。

2. 领域模型内容

在场景中，特定的领域模型可以给出场景执行时具体的要求和信息，包括以下内容：

1）车辆和车辆属性信息。包括如何定义车辆，以及必需的车辆属性。

2）坐标系信息。正常的坐标系信息包含：

```
struct position_3d:
    x: distance
    y: distance
    z: distance
```

3）环境信息。包括天气及光线信息等。

4）测量单位信息。本处使用的测量单位符合国际单位制（SI）。

5）道路抽象信息。ASAM OpenSCENARIO 希望用户在使用场景信息，尤其是在描述道路信息时，可以用抽象的方式进行描述。换言之，在 ASAM OpenSCENARIO 中不会限定具体和道路交互的信息情况。在这样的条件下，可以使用给定的地图拓扑信息，完成场景的描述和应用。

3. 执行场景的仿真引擎

由于 ASAM OpenSCENARIO 是一个声明式、基于约束条件的语言，哪些场景具备可执行性、可以在仿真中执行，也在 ASAM OpenSCENARIO 中进行了声明。在执行 ASAM OpenSCENARIO 场景时，仿真引擎需要理解运行的语义与语法，以便完成场景的执行。在这样的情况下，会对仿真器产生一定层面上的约束。

面对这样的条件，ASAM OpenSCENARIO 不对仿真器进行约束，应用者可以自行选择仿真器。但是在执行时，仍然可以给出一些限定的条件和内容，具体如下：

1）提供所有合规的场景中的特定一次场景。这样的方式，在一些情况下可以满足条件。

2）提供所有合规的场景中的一个子集。

3）提供所有合规的场景以及对应的目标。

6.3　场景的层级信息

6.3.1　场景层级

具体化（concretization）和抽象化（abstraction）是相对的两个概念。具体化有时也称为精炼化（refinement）。在 ASAM OpenSCENARIO 中，场景覆盖具体、逻辑以及抽象场景三个层级。

1. 抽象化的范围

具体化和抽象化的机制创造了一系列的抽象范围，理论上来讲，这个范围是连续的。在这个范围内，场景可以向任意一端移动。抽象化场景意味着扩大场景所获得的合法空间；具体化场景意味着缩小场景所占用的合法空间。

假设有两个场景，场景 A 和场景 B，则有：如果场景 A 获得的合法空间是场景 B 获得的合法空间的子集，那么场景 A 就是场景 B 的具体化；如果被场景 A 获得的合法空间是场景 B 获得的合法空间的超集，那么场景 A 就是场景 B 的抽象化。

2. 抽象化的等级

为了给这个场景范围提供更多的架构，在此定义了不同的抽象化等级。最常见的场景级别分类包括：Concrete 具体场景、Logical 逻辑场景、Abstract 抽象场景、Functional 功能场景。

以上场景构成了抽象化等级的范围。抽象化可以在参与者、机动车或者道路元素级别，允许某种技术接收具有多种依附关系的抽象对象描述，并生成符合抽象描述的多个具体场景。在同一个抽象化等级中，仍然存在不同程度的抽象。例如，某个特定的抽象场景可能比另一个抽象场景更加抽象，尽管它们属于同一个抽象级别。

从抽象场景到具体场景意味着：具体场景需要从抽象场景的参数范围中选择特定的参数值，从而使其具体化。如果一个具体场景的所有参数范围满足一个抽象场景的所有约束条件，那么这个具体场景就是那个抽象场景的具体化。

6.3.2　具体场景

一个具体的场景是指在一个场景中，所有的参数以及变量，在整个时间阶段中，都有具体的确认值。以下是常见的具体场景的描述方式：具体的位置以及轨迹描述；确定的引用模型，如驾驶员、交通流、天气以及车辆动力学等。

与之对应的，在 ASAM OpenSCENARIO 中，有以下两种层级的具体场景描述方式：

1）轨迹层级的具体场景。在这样的场景里，每一个动作执行者的位置和状态信息在任意时间点中都是确定的。以下面的案例为例：

```
scenariomy_concrete_scenario:
map.set_map_file("my_map.xodr")
my_road: route = map.create_route(get_odr_points(my_file))

    car1: vehicle with:
keep(car1.color == red)
keep(car1.model == lincoln_mkz2017)
keep(car1.category == car)

doserial:
        car1.drive(duration: 24s) with:
            along(my_road)
speed(0km/h, at:start)
speed(60km/h, at: end)
lane(3)
position(distance:50m, at:start)
position(distance:250m, at:end)
            acceleration(...)
```

在此场景中，所有的地图、路径、距离、速度等信息在指定的时间内均为定值。

2）参数层级的具体场景。在这样的场景中，所有的参数及描述，如速度、位置、距离等信息都是定值，而中间形成具体场景文件。

6.3.3 逻辑场景

如果在一个场景中，没有具体的参数值，而是以范围的形式描述，此场景为逻辑场景。在执行场景时，则需要通过自定义逻辑、分布函数及公式、随机等方式生成具体场景。场景的参数构成完整的参数空间。此外，若一个具体场景中，有一个参数变量没有形成具体的参数值，这个场景便是逻辑场景。一个逻辑场景案例如下：

```
scenariomy_logical_scenario:
map.set_map_file("my_map.xodr")
my_road: route = map.create_route(get_odr_points(my_file))
```

第6章 自动驾驶仿真动态场景描述语言

```
    car1: vehicle with:
keep(car1.color in [red,green])
keep(car1.model == lincoln_mkz2017)
keep(car1.category == car)

doserial:
        car1.drive(duration: 24s) with:
        along(my_road)
        speed([0km/h..20km/h], at:start)
        speed([40km/h..80km/h], at: end)
lane([2..4])
        position(distance:[25m..60m],at:start)
        position(distance:[150m..350m],at:end)
```

在这个逻辑场景中，可能具有不合理的场景描述，例如具体的执行时间、距离、速度等超越车辆的物理极限或者无法完成设计的动作等。

6.3.4 抽象场景

抽象场景是指包含了场景目的的一类场景。在这些场景中，包含正式的声明式描述，并且体现目标、参数以及各种信息之间的相关性。同时，此类场景可以有效地匹配行为动作、位置以及 ODD 等，例如：一个含有紧急车辆的三车道的场景；一个大型车辆危险切入场景。

该场景案例如下：

```
scenariosut.right_cut_in_by_emergency_vehicle:
    # 任何符合条件的约束条件在任何的地图里
my_road: road with:
keep(it.min_lanes>=2)

# 目标的约束条件
my_emergency_car: emergency_vehicle# 紧急车辆需要具体的领域模型定义

docut_in( ) with:         # 切入描述可以进行拓展:
keep(side == right)
keep(road == my_road)
keep(car1 == my_emergency_car)
```

在这个场景中，场景抽象出：位置信息，任何包含超过两个车道的位置；动作执行者，不同的紧急车辆、不同大小或规格；行为动作，任何行式的左侧切入。

或者以下面的场景为例：

```
scenariosut.cut_in_and_danger: # 抽象场景
    p: person

    road: road
doparallel(duration:[20s..40s]):
right_cut_in_by_emergency_vehicle(my_road: road)
p.cross_road(my_road:road)
one_of: # 几种特定情况之一
snow_storm( )
mechanical_failure( )
            ...
```

在这个场景中，可以通过多种排列组合的方式完成场景的构成。此外，抽象场景也可以进行叠加：

```
scenariosut.right_cut_in_emergency_vehicle:
my_emergency_car: emergency_vehicle
my_road: road with:
keep(it.min_lanes>=2)

# 完成动作后，激活切入场景
docut_in( ) with:
keep(side == right)
keep(road == my_road)
    keep(vehicle1 == my_emergency_car)
```

在这个场景中，紧急车辆可以进行随机化生成和产生：

```
scenariosut.right_cut_in_police_vehicle:
my_police_car: police_vehicle
my_road: road with:
keep(it.min_lanes>=2)

docut_in( ) with:
keep(side == right)
keep(road == my_road)
keep(vehicle1 == my_police_car)
```

在上述场景中，紧急车辆被指定为警车。由于此案例中，场景车辆由任意紧急车辆变成了警车，则第二个场景相对于第一个场景更加具体。在此场景中，虽然明确了道路的要求,但是同时没有明确地图和位置信息,从而具备较为广泛的适用性。此外,在此场景中,不是所有的参数得以指定,此场景依然不是一个具体场景。

6.3.5 具体化与抽象化指南

作为开发和验证(V&V)任务的一部分,OpenSCENARIO 会生成不同抽象级别的多个场景,用户经常需要手动或自动地转换场景的抽象级别。以下部分提供了在抽象级别之间转换的环境、方法和 ASAM OpenSCENARIO 功能的指导方针与技巧。

1. 从抽象化到具体化

人类通过抽象的方式思考和交流。当朋友们谈论他们在开车上班途中发生的一个强行并线时,他们不需要详细描述汽车的轨迹或细节来形容当时危险的情况。

自然语言验证计划可以使用类似的抽象级别。它们也可以对人类开放相关解释方式,以不同的方式缩小差距。自然语言验证计划可能需要一些特定值或位置特征来描述切入场景,然后测试场景设计者需要用他们自己的判断来描述剩下的部分。

在任何平台上执行或观察一个具体场景都需要使用详细属性。车辆总是在特定的道路沿着特定轨迹行驶。

ASAM OpenSCENARIO 允许以抽象的方式获取验证方式或规范,包括定义交通参与者和行为之间的关系,然后可以将这个抽象概念转换为遵循一个或多个用户指定的抽象场景来执行。当指定了所有场景属性的属性值时,它可以将抽象场景转化为具体场景,这包括位置、天气状况及其他因素等(图 6-1)。

图 6-1 从抽象场景到具体场景

用户有两种转化为具体场景的可能:从一个抽象场景中派生,并为每个属性指定一个值,使其具体化;扩展抽象场景。

这两种测试用例存在以下区别:

1）用户需要执行所有具体场景。从这个角度来讲，需要自动化进行来完成。

2）用户希望能完全控制设计的场景，他们愿意为指定的场景手动分配所有值。即使用户愿意做所有繁琐的具体化工作，抽象场景对于检查具体的值是否破坏了抽象场景的依附性仍然非常有用。对于一个抽象场景，用户还可以决定具体的参数值是否一致。

需要注意的是，不可能将抽象场景转换为逻辑场景的有限集合。在任何给定的地图上，都有无数的位置参数、速度值或延迟。它们的依赖关系导致拥有无限多个不同参数组合的逻辑场景。

2. 从具体场景到抽象场景

一个给定的具体场景通常具有场景开发人员可能希望复制的高级意图，例如，可以提供两辆车的特定轨迹，而无须明确说明该场景是切入场景。

抽象场景的高级意图允许复制意图并实现一组不同的相似场景，具体方法如下：

1）开发人员希望创建一个具体的场景来检查特定的驱动功能。

2）然后他们将场景交付给 V&V 团队，以创建更多类似于这个简单场景的场景。

3）进行实车碰撞测试。许多团队试图概念化特定碰撞发生的原因，他们创造了多种变体，围绕被忽视的因素挑战驾驶功能。

4）在虚拟平台上使用随机场景生成来识别具体的问题。虚拟平台可以是一种模拟器，在这种情况下，用户需要分析失败的原因或事件的特定组合，然后由他们决定这个方案中没有提到的场景类别。用户可以抽象组合，并在多种情况下复制其本质。

5）详细的验证计划。如果想要获得抽象场景，用户需要：

① 分析具体场景。

② 理解特定场景的关系或组合。

③ 用正式的 ASAM OpenSCENARIO 描述对依赖关系进行编码。

一旦获得了抽象描述中的意图，多个场景参数便可以被自动化生成（图 6-2）。

图 6-2　从具体场景到抽象场景

ASAM OpenSCENARIO 允许用户获取场景的抽象意图。为了生成具体场景，他们需要分析场景的本质，并在 ASAM OpenSCENARIO 代码中获取其本质。例如，车辆强行并线的本质是在不同车道上的一辆车在另一辆车前面移动。在获取意图的基础上，用户可以用随机的属性和范围替换具体的参数值或位置。重要的一点是，需要获取这些属性之间的依赖关系以确保结果场景的一致性，例如，指定速度 5km/h、2s 的时间以及一个特定的距离。选择不同的值会导致不可行的情况。

6.4 自动驾驶仿真动态抽象场景

6.4.1 基于领域专用语言（DSL）的场景架构

本节主要介绍域模型（domainmodel）的相关内容。具体介绍了 OpenSCENARIO 域模型，并列出了与其他标准的关系。

在概念方面，Fowler 对于域模型的定义为：一个包含行为和数据的域的对象模型。Brown 对于域模型的描述则更加细致：

域模型代表了对问题有条理、有结构的了解。域模型应该表示特定问题领域的词汇表和关键概念，并且应该确定领域范围内所有实体之间的关系。域模型也可以称为"概念模型"或"概念系统"（参见 ISO704）。

1. ASAM OpenSCENARIO 域模型介绍

ASAM OpenSCENARIO 的域模型为实体及其行为提供了一组标准解决方案。更具体地说，最高级别的实体（entities）或执行者（actors）包括：

1) 物理对象（PhysicalObjects）：具备专属行为，主要是定义运动方式。
2) 环境（Environment）：使用动作定义天气条件。
3) 地图（Map）：以抽象的形式描述道路网络。
4) 物理类型（PhysicalTypes）：包括一套规范的标量和复式类型的单位。

使用这些预定义的实体具有以下优点：确保工具之间的场景定义的**互操作性**；**节省**开发**时间**；引导用户找到正确的**方法论**。

但是，没有人可以预测到所有可能的参与者、行动和场地类型。因此，OpenSCENARIO 提供了域模型扩展机制的介绍，以支持域模型的定制。ASAM OpenSCENARIO 的目标是在规范定义和自由扩展性之间找到适当的平衡。对于 ASAM OpenSCENARIO 的未来版本，可能会有更多实体和动作类型进入标准。

2. 兼容性

不同 ASAM 标准和其他标准的域模型之间是兼容的，并且具有以下优点：

支持这些标准与 OpenSCENARIO 2.x 之间可以无缝使用；可以避免用户对相互冲突的术语和定义的混淆。

它主要参考了以下标准：

1）ASAM OpenSCENARIO 1.x：涵盖与 ASAM OpenSCENARIO 1.x 的域模型相关的功能，以确保 ASAM OpenSCENARIO 2.x 是 OpenSCENARIO 1.x 的超集。

2）ASAM OpenSimulationInterface (OSI)：尽可能与 ASAM OpenSimulation-Interface (OSI) 保持一致，以实现传感器模型中场景定义中属性的一致重用。

3）ASAM OpenDRIVE：在可能的情况下与 ASAM OpenDRIVE 保持一致，以避免出现冲突的术语和定义，但不会将地图格式限制为 ASAM OpenDRIVE 格式。

4）ASAM OpenXOntology：与 ASAM OpenXOntology 合作，旨在提高 ASAM 标准的兼容性。

5）UN ECE/TRANS/WP.29/78/Rev.6：用作车辆分类的基础。

3. 域模型的核心布局

域模型的实体及其子类用它们的定义、状态、属性和与其他类的关系来描述，可用实体主要包括：物理对象（Physical object）、环境（Environment）、动作（Action）、物理类型（Physical type）、道路抽象化描述（Road abstraction）、行为模型（behaviormodel）（图 6-3）。

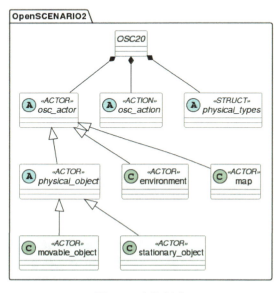

图 6-3　实体组成

4. 动作和修饰符

创建 ASAM OpenSCENARIO 域模型动作和修饰符时需要重点考虑以下要求：提供易用性和软件工程基础；允许在场景运行过程中进行动作调整；支持具体目标和获取未知信息；为动作和场景提供类似的 API 和使用模型；提供与平台和实施无关的操作；支持通用和专门的动作风格。

（1）易于使用

动作将易用性和简单性与可重用性和通用性相结合，允许创建可重用的资产和库。标准域模型旨在创建由软件工程基础所利用的模块化和可组合场景。

由于平衡了易用性和可重用性，ASAM OpenSCENARIO 语言允许用户进一步专门化标准域模型。

（2）动作调整

动作是封装的行为片段，可以在多个场景和上下文内容中激活。用户能够创建一个抽象动作，并进一步指导或调整该动作以满足特定场景的需要，这可以在类型级别和实例级别上实现。用户能够实现以下功能：

1）通过锁定某一个参数值来调整动作。示例：主车整个行驶过程的速度为 5km/h。

2）缩小允许范围。示例：主车速度在 5～10km/h 之间。

3）使用任何在属性到显式值之间的布尔表达式（带约束）。示例：速度小于 60km/h。

4）引入属性之间的依赖关系。示例：主车速度低于目标车辆的速度。

（3）目标和未知

作为项目的一部分，用户可能需要探索未知/未预期（根据预期功能安全 SOTIF 的要求）的情况。这可以通过两种方法完成：

1）明确指定场景执行。

2）以随机方法提供通用方向。

用户通常希望结合使用这两种方法：一些参数是指定的，而一些参数是自动以与提供值一致的方式推断出来的。ASAM OpenSCENARIO 允许将具体和抽象与相同的可重用场景相结合，以实现具体、随机和这些特性的组合。ASAM OpenSCENARIO 允许用户控制自由度，例如，考虑路边的变道。

（4）API 和使用模型

如果说动作（action）是行为（behavior）的最小单元组成，那么场景（scenario）可以表示从其他动作或场景构建的复合行为。由于用户可能需要针对不同的平台需求将单元行为替换为复合行为，因此 ASAM OpenSCENARIO 在触发和观察动作和场景方面提供了一致性，例如，调用场景和动作的方式相同。事实上，本文所述的大部分动机对于动作和场景都是有效的。

（5）不可知论（Agnosticism）

ASAM OpenSCENARIO 支持跨平台语言，可用于包括物理和虚拟测试在内的所有平台。这意味着：

1）同一个 ASAM OpenSCENARIO 引擎可以连接多个平台。特定供应商如何将高级语言准确连接到模拟器、HiL 或测试车辆超出了标准和本文档的范围。

2）相同的场景代码既可以服务于物理平台，也可以服务于相关的工具链。

（6）动作风格

动作具有独特语义的结构，因此，任何合法的结构成员都可以是动作或场景成员。这会导致以下两种类型的操作：

1）通用动作。通用动作只有从父动作类继承的参数，它激活了一组丰富的控件，这些控件通过使用动作修饰符来执行动作。这使得通用操作具有多种用途。示例：在开始时车速较快，结束时车速较慢。

2）特殊动作。特殊动作有额外的参数来创建单一目的的操作，每个特殊的动作都反映了场景描述中的一种常用行为，这提高了可读性。示例：先达到较高速度，然后达到较低的速度。

这两种风格是相同语言和方法的各个方面，可以在相同的场景中混合使用。特殊动作的好处源于有限的 API，同时也使得它们不太灵活或可扩展但更容易理解。通用动作的优势包括：①更广泛的具体实例可以由相同的动作调用产生；②提供更多用于调整行为的选项；③允许非侵入式扩展，可以扩展已经存在的场景并以非侵入方式对其进行调整。

示例：用户指定了某个速度的驾驶动作，稍后，他们希望调整场景以在开始时快速行驶，然后再缓慢行驶。在碎片化的风格中，这样的增强是不可能的。在描述性风格中，这转化为带有修饰符的扩展名，要求在开始或结束时提供所需的速度。

5. 抽象路网

ASAM OpenSCENARIO 语言允许用户描述场景地图的关键方面。该描述不能替代完整详细的几何图，属于地图文件信息的子集。它是对影响场景中参与者行为的道路网络特征的抽象描述。以下将解释 ASAM OpenSCENARIO 道路抽象的主要概念以及道路抽象如何用于场景描述。

（1）道路、地图和场景

ASAM OpenSCENARIO 域模型的这一部分放置在地图 actor 之下。man actor 下的类和修饰符可用于描述抽象道路网络 (ARN)。然后，这个抽象的道路网络可以用作行为者行为规范的位置代理。在抽象道路网络中定义基于道路的坐标系的一致规则还支持以下任务：在场景中定位 actor；根据位置触发 actor 的行为；根据位置限制 actor 的行为。

此外，抽象道路网络可用于：搜索与抽象路网约束匹配的现有路网，例如，这可以在特定地图文件或地图数据库中完成；创建满足抽象路网约束的合成地图。

从这个意义上说，用户可以将这个抽象的道路网络视为"搜索空间"，而不是场景的地理地图或固定几何图形。

这部分域模型使 ASAM OpenSCENARIO 用户能够描述地图中的路线。这样的地图抽象地表示了实现场景行为的所需环境。抽象道路网络的设计具有明确的意图，以启用可用于表达合法行为路径和非法行为路径的行为路径和路线。作为领域模型一部分的抽象道路网络的主要目的如下：

1）指定与地图、道路、路口和车道元素相关的约束。

2）创建地图搜索空间以在地图中查找匹配的道路网络，或生成合成道路网络。

3）为 actor 行为匹配映射实体。

4）创建称为路由的行为路径，以便在行为描述中使用它们。

5）沿路线移动时使用 s-t 坐标系。

6）允许用户或标准的未来版本扩展道路域模型。

（2）约束的目的

抽象路网约束的主要目的如下：

1）限制地图搜索空间。

2）描述允许行为路径通过路由所必需的最小环境。

3）使用修饰符创建路径或建立实体之间的关系。

4）使用创建的路线在动作描述中定义沿路径行驶的位置。

（3）关键点

创建抽象道路网络时的关键点如下：

1）仅描述支持行为所必需的最小抽象道路网络，不要重新创建地图文件。

2）让修改器来做艰苦的支持工作。

3）抽象道路网络不会取代 ASAM OpenDRIVE 或其他地图供应项目。

4）抽象道路网络的目标只是创建足够的信息来找到或创建"正确的地图"，使用户能够测试行为的设计意图。

5）抽象道路网络充当一组约束，需要查找和解决行为选项和驾驶域选项。在驾驶领域，这被缩小到一组特定的地图、路线点或路线——有时甚至进一步使用路线锚。

（4）地图 map

就 ASAM OpenSCENARIO 而言，map 类是抽象道路网络的域模型表示。map 包含"创建地图搜索空间"和"限制地图搜索空间"所需的实体（图 6-4）。

map_file 是表示地图文件或道路实体和道路几何图形的具体道路网络表示的参数。在 ASAM OpenSCENARIO 中,这表示为一个字符串,其中可以包括文件路径和地图文件的文件名。map_file 包含在 map 类中,因此可以将 map 实例中定义的搜索空间限制为一个特定的地图文件。map. set._map_file( ) 可用于设置场景的地图文件。

ASAM OpenSCENARIO 地图由以下部分组成:

1) 路线:一张地图可以有零条、一条或多条路线。route 是地图元素的父类,如道路、车道等。

2) 路口:一张地图可能有零个、一个或多个路口。路口连接抽象道路网络中的道路。

3) 驾驶规则的设定:地图可以适用于左行交通或右行交通。

4) map. file 参数:这允许用户将抽象道路网络绑定到外部地图文件。此参数可以保持未指定状态。

图 6-4　路网实体

(5) 绑定地图搜索空间

地图文件可以与约束一起使用,以将地图搜索空间限制为单个地图或地图列表文件。map_file 实体特定于 map_file 实现和特定实现者,并不特定于 ASAM OpenSCENARIO。map_file 约束可以可选地用于将抽象道路网络搜索空间(地图)绑定到具体 map_file 或一组 map_file(s) 以支持两者:具体场景和抽象场景。例如,为一个 map_file 分配或创建约束的好处就像将参数约束到一个值一样。

(6) 路线 route

route 是 route_element 和 compound_route 的所有子级的公共父类。它允许用户指定交通参与者可以移动到抽象道路网络(单个或组合元素)上的位置。along( ) 修饰符允许在场景和动作中使用这些路线。

1) 路线 route 数据结构:如图 6-5 所示,本节包含对每个继承自 route 的类的简短描述,有关包括其属性的完整文档,请参阅路由定义。

route 类将继承给多个子级,具体如下:

① 路线 route:route element 和 compound_route 的父类。route 的实例可以指单个路线元素(如道路或车道),也可以指一系列元素(在复合路线的情况下)。这些类只有一个父类有助于使用 along( ) 修饰符,并简化多个其他与路线和地图相关的功能。

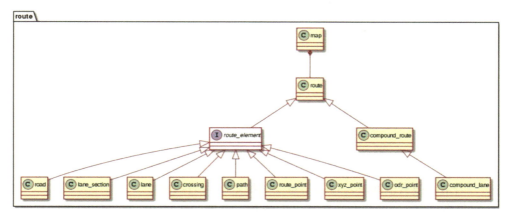

图 6-5　路线数据结构

② 路线元素 route element：用于构建 route 的基本独立元素。复合 route 由单个 route 元素的列表组成。

③ 车道 lane：由两个边界限制的路径。道路网络的其他元素是由车道构成的。

④ lane_section：一组并排排列的相邻车道。在一个 lane_section 内，车道的数量、类型、用途和方向保持不变。

⑤ 道路 road：一系列相邻的 lane_section 首尾相连。一条道路只能在一个路口连接到另一条道路。

⑥ crossing：类似于车道的路径，但覆盖在其他车道之上，通常用于人行横道、铁路道口或其他具有重叠用途和方向性的情况。

⑦ 路径 path：全局世界坐标中点的有序列表。

⑧ route_point：路线的航路点，以 s-t 坐标表示。

⑨ xyz_point：路线的航路点，以笛卡儿坐标表示／路线的航路点，以 ASAM OpenDRIVE 坐标表示。

⑩ compound_route：用于描述潜在运动过程的相邻路线元素实例的有序列表。compound_route 的成员必须按顺序遍历。

⑪ compound_lane：相邻车道的有序列表，首尾相连。

2）路线锚点 route anchors：地图文件约束缩小了地图搜索空间，但也可以将路线位置的搜索空间缩小到 map_file 中的特定位置实体，route anchors 用于缩小搜索范围。route anchors 是字符串标识符，允许将地图搜索空间的一个或多个路线实体绑定或绑定到任何地图文件实体。

一个典型用例是使用在地图文件中创建唯一标识符以与路线元素配对的应用程序，如道路、lane_section、车道等。示例如下：

```
<userData code="roadAnchor" value="myRoad">
```
Used as an attribute of road.
```
<userData code="laneSectionAnchor" value="11111111-1234-5678-1234-567812345678">
```
Used as an attribute of a lane section.
```
<userData code="laneAnchor" value="-1">
```
Used as an attribute of lane.
```
<userData code="roadAnchor" value="net.asam.opendrive: roadId:165, laneId:-1">
```
Used as an attribute of road that provides an anchor to the lane level.

当用作搜索空间时，可以将每条路线限制为地图文件中的单个位置实体（或一组位置实体）。这些在地图文件中找到的位置实体代表了被锚定的路线实体的类型，具体包括：

① 将车道的路线锚点与地图文件中具有锚点的车道匹配。

② 车道段与地图文件中具有锚点的车道段匹配。

③ 道路与地图文件中具有锚点的道路匹配。

④ 路线点与地图文件中的点匹配。

（7）交叉路口 junction

图 6-6 为交叉路口 junction 示意。

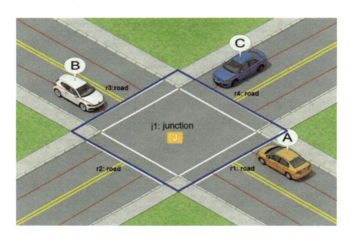

图 6-6　交叉路口 junction 示意

1）交叉路口定义：路口是一个连接的搜索空间，该搜索空间由连接到交叉区域的一条或多条道路的列表表示。路口也是一个区域，路口路线将输入路线（如道路和车道）绑定到输出路线，就像车轮上的辐条。连接到路口的道路可以用作路线。

每个交叉路口都有一个道路列表，这些道路定义了创建交叉路口路线或通过交叉路口的路径的可能选项。

道路用于多种关系，例如 roads_follow_in_junction( ) - ，具体请参见路口修饰符描述中的道路跟随。

2）交叉路口路线：junction-route 是路口内的路线。junction-route 是通过修饰符形成的，例如 road_follow_in_junction( )。junction-route 完成输入道路和输出道路或输入车道和输出车道之间的连接。

请注意，junction_ route 不是一个类，junction-route 是一个术语，用于指代路口内的路线实例。 junction-route 可以是任何类型的路线，例如单个 route_element 或 compund_ route。

关键点如下：

① junction 是道路连接的枢纽，因此，junction 类包含通过路口连接的道路元素列表。

② junction 既不是 route 也不是 route 元素，不能包含在 compund_ route 中。但是，junction 内可以有 route。

③ junction 内的 route 实例称为 junction-route。

④ junction-route 用于完成 route 元素（如道路、车道等）之间的连接。

⑤ 为建立从输入道路到输出道路的 pathways，junction 使用 junction-route 来关闭或完成连接。

⑥ 通常将 in_road to out_ road 传递 road_ follow_ in_ _junction 等修饰符以创建 junction-routes。

⑦ 这些 junction-routes 提供了允许 route 转换的连接路径。相应的过渡可以包括：从一条 route 到另一条 route；用于包罗万象的 route。

⑧ 这些 junction-routes 也可以作为 junction 内的虚拟车道。

⑨ junction-routes 允许合法路径和非法路径，而 ASAM OpenDRIVE 或真实道路网络通常只指定合法路径。

roads_follow_in_junction( ) 只创建合法的 junction-routes，但是，用户可以使用 junction-routes 来创建参与者可以在合法交通流中移动的路线（或 compund_route）。一个 junction 可以通过 junction-route 连接多条 route，就像车轮上的辐条一样。每条外部 road 都可以通过交叉 junction 连接到另一条 road。将 in_road 和 out_road 与交叉 junction 路线相结合可以实现行为路径（图 6-7）。

3）创建复合路线 compound routes：compound route 类继承自 route 类，它有一个字段 route elements，其中包含 route 元素的有序列表。此列表表示抽象道路网络上的空间连接路线。compound_route 类的创建实例如图 6-8 所示，需要在外部实现。

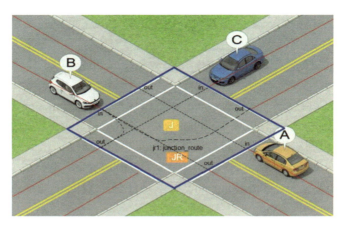

图 6-7 交叉路口路径示意

```
Method declaration for creating routes
  def map.create_route(<list-of-route-elements-or-compound_routes>, <_connect_points_by_>, <legal_route>) -> compound_route <method-
  implementation>
```

图 6-8 复合路线创建示例

当调用外部方法时,期望通过解析有序参数返回一个带有字段 route elements 的 compound route 对象。按以下方式替换列表:

① 如果 compound route 是参数列表的一部分,该方法首先将它们拆分为其构成 route 元素,同时保留顺序。这会产生一个仅包含 route 元素的列表。

② 如果最后一步的结果列表描述了在抽象道路网络上未在空间上连接的地图模式,则必须以特定于实现的方式填充未定义路线的间隙,其中任何路线元素都会导致空间连接的路线。

③ 如果路由元素列表描述了空间重叠的模式,实现可以自由定义更多属性作为 compound_route 的扩展。

返回的 compound_route 对象的字段 route elements 获取连接路由元素的(最终)列表的值。其他两个可选参数描述了必须如何连接 route elements,以及是否可以使用非法 route(默认情况下是合法的)。

4)创建复合路线示例:在此示例中,道路可能具有由约束或修改器指定的某些关系,它们也可以锚定在真实地图上。如果参数中列出的路由元素不直接相互连接,则方法实现有望填补空白并返回连续的 compound routes。示例如下:

```
my_road_1, my_road_2, my_road_3: road
# Modifiers are used to connect the roads into a road network...

my_route: route = map.create_route([my_road_1, my_road_2, my_road_3])
```

（8）人行横道 crossings

人行横道 crossings 是通过覆盖或虚拟路径来充当与车道有直接关系的路线（图6-9）。

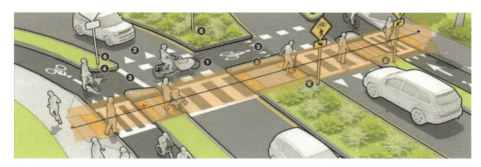

图6-9 人行横道示意

人行横道可以用来表示：从一条人行道到另一条人行道的交叉路口内的人行横道；马路中间的独立路口；一个停车场，覆盖在空闲空间的顶部以提供定向路径；铁路道口。

人行横道具有与车道几乎相同的特征，但不是车道的一部分。如果交叉口"锚定"到另一个交叉口，则交叉口只是简单地分层在路线实体之上。其特点如下：

1）人行横道与车道非常相似，但独立于车道实体并依赖于车道几何形状。

2）人行横道有起点和终点。起始车道将人行横道锚定在起始车道的中心线。start_lane 在 end_lane 的中心线完成交叉，并在此完成连接。

3）人行横道的原点由车道中心线和沿该线的 s 位置确定。

4）start_lane 指定人行横道开始的位置。

5）end_lane 指定人行横道结束的位置。

6）除非另有说明，否则人行横道的起始角度始终为 90°。

7）人行横道始终是一条直线。

8）在直线几何形状的情况下，人行横道在与 end_lane 中心线的自然连接处结束。

9）人行横道不需要与 end_lane 连接的角度。如果已知单个角度和一个起始 s 维，则可以通过两个相对点的规则计算角度。

10）在 end_lane 连接的地方不需要 s 维，有了直线几何要求，就可以计算出 s 维。人行横道范围如图6-10所示。

（9）s-t 坐标系

在 ASAM OpenSCENARIO 抽象道路网络中，车道构成了其他地图元素的基本构建块。图 6-11 所示的 routes 组成图显示了车道如何成为路线组成的中心。因此，车道用于定义一组一致的规则，以在路线的所有子节点上创建 s-t 坐标系。创建原则如下：

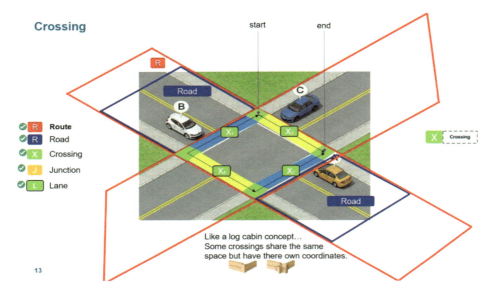

图 6-10　人行横道范围

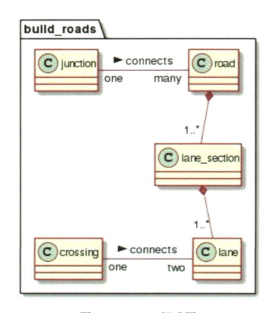

图 6-11　routes 组成图

1）每条 lane 都有一个 s-t 坐标系。
2）s 轴沿车道中心线。
3）t 轴垂直于 s 轴。
4）s-t 坐标系遵循右手定则。
5）默认情况下，单向车道应有（合法）交通在 s 的正方向移动。
6）lane 并排排列，形成 lane section。
7）lane section 也有一个 s-t 坐标系。
8）lane section 的 s-t 轴与 lane_section 中选择的 lane 的 s-t 轴重合。
9）lane section 首尾相连，形成 road。
10）road 也有一个 s-t 坐标系。
11）road 的 s 轴由构成道路的车道段的 s 轴连续形成。
12）road 的 t 轴垂直于 s 轴，遵循右手定则。
13）crossing 有一个 s-t 坐标系，定义类似于车道的 s-t 坐标系。
14）每条 compound_route 都有一个 s-t 坐标系。该坐标系是按照上述规则构建的。
15）一个 junction_route 有一个 s-t 坐标系，遵循上述规则。

6.4.2 场景模型特征

1. 对象实体 entities

（1）物理对象 physical_objects

图 6-12 所示为物理对象中方法 get_s_coord( ) 的参数。

（2）环境 environment

在 ASAM OpenSCENARIO 中，所有对于环境的设置和改动均通过 environment 参与者进行。有关 environment 参与者可执行的动作细节定义，请参阅下文关于"环境的动作"内容。

需注意下列有关类的描述是非规范性的，此描述展示了环境系统的内部结构。在 ASAM OpenSCENARIO 中，所有动作都是由一个 environment 参与者执行的。然而，在未来的版本中用户可以在环境系统内增加独立的参与者。本节展示了为未来的可能 ASAM OpenSCENARIO 版本预留的类结构于变量名（图 6-13）。

1）结构体 environment_system：一组在空间中的实体或物质，这使得测量空间的宏观状态量成为可能。一个环境系统可以有零或多个环境系统作为子系统，例如全局系统可以有雨天部分和晴天部分；一个环境系统可以有零或多个环境对象，如太阳、月亮或云；一个环境系统可以有零或多个宏观状态变量去描述自身或系统状态。

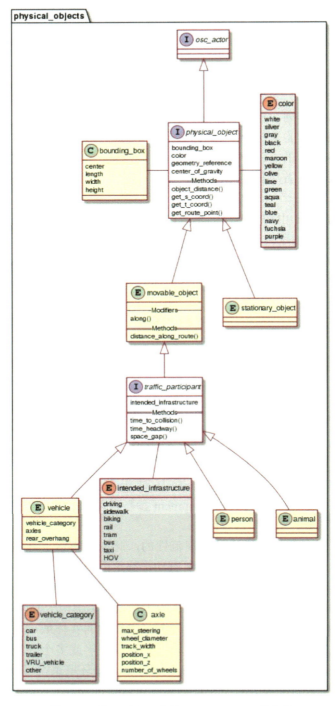

图 6-12 物理对象—方法 get_s_coord( ) 的参数

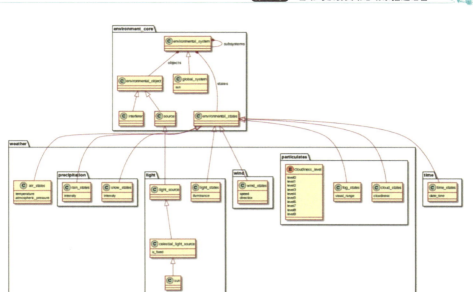

图 6-13 环境变量示意

这些状态变量根据某些环境效果进行分组,如雨、风等。这些分组被定义为环境状态,且一个环境系统可以有零或多个环境状态(注意:这是一个扩展点)。

2)交通参与者组 Groups of traffic participants:存在许多创建与处理交通参与者组的实现方式,有些交通流仿真器是应用随机的交通流模型,另外一些使用确定的交通流模型。

图 6-14 是关于如何通过仅使用通用 OpenSCENARIO 2.0 语言构建交通参与者组的一个示例。一个标准的组模型可能会在未来版本的标准中提出。同时需要注意的是,组表示有多个定义与状态的多个参与者实例,组应当被置于最高层级,不处于 physical_actor 的继承类下。

3)vehicle_group 接口:traffic_participant_group 是一组 traffic_participant 参与者的集合,一个组表示为有多个定义与状态的多个参与者实例。

车辆组有以下两种主要的用途:

① 向场景添加对象实体以实现在场景中拥有多个参与者。通过在场景周围生成多辆车辆,这些车辆将充当场景中的"噪声"。

② 使用预定义初始条件创建多辆车辆。例如创建一个单车道的车辆编队中的多辆车。

参与者的初始条件与在场景中的实际行为是不同的东西:组 group 定义了参与者在场景中的初始条件,包括他们的创建与销毁;分配给每个车辆的行为模型 behavioral model 定义了组内车辆的实际行为表现。

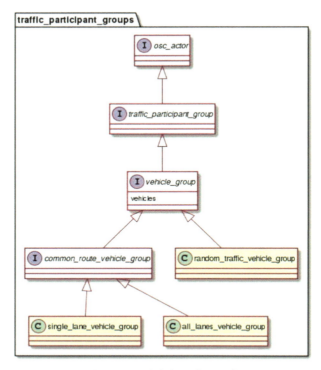

图 6-14 环境参与者变量示意

2. 动作 action

（1）动作父类

所有操作都继承父操作类的属性。在 action 类中，用户只能设置 duration 字段，所有其他字段对于用户都是只读的（图 6-15）。其要点如下：

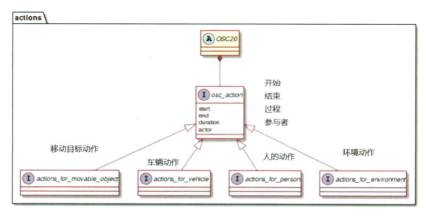

图 6-15 动作类别示意

1）该操作在被调用时发出启动事件。
2）动作结束时会发出结束事件。
3）参与者由调用动作的父类解析。
4）操作的持续时间可以由用户限制。

通用移动动作具有图 6-16 所示继承结构。每个数据类的定义可以在下一节中找到。

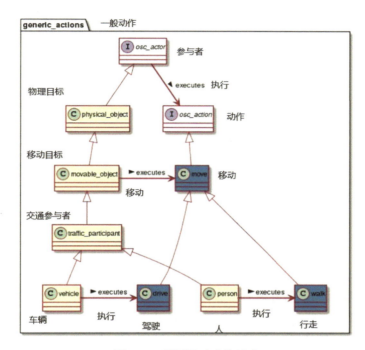

图 6-16　通用移动动作示意

（2）移动目标的动作

movable_object 类是在场景中可能改变位置的任何物理对象的父对象。本节定义了可移动对象，或其任何子对象（如车辆、人和动物）类型的参与者可以执行的动作。由于 movable_object 包含各种各样的参与者，它有各种各样的动作来指定它们的运动。

可移动对象的动作可分为两组：

1）精确行为动作：其优先级是实现动作参数中指定的精确值，而不考虑参与者的物理运动约束。

2）目标行为动作：优先考虑参与者的身体运动约束，同时尽可能接近动作参数中指定的目标值。

可以使用"物理运动"修饰器明确说明这一区别。有关详细信息，请参见部分修饰符"physical-movement( )"内容。

（3）精确行为

图6-17显示了优先考虑精确复制的操作，以及优先考虑精确复制的操作。这些动作使用修饰语 physical_movement 的语义（preference_non_physical），为了执行这些动作，OpenSCENARIO 2.0 实现可能会选择违反参与者的物理运动约束。

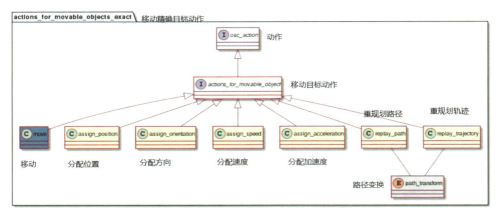

图6-17　优先考虑精确复制的动作

（4）目标表现

图6-18显示了优先考虑参与者身体运动约束的动作，以及优先考虑身体运动约束的动作。这些动作使用修饰语 physical_movement（必须是 physical）的语义，在执行这些动作时，不得违反动作成员（actor 可称为演员）的身体运动限制。参与者应尽可能接近动作参数中指定的目标值，执行场景时，观察到的运动值和目标值之间可能存在差异，这些差异也可能取决于执行平台的类型，例如，简单的动态模拟与复杂的动态模拟或试验跑道上的真实车辆相比较。

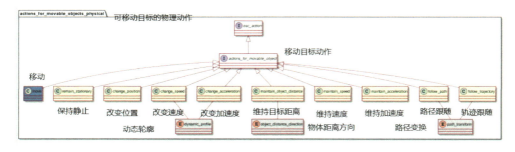

图6-18　优先考虑运动限制的动作

（5）动作移动

它是启动可移动物体运动的一般动作，通常与修饰语结合使用。请注意，不同的可移动对象具有不同的移动动作，如"驾驶"和"行走"。动作的性质会根据动作成员而改变，例如，（vehicle.drive）将根据道路网络作为车辆行驶。

3. 车辆动作

以下操作专门针对车辆类型的参与者。此外，车辆还可以执行其继承的类的任何动作，如移动对象的动作。这也意味着，可以使用"along( )修改器"指示车辆在路线上移动（图 6-19）。

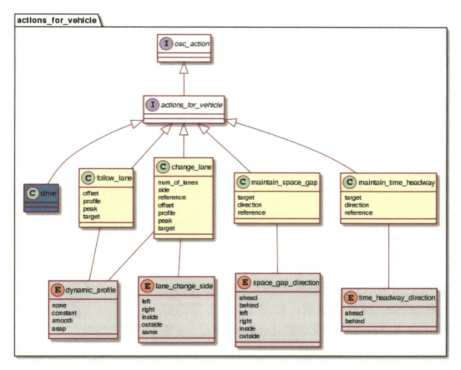

图 6-19　车辆动作

行动由具有固有动态行为的参与者执行，这种固有的动态行为应该具有车辆典型的物理运动约束。汽车操作中的参数指定了场景中参与者状态变量的目标值，但是，在执行操作期间，这些状态变量的观察值可能与目标值不同。在执行这些操作时，不应违反车辆的动态约束，除非在场景描述中另有明确说明，例如，通过使用 physical_movement( ) 修饰符。

（1）驾驶动作

它是启动车辆运动的一般动作，通常与修饰语结合使用。

（2）车道跟随动作

只要动作处于活动状态，参与者应保持在车道边界内。参与者从动作开始到结束应在同一车道上。

（3）换道动作

参与者应在目标车道外开始该动作，并在动作结束时进入目标车道。动作结束时的车道必须与动作开始时的车道不同。

（4）保持空间间隙

根据 space_gap( ) 方法，执行此操作的参与者保持与参考实体之间的目标空间间隙，以 s-t 坐标测量。如果动作开始时演员在目标距离之外，演员必须修改其运动以尽快到达目标空间间隙，同时尊重演员的动态约束。一旦达到目标间距，参与者应保持该间距，直到相应阶段结束。

（5）保持目标时间间隔

执行此操作的参与者将保持引用实体的目标时间间隔，根据 time headway( ) 方法测量。如果动作开始时参与者在目标时间间隔之外，参与者必须修改其动作以尽快达到目标时间间隔，同时保持参与者的动态约束。一旦达到目标时间间隔，参与者应保持该时间间隔，直到相应阶段结束。

4. 人的动作

人（person）或动物（animal）类型的角色可以通过使用通用动作 walk( ) 结合运动修饰器在场景中移动。此外，一个人（person）或动物（animal）可以执行他们所继承的类的任何动作，如 actions_for_movable_object。这也意味着，使用 along( ) 修饰器可以使一个人（person）或动物（animal）在一条路线（route）上移动（图 6-20）。

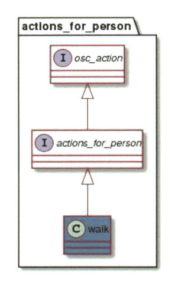

图 6-20 人的动作

（1）运动动作的修饰器

物理对象的运动（包括车辆和行人）是通过运动动作指定的。这些指定的动作可以通过使用运动修饰器进行调整。

这些修饰器可以应用于一般的运动动作，如 move( )、drive( ) 或 +walk( )，或专门的运动动作，如 +change_speed( )、change_lane( ) 等。用户可以自由地组合修饰器和动作，只要这种组合能够为行为者的行为提供一套一致的约束。这些修饰器必须作为其他动作修饰器的成员出现，或者作为运动动作的成员出现在 with 之后。

（2）形状对象描述

形状是将一些修饰器的行为描述为时间的函数的一种方式，它能够对角色的动作进行精细的控制。any_shape 是形状层次的基础结构。它包含 duration( ) 函数，用于返回该形状的持续时间。

具体的形状类型实现了它们的形状 compute( ) 函数，该函数将时间作为一个参数并返回作为时间函数的当前值。特定的形状对象可以有额外的任意属性。

形状层次结构的定义如下：

```
struct any_shape:

    def duration() -> duration in none

struct any_acceleration_shape inherits any_shape:

    def compute(time) -> acceleration is none


struct any_speed_shape  any_shape:

    def compute(time) -> speed is none


struct any_position_shape inherits any_shape:

    def compute(time) -> length is none


struct any_lateral_shape inherits any_shape:

    def compute(time) -> length is none
```

OSC2.0 还为常见的机动提供了预定义的形状，这些形状使用一个 dynamic_profile 参数和一个峰值 peek 参数。峰值是问题量的一阶导数所要达到的最大值。

（3）绝对或相对移动修改器

设置速度、位置或车道的场景修改器可以是绝对或相对的。绝对和相对速度修改器如下：

```
position([10..20]meter, at: start) # Absolute distance from the start of the path
speed([10..15]kph, faster_than: vehicle1) # Relative
lane(same_as: vehicle1) # Relative
```

相对的版本需要两个车辆平行移动。它们也可以有多个参数，如 faster_than 和 slower_than，但你最多可以指定一个。这两个约束在编译时被检查。这些修改器有一个跟踪参数，指定车辆是对被引用车辆的实际行为还是对其预期行为做出反应。默认情况下，车辆对被参考车辆的实际行为做出反应，但可能会出现你希望被参考的车辆的行为方式被车辆忽略的情况。在这些情况下，你可以要求车辆跟踪被参考车辆的预测行为。例如，考虑以下场景中第二阶段的 l2: lane( ) 和 p2:position( ) 修改器。

运动修改器如下：

```
do serial():
    phase1: parallel(duration: [1.5..3]second):
        d1: dut.vehicle.drive()
        d2: vehicle1.drive()
    phase2: parallel(duration: [1.5..3]second):
        d3: dut.vehicle.drive()
        d4: vehicle1.drive() with:
            speed(speed: [30..200]kph)
            l1: lane(side_of: dut.vehicle, at: start)
            p1: position(time: [0.5..1]second, ahead_of: dut.vehicle, at: start)
            l2: lane(same_as: dut.vehicle, at: end)
            p2: position(time: [1.5..2]second, ahead_of: dut.vehicle, at: end)
```

由于这些修改器的存在，在第二阶段结束时，会发生这种情况：车辆1在与主车同一车道上结束，即使主车已经改变了车道；车辆1在主车之前结束，即使它已经加速了。

这种行为可能正是你所期望的，但也许你的意图是：车辆1在p2阶段开始时主车所在的车道上结束；车辆1的结束比主车提前 [1.5...2]s，如果它继续以p2阶段开始时的速度行驶的话。

在这种情况下，将最后两行改为**适应行为**：

```
l2: lane(same_as: dut.vehicle, at: end, track: projected)
p2: position(time: [1.5..2]second, ahead_of: dut.vehicle, at: end, track: projected)
```

5. 复合类型

1）结构体 3D 位置：x、y、z 方向三维位置的复合类型。

2）结构体 position_celestial_hcs：方位角和仰角（水平坐标系）的复合类型。y 轴方向为 0°，x 轴方向为 90°。这意味着，如果 x 轴和 y 轴分别映射到东部和北部，则北部为 0°，东部为 90°。水平坐标系的原点与世界坐标系的原点相同。

3）结构体 3D 方向：使用 Tait-Bryan 角度滚动、俯仰和偏航的物体三维定向的复合类型。按照 ISO 8855 的定义，首先进行偏航（围绕 z 轴）、第二次俯仰（围绕新的 y 轴）和第三次滚动（围绕新的 x 轴）旋转。

4）结构体 3D 姿态：三维空间中姿态的复合类型，包括三维位置和方向的复合类型。

5）结构体 3D 平移速度：x、y、z 方向三维平移速度的复合类型。

6）结构体 3D 方向速率：使用 Tait-Bryan 角滚动、俯仰和偏航的物体三维定向速率的复合类型。按照 ISO 8855 的定义，首先进行偏航（围绕 z 轴）、第二次俯仰（围绕新的 y 轴）和第三次滚动（围绕新的 x 轴）旋转。

7）结构体 3D 速度：速度的复合类型，包括三维平移速度和定向率的复合类型。

8）结构体 3D 平移加速度：复合型，用于 x、y、z 方向的三维平移加速度。

9）结构体 3D 方向加速度：使用 Tait-Bryan 角（滚动、俯仰和偏航）对物体进行三维定向加速的复合类型。按照 ISO 8855 的定义，首先进行偏航（围绕 z 轴）、第二次俯仰（围绕新的 y 轴）和第三次滚动（围绕新的 x 轴）旋转。

10）结构体 3D 加速度：复合加速度类型，包括三维平移和定向加速度的复合类型。

6.4.3 场景语法

1. 语义 Semantics

本节主要阐述 OpenSCENARIO 2.0 中场景、场景修改器和动作的行为语义。OpenSCENARIO 2.0 是一种基于声明和约束的语言，其描述的场景模型既可以定义一个具体的行为，也可以定义整个行为组。这些行为组可以拥有不同的参数值，如车辆速度、场景持续时间或环境条件等。因此，OpenSCENARIO 2.0 中语义的定义也具有声明性，且基于时序状态集的可接受性。

该标准没有提供任何操作性语义，OpenSCENARIO 2.0 模型中没有规定如何执行下一步。只要给定了 OpenSCENARIO 2.0 模型，任何操作性语义都是有效的，前提是它根据声明性语义生成的时序状态集被模型所接受。OpenSCENARIO 2.0 模型不提供任何操作性语义的一个原因是，不同的用例可能需要不同的操作语义：在使用的过程中，有的用例可能只需要使用到 OpenSCENARIO 2.0 定义的多个时序状态集中的一个，而有的用例则为了覆盖更大参数空间而用到了多个时序状态集。

（1）语义基础 Semantic foundation

时序状态集是一种发生在交通系统或其模型（如交通模拟）中的时序行为。OpenSCENARIO 2.0 模型（或简称为场景模型）是一棵由组合场景和动作组成的树，其限定了时序状态集的范围，该范围以外的时序状态集都会被拒绝（图 6-21）。

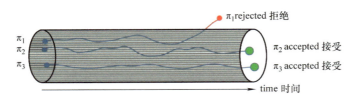

图 6-21 时序状态集如何被 OSC2 模型接受

如图 6-21 所示,OpenSCENARIO 2.0 模型的可接受的时序状态集范围被表示为一个管道,管道之内的时序状态集可被接受,之外则被拒绝。

时序状态集是否被接受与测试用例的测试结果无关。如果一个 OpenSCENARIO 2.0 模型拒绝一个时序状态集,则意味着该时序状态集超出了 OpenSCENARIO 2.0 模型的接受范围。测试用例的测试仅针对位于 OpenSCENARIO 2.0 模型接受范围内的时序状态集。

当约束条件中存在矛盾时,OpenSCENARIO 2.0 可接受的时序状态集为空集,此时可认为该 OpenSCENARIO 2.0 模型不一致。例如,同时要求汽车行驶速度超过 50km/h 且慢于 50km/h。在测试设置中,也可能由于被测试车辆导致时序状态集被拒绝。这是因为测试系统认为被测车辆不可控制,可能迫使交通系统出现违反 OpenSCENARIO 2.0 模型约束条件的状况。此外,因为与 OpenSCENARIO 2.0 模型一同工作的相关驾驶员模型和物理模型也会影响到交通系统中相关对象的行为,所以这些相关联的模型也会对 OpenSCENARIO 2.0 模型的正常工作产生影响。

以下将对一些关键概念进行更为准确的定义。

(2)执行器系统 Actorsystem

OpenSCENARIO 2.0 模型定义了一个由执行器对象组成的系统,相关执行器对象可以是包括车辆在内的移动对象,也可以是静态或虚拟的对象。这些执行器共同组成的系统即为执行器系统或交通系统。每个执行器对象都由一组属性来定义。每一个属性的参数取值都有一定的范围(即域),且可以是离散值(如枚举值),可以是连续值(如速度、加速度)。域也可以是复合类型(如结构类型或者执行器类型)。

(3)状态 State

执行器系统的状态是演员对象的属性都被赋值的演员系统。赋值是从该属性的参数取值范围内取一个数值并赋给演员的相关属性的映射过程。$\theta(o, \rho, t)=v$ 即为在 t 时刻,将演员对象 o 的属性 ρ 的值确定为 v 的赋值过程。

(4)时序状态集 Trace

时序状态集 π 是由时间上连续的若干个演员系统状态组成的。$\pi(t)$ 表示 t 时刻对应的演员系统状态，t 为实数，表示 π 是一个方程，即 π : R → S，其中 S 表示状态集。状态序列的长度是任意但有限的。

时序状态集中的所有状态均属于同一个演员系统，仅其属性的具体取值会随着时间发生变化。

注意：$π[t_a, t_b]$ 是时序状态集 π 的一个子集，其起始时间为 t_a，终止时间为 t_b，也就是说，它包含了 t_a 到 t_b 之间 π 的所有状态。

（5）行为调用树 Behavior invocation tree

一个 OpenSCENARIO 2.0 模型仅有一个主场景，其可调用一个或多个其他行为，行为（behavior）可以是一个场景（scenario），也可以是一个动作（action）。每一个被调用的场景亦可调用其他的行为。动作是行为的最基本形式，即在一个 OpenSCENARIO 2.0 模型中，动作不包含其他行为。场景调用关系让 OpenSCENARIO 2.0 模型中存在行为调用树，其根部是主场景，叶子是行为调用，其他的中间节点为场景调用。

（6）行为和行为调用 Behaviors versus behavior invocations

场景（scenario）和场景调用（scenario invocation）的关系如下：

1）场景也称场景类型（scenario type）或场景声明（scenario declaration），表示的是一系列可能的行为（时序状态集），其涉及处于某些演员系统中的某些演员对象。

2）场景调用指的是一个场景调用另一个场景，也是一种行为。在调用场景的时候，发起调用操作的场景（父场景）可能会添加一些额外的约束，这对于被调场景（子场景）相关的演员对象尤为重要。相关约束可以约束子场景中属性取值的范围，使其与演员系统中的相关演员对象相匹配。此外，父场景可能控制子场景的持续时间。例如，当一个场景控制车辆进行一定动作的时候，可能会调用超车场景，并指定被超的是哪一个具体车辆，同时也可能控制该操作的执行时刻、持续时长、超车时的速度等。因此，从语义角度讲，场景调用决定了这些行为应当何时发生。

从图 6-22 中可以看出，被子场景接受的时序状态集是被父场景接受的时序状态集的子集。每次调用都会对相关时序状态集添加必要的约束。

场景和场景调用的关系同样也适用于动作相关概念，即动作和动作调用之间的关系和场景与场景调用之间的关系相似，但是动作不能调用其他场景或动作，因为动作是不可分的（它是行为的最基本形式）。由于场景和动作都属于行为，我们常将场景调用和行为调用统一称为行为调用。

（7）时序状态集合的接受问题 Accepting a trace

该问题主要关于场景接受时序状态集的不同条件。对于 OpenSCENARIO 2.0 模型，当且仅当主场景能够接受某时序状态集的时候，方可认为该模型接受该时序状态集；换言之，当且仅当，该时序状态集是主场景所描述的若干可行行为中的一个时，该结论才成立。例如，该时序状态集是否满足该场景中所有时间和数值上的约束；是否所有行为调用都接受该时序状态集的子集。

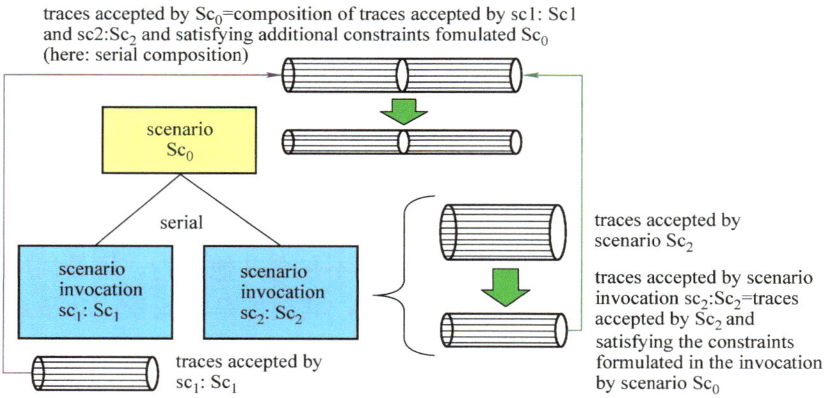

图 6-22 一个时序状态集能否被某场景接受，取决于该场景引用的子场景是否都接受该时序状态集的相关子集

2. 场景 Scenario

场景可描述交通系统中的一个或者多个演员的行为，它分为以下部分：组合算子、场景属性及其绑定关系、场景约束、时间约束。每一部分都会对时序状态集的接受问题添加必要的条件。

（1）组合算子 Composition operators

一个场景可以使用以下三个组合算子来调用一个或多个行为（场景或动作）：串行组合、平行组合、取一组合（即从一个场景集中至少有一个可以工作）。此外，在执行的过程中，一个场景还可以在 do 部分中直接激活一个简单场景或动作。

在接下来的内容中，将给出这三个组合算子的定义，并涉及"直接调用"的语义说明。语义是相对于接受时序状态集的条件而言的。关于组合问题，场景需要满足以下条件：位于一个右时间区间内的一个时序状态集 $\pi[t_{start}, t_{end}]$，该时间区间的左右时刻分别为开始时刻 t_{start} 和结束时刻 t_{end}。

在正式表达中，需要引入向左的三角符号 ◁。该三角符号表示一个场景调用另一个场景，或者一个场景是其他场景的组合。例如，$S_{c0} \triangleleft b_1:B_1$ 表示场景 S_{c0} 直接调用了 B_1 类型的行为 b_1；$S_{c0} \triangleleft serial(b_1:B_1, b_2:B_2)$ 表示场景 S_{c0} 是一个串行组合场景，调用的行为包括 $b_1:B_1$ 和 $b_2:B_2$。

在接下来的内容中，我们将看到时序状态集的可接受性仅针对持续时长非

0 的行为（即 0 时长行为）。例如，发出行为（emit action）便被排除在时序状态集的接受条件之外。然而，0 时长行为会从另一个方面影响到时序状态集的接受性。相关内容将在特定章节予以特别讲解。

直接调用 Directinvocation 说明如下：

```
scenario vehicle.accelerate:
    target_speed : speed
    do drive() with:
        speed(speed: target_speed, at: end)
```

场景可以在 do 部分中直接调用一个简单场景或动作。其中，行为 drive( ) 是这个场景的父行为，它由速度修改器调用。该修改器给定了该驾驶动作执行结束时（也是这个场景结束时），车辆需要达到的目标速度。场景 $S_{c0} \triangleleft b_1:B_1$（$S_{c0}$ 进行了直接场景调用 $b_1:B_1$）当且仅当 $b_1:B_1$ 接受时序状态集 $\pi[t_a, t_b)$ 时，才会接受 $\pi[t_a, t_b)$。

1) 串行组合（Serial composition）：场景可以调用一个或多个行为。接下来的例子中，场景 two_phases 设定了车辆的两个驾驶阶段：第一个阶段（phase 1）的开始时刻，车辆为停止状态（speed=0km/h），而结束时刻，车辆速度为 10km/h；第二个阶段（phase 2）开始时刻，车辆的实际速度位于 10km/h 和 15km/h 之间，这个串行的行为调用持续的时间必须在 10～30s 之内。示例如下：

```
scenario vehicle.two_phases:
    do serial (duration : [10 .. 30]s):
        phase1: drive() with:
            speed(speed: 0kph, at: start)
            speed(speed: 10kph, at: end)

        phase2: drive() with:
            speed(speed: [10..15]kph)
```

在这个例子中，没有对被调行为的持续时间进行约束。因此，场景接受任何满足以下条件的时序状态集：

① 时序状态集的持续时间必须在 10 到 30s 内。
② 时序状态集必须描述某辆车的行为。
③ 车辆必须从停止状态下开始启动（phase 1）。
④ 在某一时刻，车速达到 10km/h。
⑤ 然后，车辆持续行驶，且车速位于 10～15km/h 之间（phase 2）。

注意：在第一阶段内，车速不一定单调变化。某时刻的车速可能大于 10km/h 或小于 10km/h，只要速度在这个时间段内一度达到 10km/h 即可。

对于一个由 n 个行为调用组成的串行组合场景，其接受一个时许状态集的条件是，该时序状态集可分为 n 个部分，从而让第 i 个场景调用可以接受第 i 个时序状态子集。如果一个串行组合场景规定了最大和最小持续时间，则该时序状态集的持续时间必须在该范围之内。

接下来给出一个更加简练的定义，该定义中涉及最大和最小持续时间：Δ_{min} 为最小持续时间（默认为 0）；Δ_{max} 为最大持续时间（默认为 ∞）。

场景 $S_{c0} \lhd$ serial$[\Delta_{min}, \Delta_{max}](b_1:B_1, b_2:B_2)$ 接受时序状态集 $\pi[t_0, t_n)$ 的条件为：$\Delta_{min} \leqslant (t_n - t_0) \leqslant \Delta_{max}$ 并且存在时刻 $t_1, \cdots, t_{n-1}$ 满足 $t_1 < t_2 < \cdots < t_{n-1} < t_n$，从而让行为调用 $b_i:B_i$ 接受时序状态集 $\pi[t_{i-1}, t_i)$，且 $i \in 1, 2, \cdots, n$。

2）取一组合 One of composition：取一组合算子可从一个场景集中找到一个满足需求的场景。该场景集合中至少包括两个场景：在接下来的例子中，车辆要么留在车道 lane 0，并从 100km/h 降速到 0km/h；要么从车道 lane 0 换道至 lane 1，并将车速保持在 60 ~ 100km/h 之间。因此，该车辆要么在车道线 lane 0 中减速到 0（例如，遇见一个障碍物），要么换道（从而避开障碍物），并继续行驶。持续时间约束为，两个场景时长均在 10 ~ 30s 之间。

3）平行组合 Parallel composition：平行组合算子用于描述两个或多个场景重叠或并行的情况。该算子涉及两次及其以上行为调用。第一次行为调用被称为主行为调用，其他均为次行为调用。该算子工作时需要设置四个参数：

① 重叠（overlap）：用于指定重叠的类型，包括起止点重叠（equal）、起点重叠（start）、终点重叠（end）、起点包含重叠（initial）、最后重点包含重叠（final）、主包次重叠（inside）、次包主重叠（full）和任意重叠（any）。默认为起点重叠（start）。

② 开始到开始（start-to-start）：用于指定主行为调用和次行为调用的开始时刻之间存在的偏移量。此参数为可选项。

③ 结束到结束（end-to-end）：用于指定主行为调用和次行为调用结束时刻存在之间的偏移量。此参数为可选项。

④ 持续时间（duration）：用于指定平行行为调用的总持续时间。总持续时间以第一个被调用行为的开始时刻为起始时刻，以最后一个被调用行为的结束时刻为终止时刻。此参数为可选项。

下面是一个平行组合算子的例子：重叠参数语义（Overlap parameter semantics）。

如果一个场景使用并行算子 parallel(equal) 引用了多个行为，则所有被引用行为的开始和结束时刻都相同，所有被调用行为都是全程同时发生的。

其他的重叠类型的要求相对宽松。重叠类型 start 是重叠类型的默认值，其要求各个被调行为的起始时刻相同，而结束时刻不一定相同。与 start 相反的重叠类型是 end。此时，各个被调行为的结束时刻相同，而开始时刻不一定相同。

重叠类型 initial 和 final 要求次行为调用覆盖主行为调用的起始时刻或终止时刻。

图 6-23 中描述的是主行为调用和次行为调用之间为并列或重叠关系时可能涉及的重叠类型，包括 equal、start、end、initial 和 final。

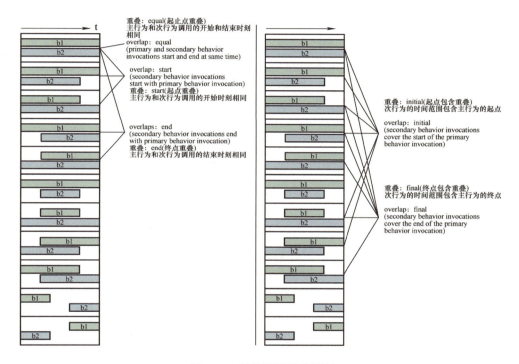

图 6-23　行为调用重叠情况

重叠类型 inside 的含义是，次行为调用的时间段完全被主行为调用的时间段覆盖。重叠类型 full 则正好相反，它要求主行为调用的时间段被次行为调用的时间段完全覆盖。重叠类型 any 的意思是主次行为调用之间至少存在一个点是重叠的。图 6-24 中包括 inside、full、any 三种重叠类型。

（2）场景属性及绑定关系 Scenario fields and bindings

想要检查一个场景是否接受某个时序状态集，必须保证该时序状态集中各个状态下，场景及其属性必须与相关对象之间具有相关性。如果一个场景接受了某个时序状态集，则一定存在一个与这些对象相关的属性绑定关系，它可将场景属性与相关状态下的对象绑定在一起。以下将对场景属性绑定关系的概念和必要条件进行详述。

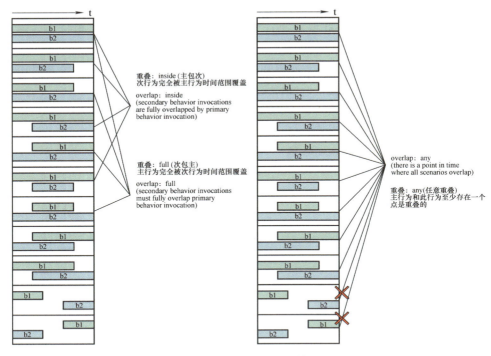

图 6-24 行为调用重叠情况

时序状态集合 π 在 t 时刻的系统状态 π(t) 由演员对象集组成。OpenSCENARIO 2.0 模型中定义这些演员对象的类型的方式与场景或场景修改器相似，都不是直接描述演员对象，而是使用基于 OpenSCENARIO 2.0 模型中的概念描述演员对象的行为。这些类型被称作场景模型类型（scenario model types）。

场景的某些属性由演员对象的类型或场景模型的类型直接决定，并且场景属性可以是参数（parameters）或变量 (variables)。若希望让一个场景接受某一时序状态集，则场景参数和演员对象类型之间必然存在一定的绑定关系。该绑定关系与系统对象相对应，并且在整个场景周期内都不变。

例如，假设场景 S_c 中涉及的演员对象类型参数为 $P^{sys}=p_1^{sys}, \cdots, p_n^{sys}$。该场景接受时序状态集 $\pi[t_a, t_b]$ 的条件是，存在一个关于演员对象类型参数的绑定关系 $b_{S_c}^{sys}:P^{sys} \to O$。该绑定关系是从场景中的演员类型参数 P^{sys} 到演员对象 O 的映射，该映射是整体上的，且非单射，也非满射。在 $t \in [t_a, t_b]$ 时刻，该映射关系对于任意系统状态 π(t) 都适用。换言之，该绑定关系在时间区间 $[t_a, t_b]$ 内不会发生变化，并且相关演员对象在 $[t_a, t_b]$ 内不会消失。

在组合场景中，调用场景的时候可以对被调场景中的值进行约束或赋值。对于组合算子中包含的约束条件，被调场景（子场景）接受时序状态集（或子集的条件是，被调场景可以满足父场景对时序状态集施加的所有约束。

场景对演员对象和被接受的时序状态集的取值施加的绑定关系被称为该场景的场景例（scenario instance）。场景属性绑定关系指的是场景例和参数绑定关系。有的时候，行为调用关系指的就是一个由场景例组成的树。这些场景例包括一个场景状态（位于图 6-25 的中间位置）。该场景状态对应一个系统状态（位于图 6-25 的下方）。图 6-25 的上方是一个涉及两辆车的超车场景。实际上，该系统状态中的两辆车位于图 6-25 的底部。主场景给定了两个参数：车辆类型 car 和场景类型 Car.overtake。车 c1 被指定为超车车辆，且该车为 Car.overtake 场景中的主车。车 c2 被指定为被超车辆。

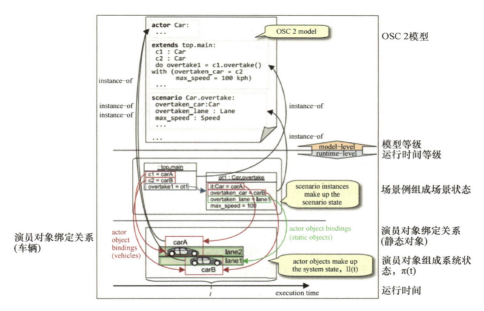

图 6-25　OpenSCENARIO 2 的场景直行过程中涉及的场景与属性绑定关系

因此，场景例中就包含了将演员对象类型与演员对象绑定在一起的绑定关系：第一，存在一个主场景 top.main，该场景中参数 c1 和 c2 分别与 carA 和 carB 绑定在一起。该主场景也对引用的 Car.overtake 场景进行了约束。约束的方式是主参数 it 必须与 top.main.c1，即 carA 等同；参数 overtaken_car 必须与 top.main.c2，即 carB 等同。

调用 Car.overtake 的是 top.main，其并不约束 overtaken_lane 的值。因此，overtaken_lane 会被赋予一个随机数，并用于约束车道线。

（3）场景约束 Scenario constraints

以下将讲述场景约束如何影响 OpenSCENARIO 2 模型中时序状态集的接受

情况。

约束的核心是一种布尔运算,其限制各个对象各个属性的取值。默认情况下,只要约束的声明有效,该约束就会持续对相关对象进行约束。在被约束对象的整个生命周期内,其属性参数必须始终满足约束条件。此外,也可以使用关键字 at 来设定相关约束的有效时间区间。

假设一个父场景 Sc_p 引用了一个场景 sc:Sc(sc 的类型为 Sc,则需要考虑三种约束:由被调场景的类型 Sc 设置的约束 C_{Sc};在父场景调用场景 Sc_p 时使用修改器设置的约束,表示为 $C_{sc:Sc}$;其他由父场景 Sc_p 设置的约束,表示为 S_{Scp}。

当父场景 Sc_p 调用另一个场景 Sc 时,这三个约束集:C_{Sc}、$C_{sc:Sc}$ 和 C_{Scp},必然在场景调用 sc:Sc 的整个生命周期内都有效。

场景调用 sc:Sc 接受时序状态集的条件是,该时序状态集满足约束条件 C_{Sc} 和 $C_{sc:Sc}$,存在一个限制场景属性中演员系统属性值的绑定关系,只有当时序状态集中的所有状态都满足这一绑定关系的时候,它才可以被接受。

当出现以下情况的时候,时序状态集会被拒绝:

1)约束之间存在的矛盾。当存在明显的约束矛盾时,如 keep(speed>10km/h) 和 keep(speed<10km/h) 作用在同一辆车上,当不同的并行场景同时对某个演员施加相互矛盾的约束时,也会出现类似问题。也存在较为复杂的情况,例如,假设一个约束要求一辆车与前车的距离不得小于某一值,当前车加速行驶时,可能会导致后车被迫加速,从而导致最大速度超过限值。

2)由于其他行为的限制导致一些约束无法同时满足。例如,场景约束与从该场景中直接或间接地调用的基本动作所隐含的约束之间存在冲突。对于基本动作而言,可以接受的时序状态集不一定会被调用这一动作的场景所拒绝。约束条件也可能与特定的行为模型(如驾驶员模型)发生冲突。

由于执行器的持续时间超过被调场景的持续时间,相关场景中产生的属性约束和演员自身的属性约束之间存在一定不同。较为灵活的处理方式是在场景中对演员属性进行约束,示例如下:

```
scenario car.drive_fast():
    do:
        drive() with:
            keep (actor.speed == 150kph)    # The constraint only holds    当这个场景被调用的时候,
                                             # when this scenario is invoked  这个约束就会生效

scenario car.drive_fast_then_slow():
    do serial:
        drive_fast()                         # The constraint on the car speed to the  这个将车辆速度为
                                             # value of 150kph is valid only for      150kph的约束条件仅
                                             # this sub-scenario of serial            对串行场景的子场景内
                                                                                      车辆有效
        drive() with:
```

```
keep (actor.speed < 150kph)    # Fine since previous constraint is no
                                # longer required to hold
```
新的约束条件取代此前的约束条件

上面的场景很难通过直接约束演员属性来实现，示例如下：

```
actor fast_car extends car with:
    keep(it.speed == 150kph)           # This constraint always holds for each fast car
scenario car.drive_fast_then_fail_to_slow():
    do serial:
        drive()
        drive() with:
            keep(actor.speed < 150kph)  # ERROR if the scenario is invoked on an
                                         # instance of fast_car.
```
此约束对于每一个快车fast_car都有效

如果此场景被调用到快车faset_car上，会报错

（4）时间约束 Time constraints

时间约束可以在以下语言结构中表达：

1）组合算子：当使用组合算子将不同的行为组合在一起的时候，如串行、并行时，组合后的行为的持续时间可以使用"duration"参数进行约束。

2）行为调用：当从主模型中调用行为，如 drive（行驶）或 changeLane（换道）时，可以使用修改器（modifier）中的"duration"参数约束该行为的持续时间。

3）行为等待时间：当某一段时间内，约束不起作用的时候，可以使用 wait 动作进行设置。注意，wait 动作也可能在等待某一事件发生时被调用，这个动作的语义会在下文事件（event）相关内容中予以说明。

① 使用持续时间编辑器调用动作：当调用动作编辑器的时候，会用到持续时间编辑器。该编辑器设置相关动作的持续时间，从而对相关时序状态集合进行约束。

② 有时间约束的等待动作（wait）：带有时间约束的 wait 动作可对场景的某个阶段产生作用。在该动作生效的时候，任何事情都可能发生。它仅需要保证相关时序状态集与等待事件相对应，即相关时序状态集的持续时长正确。

3. 事件 Events

下文主要关于事件以及事件相关的动作如何影响时序状态集允许的行为，这些动作包括发出（emit）、等待（wait）或直到（until）。主要内容包括：事件与时序状态集如何匹配工作；带有事件的时序状态集，即时序状态事件集对于场景有什么影响；如何使用事件实现相关动作（如发出、等待）。

OpenSCENARIO 2.0 中的事件有四个来源：场景在其开始和结束的时候分别会激活开始（start）和结束（end）两个事件；场景可以直接使用发出（emit）动作直接激活相关事件。场景可以将一个事件的触发绑定到另一个事件上（事件条

件，例如一个布尔表达式或上升 rise/ 下降 fall/ 消失 elapse 条件均可与另一个事件相结合)，这些都可以实现激活一个事件导致另一个事件被激活的效果；外部函数也可以触发事件，例如，连接到外部仿真应用程序的外部函数可让事件在该外部模拟应用程序中的特定条件下发生。

事件是一种很抽象的对象，这意味着它们仅可以用作语言中的一种控制机制，用于在特定时间点对相关值进行约束，或对各个场景的相对事件进行约束，或设置调用外部函数的时间点。在 OpenSCENARIO 2.0 模型中，各个事件在所建立的交通系统中不一定相同，触发条件也不一定相同。例如，假设某个场景在车辆达到了一定速度的时候就结束；但是，也可能在一系列场景中，各个场景之间并不是某一个结束了，然后另一个才开始的情况，而是各个场景之间存在重叠的情况。以鸣笛事件为例。在一个交通系统中，一辆车发出的鸣笛信号可能被一个不需要对鸣笛事件进行建模的 OpenSCENARIO 模型接收到。因此，定义一个称为 honk（鸣笛）的事件，并不意味着在该模型中一定有一辆车发出了鸣笛信号。这种事件必须首先被翻译成车辆对象的属性值时才可以真正起作用。或者说，鸣笛事件可能会调用一个外部函数，该外部函数可能在外部仿真工具中产生一个鸣笛效果。

事件也可能不包含任何关于其来源的信息，并且在本文所述大部分内容中，各个事件源并没有明显区别。

事件总是在某个时间点上发生，使用事件发生函数（event occurrence function）表示。该函数对每个事件的发生时间点都做了设置。事件发生函数的类型为：$\epsilon : \mathbb{R}_{\geqslant 0} \to \mathbb{P}(E)$，其中 E 是一个事件集，通过名字和参数值进行区分。$\mathbb{P}(E)$ 表示所有事件集组成的合集。

基于事件发生函数，我们可以使用一个元组 $(\epsilon : \pi)$ 表示时序状态事件集（event trace）。该集合将事件发生函数与时序状态集联合起来，从而为每一个事件分配一个时序状态集中的时间戳。

注意，上面的定义中，在同一时刻不可以发生两个相同的事件。如果在同一时刻，两个场景同时激活两个相同的事件（相同事件拥有相同的名字和参数值），会导致只有一个事件真正生效。如果想要两个事件分开发生，那么就必须修改参数，从而将两个事件区分开。再次以鸣笛事件为例。鸣笛事件中需要用一个参数指定发出鸣笛的车辆。另外还需注意，当两个或多个事件同时发生时，次序不分先后。

基于此前定义的时序状态事件集，我们现在讨论相对于事件的时序状态集的接受问题。

（1）时序状态集的接受问题和时序状态事件集的连续性（Trace acceptance and event trace consistency）

场景 Sc 接受时序状态集 π 的条件是，存在一个事件发生函数 ϵ 让时序状态事件集 (ϵ : π) 满足以下条件：

1) (ϵ : π) 必须与场景 Sc 保持一致，即 ϵ 按照 π 的时间线将事件安排在以下时间点上：

① 父场景 Sc 直接或间接调用的各个子场景的开始或结束时刻。在这些被调场景起止时刻，必然存在 start 事件和 end 事件。

② 场景 Sc 直接或间接调用发出动作（emit action）的时刻。

③ 相关变量的取值发生变化，进而激活相关事件的时刻。

2) 在 wait-for 事件发生之后，终止已经激活的 wait 动作调用。

3) 当指定事件已经发生时，终止调用带有 until 命令的行为。

接下来对发出事件（emit），等待事件（wait）、直到修改器（until modifier）和开始命令（on-directive）进行详细说明。

（2）发出事件（emit event）

发出动作是一个时长为 0 的动作，它会激发一个事件的发生（该事件可能是另一个场景的触发条件）。在调用一个发出动作之前，必须给出该事件的所有参数。在调用的时候，会对被调事件相关参数进行评估，保证发出的事件的准确性。

发出动作在场景的串行组合中经常出现，因为在场景的串行组合过程中，高等级场景会不断地调用低等级场景。在这种情况下，当前一被调行为终止的时候，发出动作就会激活一个 end 事件。换言之，前一行为调用的 end 事件的发生和发出动作激活的时刻相同。如果一个发出动作前面没有其他行为发生，则会直接或间接地发生在父场景的开始时刻。换言之，此时发出事件必然发生在时序状态集的开始时刻，且该时序状态集必须被相关场景接受。激发动作的耗时为 0，即发出动作的调用在同一时刻开始和结束。

由于发出动作持续时间为 0，因此不存在与发出动作对应的时序状态集（发出动作以及其他时长为 0 的动作都不存在时序状态集的接受问题）。发出动作仅可通过影响时序状态事件集的连续性条件对父场景的时序状态集接受问题产生影响：这要求时序状态事件集 (ϵ, π) 中包含的激发事件生效时刻与发出动作调用发生时刻为同一时刻。

（3）等待事件（wait event）

事件的等待动作可以看作一个同步点，用于延长行为的调用时间，直到所等待的事件（waited-for events）发生。

除了等待下一个行为以外，wait 事件不会产生其他约束。如果在等待的时候需要保持某些约束，则应该在修改器或者在相关并行调用的场景中设定这些约束。

对于时序状态集的接受问题，这需要该时序状态集满足所有由修改器施加的所有约束。除此之外，wait 动作只会通过影响时序状态事件集的连续性来影响父场景对该时序状态集的接受问题：这要求时序状态事件集 (ϵ, π) 仅在 wait 动作调用结束或处于未激活状态的时刻存在 waited-for 事件。

注意：当时序状态集被接受时，不可调用 wait 动作，不会导致任何后续动作的发生。在这种情况下，可以规定调用场景的时间上限。

（4）直到事件 (Until event)

until 命令可以让一个行为调用在另一个事件发生的时刻立即终止。

until 命令也是通过影响时序状态事件集的连续性对时序状态集的接受问题产生影响的：对于时序状态事件集的连续性，事件发生的方式必须如下：使用 until 命令调用的行为必须在另一个指定事件发生的时候立刻终止。

当多个 until 命令作用在同一个被调行为上时，这些 until 命令会被视为一个 until 命令，该 until 命令适用于所有的相关事件：当这些事件中的一个发生时，该调用过程就会被终止。

（5）动作（Actions）

动作是最基本的行为。动作可以由演员执行，并可以被从场景中调用出去。OpenSCENARIO 2.0 中规定了一系列的动作，如 drive( ) 动作。驾驶动作会对调用该动作的相关车辆演员产生一定的约束作用。动作是行为调用树的叶子，因此会从根本上影响行为状态集是否被 OpenSCENARIO 2.0 模型接受。

6.5　自动驾驶仿真动态具体场景

6.5.1　基于 XML 语言的场景架构

每个场景中都包含了三个必要组成方案。

第一个是基本方案：道路网络（RoadNetwork）作为静态交通基础设施，如交通信号灯（TrafficSignals），需由实体（Entity）实例组成，此处的实体实例指的是车辆（Vehicle）和行人（Pedestrian）等道路使用者。这些不同的实体（Entity）实例通过场景剧本（Storyboard）中包含的指令进行互动。仅在极少数情况下，场景未收录道路网络信息（RoadNetwork）。一旦这种情况发生，只能通过笛卡儿坐标系 (Cartesian coordinates) 来确定交通场景中的实体（Entity）实例的位置，或通过改变坐标参数对其进行移动。除此之外，也只能有限地使用 OpenSCENARIO 中定义的各种动作（Action）。

第二个组成方案要求场景剧本（Storyboard）内至少有一个或多个场景内容

（Story）的实例存在。该场景内容（Story）的要素则被置于一个特定结构内，包括：Story（场景内容）、Act（动作集）、ManeuverGroup（操作组）、Maneuver（操作）、Event（事件）、Action（动作）。

第三个组成方案则规定了行动者/演员（Actor）最终采取的动作（Action）是由条件（Condition）来触发的，此处的行动者（Actor）指的是参与动作的实体（Entity）实例。更通俗地讲，触发器（Trigger）会使用条件（Condition）来启动动作集（Act）和事件（Event），或停止动作集（Act）和场景剧本（Storyboard）。因此，条件（Condition）可被认为是用来定义动态行为和交互的基本模块。

除了以上三个必要组成方案以外，场景还被赋予了两个附加的方案，其目的是使场景更易用于不同应用案例。其一是通过目录（Catalog）对OpenSCENARIO各种要素进行归类整理，在目录（Catalog）中归类的要素可被多个场景重复使用，从而避免了多次重复定义相同要素；其二是通过参数声明（ParameterDeclaration）将场景或目录（Catalog）中的具体参数做形象化的定义。

1. 通用方案

（1）单位

本标准中的所有数值均使用SI（国际单位制）单位，除非另有标注。使用ISO 8601基本符号来规定时间和日期，其格式为："yyyy-MM-dd 'T' HH:mm:ss '.' FFFZ"。此处的"T"会再次用作时间分割符，而"."将用作对于毫秒部分的分隔符。以中欧时区（CET）2011-03-10 11:23:56作为参考，该标准将输出以下格式：2011-03-10T11:23:56.000+0100。

（2）命名

场景描述中要素可以通过其名称被引用。为了确保所有引用可以正确地被解析，需遵循下述的名称搜索规则：名称搜索从所被引用名称开始，从上至下，检索包括所有不同场景层级。

每个层级的要素名称在该级中必须保持唯一性，也就是说不能有多个具有相同名称的要素存在。例如，在一个场景内容（Story）中，每个动作集（Act）必须使用唯一的名称（"MyStory1"："MyAct1"，"MyAct2"…），但是动作集的名称可能会在另一个场景内容（"MyStory2"："MyAct1"，"MyAct2"…）被引用。

如果引用的名称是全局范围内唯一的，则可将其直接引用；如果引用的名称不是全局范围内唯一的，则必须提供足够的名称前缀以使该名称拥有其唯一性。

名称前缀由封闭要素的名称加分隔符' :: '组成，通过添加名称前缀从而形成新的名称引用。因此可以得出一个结论，就是名称本身不包含分隔符' :: '。通过说明直接封闭要素的名称可消除名称的二义性，从而在给定前缀的要素中能更加准确地找到所需名称。

为了建立全局唯一的名称引用，需要给不同层级中的封闭要素名称前加入上级封闭要素的名称作为前缀，在特殊情况下，甚至需要用到元要素名称。

如果引用并不能遵循唯一性原则，例如，指定的名称前缀太少而无法完全消除二义性，这将会导致查找结果错误。

（3）道路网络和环境模型

为了确保能够正确地描述道路使用者的行为，OpenSCENARIO 需要引用道路网络逻辑的描述。此外，也可以引用 3D 模型的形式对环境进行几何和视觉重现。以上的引用建立于道路网络（RoadNetwork）的描述中。例如，OpenDRIVE 的文件格式就常被用来对道路网络逻辑进行描述。

场景创建者经常需要参考道路网络中定义的项（例如，指挥车辆在特定车道上行驶）。OpenSCENARIO 并不强制在这些外部引用中使用 OpenSCENARIO 本身的命名系统，只要在引用时，这些要素继续使用原文件格式分配的名称即可。

以下道路网络的内容可在 OpenSCENARIO 中使用：自定义的道路、道路内的车道、交通信号灯、交通信号灯控制器。

如前所述，OpenSCENARIO 支持用 OpenDRIVE 格式对道路网络进行描述 + [<<opendrive,1>>]+。此格式描述了与道路结构有关的逻辑信息，如道路标识 ID、车道标识 ID 和道路几何形状。这些信息可用于标识定位在道路上行动的实体实例以及定位交通参与者。如果使用 OpenDRIVE 来再现道路网络，其车道序列需与 OpenSCENARIO 文件中的车道序列进行匹配。

除了引用道路网络描述之外，也可以在场景描述中引用能够再现环境的 3D 模型。3D 模型包含了几何及材质纹理等视觉信息，完整再现了虚拟环境（包括路面）。场景中引用的 3D 模型有以下应用案例：图像渲染、物理建模和传感器仿真。这些 3D 模型的文件属于 OpenSCENARIO 格式中的外部要素。

（4）控制器

控制器（Controller）可以被分配给场景目标（ScenarioObject），如车辆或行人等。在完成分配后，控制器启动动作（ActivateControllerAction）会针对横向或纵向域而激活控制器。

在执行控制器激活动作（ActivateControllerAction）时，被分配给该场景目标（ScenarioObject）的控制器（Controller）将得到其领域的管理权。控制器可以是内部的（仿真器的一部分）或外部的（在另一个文件中）。控制器的设想应用案例包括：

1）车辆需由待测系统来控制的说明。

2）定义"智能执行者"的行为。控制器 Controller 将对道路网络和 / 或其他车辆通过智能决策做出响应。因此，控制器的用途之一是让场景中的代理（agents）做出与类似人类的行为。

3)分配一辆车让其进入人为接管模式。

控制器包含多种属性（Properties），这些属性将用于直接或借助文件（File）引用而对控制器行为进行详细说明。

（5）路径

路径（Route）用于对实体实例进行导航，其方式则是通过基于道路上的航点（Waypoint）列表来生成定向的路径。仿真器将利用其路径策略（RouteStrategy）来限制实体实例在航点中的运动。一对航点之间可能有不止一种运动方式。如果是这种情况，将只采用该对航点中的后一个指定的路径策略。请注意，此策略的实现方式在仿真器之间可能会有所不同。为了创建明确的路径，用户必须规定足够数量的航点。只要航点能够描述明确的路线，相应的路径会输出一维的 s 坐标系，从而能够进行明确的定位。

在执行获取位置动作（AcquirePositionAction）或赋予路径动作（AssignRouteAction）后，路径（Route）会被分配给行动者（Actor）。分配结束后，它们将继续被保留在原位置，直到另一条路径覆盖它们为止。

如果实体（Entity）已在行进路径中，通常会在到达路口时继续跟进同一条路径。不管怎样，参与到行进路径中的动作并不是横向的动作，它不会覆盖或建立新的横向动作。这意味着如果相应的实体在错误的车道中或被定义了冲突性的横向行为，例如，动作包含了运动轨迹（Trajectory），在这种情况下路径不会被继续跟进。因此当发生这些情况时，路径会被作为无视处理。

如果一个实体（Entity）正在接近道路交界处并且不在路径上，或者在一条不能被继续跟随的路径上，那么将从可用选项中随机选择是否要继续跟随这条道路。

当一条路径多次通过同一个路段，便可启用其他附加的规则，如图 6-26 所示。该示例中的路径由四个相连接的航点（方框中）组成。用红色标出的路径部分被访问过两次。航点 1 和航点 3 之间，航点 3 和航点 5 之间的链接各被访问了一次。使用以下规则可避免实体陷入无限循环：

1）如果实体（Entity）位于一条道路上，且该道路归属航点（Waypoint）之间的多个连接线，则应将其视为在尚未使用的最初（earliest）的连接线上。

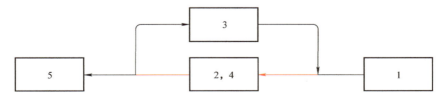

图 6-26　路径多次通过同一个路段

2）如果实体（Entity）在航点 2 之前参与到路径（Route）中，则该实体将被认定为是位于航点 1 和航点 2 之间的连接线上（而不是在航点 3 和航点 4 之间）。

3）实体（Entity）将依次使用当前连接线之后的下一条连接线。

4）如果某个实体在航点 3 之后加入路径，它将依次进入航点 4，然后是航点 5。

5）当实体（Entity）离开然后重新参与到路径（Route）中或到达最终航点（Waypoint）时，任何先前接触的航点都应被做忽略处理。

6）如果实体（Entity）在到达航点 4 之后被传送到航点 1 上，其对路径（Route）的跟踪将恢复到初始状态。

（6）运动轨迹

运动轨迹（Trajectory）实例可通过数学公式来精准定义及预测实体（Entity）运动的轨迹。以下不同的数学模型可用于规划活动路线：Polyline（通过链接多个线段实现）；Clothoid（Euler 螺旋曲线，即曲率线性增加的曲线）；任意阶的非均匀有理 B-Splines 曲线（Nurbs）。

通过使用 Nurbs 曲线，可以直接或使用任意近似值来展示最相关的路线：Nurbs 曲线建立了严格的曲线超集，其涵盖了 Bézier 曲线、分段 Bézier 曲线或非有理 B-Spline。以上曲线均可简单地映射到相应的 Nurbs 曲线上。此外，Nurbs 曲线可直接支持圆锥形截面（如圆形和椭圆形）的展示，因此可使用与 Clothoid 曲线相似的弧线样条（arc spline）作为替代。

Nurbs 曲线的另一个优点是可以相对轻松地完成给定导数的连续性：可以对 k 阶（即 k + 1 阶）的 Nurbs 曲线在每个节点区间和 k-M-1 的节点无限连续地进行区分，节点中的 M 代表了节点的倍数，也就是说连贯的节点向量要素可被赋予相同价值。

常用的 Nurbs 曲线是二次（阶数 =3）和三次（阶数 =4）方的曲线，通常为了确保较高阶导数的连续性，我们只需要使用较高阶的曲线。由于评估会根据较高阶曲线而需要满足更多算力需求，所以我们会建议在可能的情况下去降低运动轨迹（Trajectory）实例的阶数。

运动轨迹实例的详细说明可以仅通过三个位置维度（沿 X、Y 和 Z 轴）来实现。另一种方式则为使用包含三个位置维度和三个旋转维度（航向角、俯仰角和横摆角）的六个完整维度来对运动轨迹进行详细说明。使用第二种方式，路线不仅会详细说明实体沿着路线运动的情况，同时对相应实体在其运动期间的方向也会做出详细说明。

此外，无论是否考虑时间维度，都可以详细说明运动轨迹实例，以便对实体的纵向域进行详细说明或做出单独的说明：其中包含时间维度的运动轨迹可以完全说明实体的运动,包括其速度;而没有包含时间维度的轨迹不会说明在路线上的速度,因此速度可以额外被控制。

虽然运动轨迹通过数学方法精确定义了运动路线,采用了其运动路线的动作仍会影响相关的实体。实体可严格跟随这一路线,或在实体运动规则允许的情况下,将路线用于引导控制器。

(7)坐标系

根据 ISO 8855:2011 [4+]+ 的规定,坐标系包含三个相互垂直方向的集及与其关联的 X、Y、Z 轴(轴系)和一个坐标原点。OpenSCENARIO 有两种主要类型的坐标系:

1)符合 ISO 8855:2011 的右手坐标系,其方向通过航向角(Yaw)-俯仰角(Pitch)-横摆角(Roll)这样的旋转序列展现,如图 6-27 所示。

图 6-27　符合 ISO 8855:2011 右手坐标系中的航向角、俯仰角和横摆角

2)基于道路的右手坐标系是由两个坐标轴定义的,其一是道路的参考线(s 轴,红色),其二为与其垂直的 t 轴,箭头指向左方如图 6-28 所示。

(8)交通仿真

除了定义实体实例的确定性行为外,OpenSCENARIO 还可以定义随机或模糊行为。这类定义可以用于例如建立场景内或实体实例周围的交通环境,从而进一步增加场景整体的真实性,并在场景排序中引入更多的变化,

图 6-28　基于道路的 s-t 坐标系,其坐标原点位于道路起点

以及定义交通环境的参数(如交通密度)。在实现的过程中,可以使用交通动作(TrafficAction)来定义周围的智能交通代理,也可以借助交通动作对交通源、交通接收点和交通群集的参数进行详细说明。

OpenSCENARIO 中的交通动作(TrafficAction)并不规定智能交通代理将执行哪些操作。与之相反的是,这些动作(Action)规定了由外部交通仿真模型控制的车辆的初始化或结束。和启动控制器动作(ActivateControllerAction)一样,被生成的交通参与者将根据其相应的驾驶员模型来做出相应路径决策。

2. 场景的组成

（1）场景剧本

在 OpenSCENARIO 中，场景剧本（Storyboard）涵盖了完整的场景描述。场景剧本这个概念的结构和命名与戏剧之类的叙事小说中的经典叙事方式有异曲同工之意。场景剧本回答了场景中"谁"在"什么时候"做"什么"这些基本问题。每个场景剧本包含一个初始化要素（Init），其次是一个或多个场景内容（Story）要素。Init 主要用于设定场景的初始条件，例如实体实例的位置和速度。在本节中并不对条件行为进行说明。场景内容允许场景创建者对不同详情进行分组，场景作者可将这些详情分组到更高的层次结构中，从而达到在大型场景中提供结构的目的。

与叙事小说一样，OpenSCENARIO 中的场景内容（Story）实例包含动作集（Act），它们定义了执行动作（Action）所需的条件组。动作集专注于回答诸如事情在场景内容时间线中何时发生这一问题。这可以通过动作集的两个功能来实现：启动触发器（startTrigger）和停止触发器（stopTrigger）。只有在启动触发器的判定为真时，动作集所包含的操作组（ManeuverGroup）才能被执行。

操作组是动作集的一部分，它很好解答了哪个实体实例（谁）在场景中作为行动者（Actor）被分配到操作（Maneuver）这一问题。操作组中还包含了目录（Catalog）的引用，以便能够再次使用已有的 Maneuver。关于这个方案详情请参见 Catalogs 相关内容。

操作（Maneuver）定义了场景中正在发生什么"事情"，它们相当于 Event 可以共享的公共范围。在该范围之内，事件会通过触发动作（Action）以及给定的用户定义的条件（Condition）来控制仿真的世界及相关的实体（Entity）实例。

场景剧本（Storyboard）是整体最高层次结构的名称，如图 6-29 所示，它涵盖了到目前为止介绍过的所有要素。

（2）实体

在一个场景中，实体（Entity）实例是那些可以随着时间的流逝动态地改变位置的目标物体。其他目标（MiscObject）是非车辆或行人的实体实例。其他目标组包括以下对象类（与 OpenDRIVE 格式相同）：none（无）、obstacle（障碍物）、pole（杆子）、tree（树）、vegetation（植物）、barrier（屏障）、building（建筑）、parkingSpace（停车位）、patch（修补）、railing（栏杆）、trafficIsland（交通岛）、crosswalk（人行横道）、streetLamp（路灯）、gantry（起重机架）、soundBarrier（隔声设备）、wind（风）、roadMark（道路标识）。

实体实例可在场景格式中被详细说明，属性则特定于其不同的类型。例如，车辆（Vehicle）是一个实体实例，它拥有诸如车辆类别（vehicleCategory）和性能（performance）之类的属性；而行人（Pedestrian）是通过诸如模型（model）、体重（mass）和名称（name）之类的属性而定的。

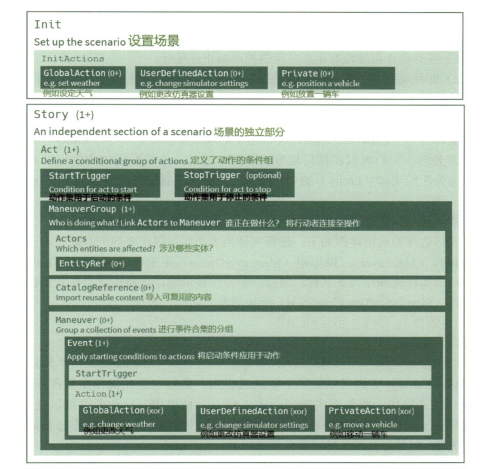

图 6-29 场景剧本的结构展示

动作（Action）可以影响并改变实体（Entity）的状态，例如实体的位置（Position）、速度或控制器（Controller）。另外，在触发动作前可先查询实体的状态。

在 OpenSCENARIO 中，实体（Entity）实例被分为两组：实体（Entity）描述一个特定的对象；实体选择（EntitySelection）描述实体实例的列表。

（3）对实体的运动控制

通过动作（Action），用户分配的控制器或默认控制器可以对实体的运动进行控制。每个实体都被默认为持有一个默认控制器，当动作或用户分配的控制器无法进行时，它将接管横向和/或纵向的运动范围。

默认控制器将保持实体的速度和控制车道偏移。当以下两种情况发生时，默认控制器将监视实体的横向和/或纵向运动范围：

1）没有动作以及没有用户分配的控制器正在运行。

2）即使动作和/或用户指定的控制器正在运行，但并未产生一个横向或纵向运动范围时。

（4）实体选择

实体选择（EntitySelection）可以用于对场景中存在的实体（Entity）实例进行快速分组，它们可以在任何地方被引用。通过一个被引用的实例可以立即将新状态分配给实体（Entity）的多个实例，其汇总信息也可作为触发器（Trigger）使用。

实体选择也可以通过场景中任意目标对象的组合而有目的地生成。

实体选择的应用案例如下：选择实体的多个实例以便在同一时间实现一个特定的操作（Maneuver），操作组（ManeuverGroup）中的行动者（Actor）可以直接使用该实体选择作为其名称，继而一个操作被创建，该操作将会在某个仿真时间条件（SimulationTimeCondition）下被触发。

3. 操作组、动作、事件和操作

（1）操作组

一个根据其操作组（ManeuverGroup）中的操作（Maneuver）而单独挑选出的实体（Entity）实例可以被用于驱动或引用。实体实例在操作中发挥作用前，会被分组并将作为操作组中的行动者（Actor）被引用。行动者组可以是空的，这种现象发生在当操作组中的操作引发了动作（Action），而该动作与实体实例并无关联，但却与外部世界或仿真状态相关。

实体引用（EntityRef）要素可以用于定义行动者。此要素会被合并到一个开放列表中并用于定义已知操作组所属的行动者。一份行动者的名单可能包含了多个不同类别的实体引用的实例。另外，如果选择触发实体（selectTriggeringEntities）选项处于激活状态，则可以在触发时将实体的其他实例添加到行动者中。

实体引用要素对现存的实体和操作组中的行动者进行了明确的配对，并通过在要素中详细说明所需实体的名称来实现配对。实体引用的使用方式适用于在场景被定义后，所关注的实体已经明确的情况。

当行动者的选择依赖于运行时的信息而因此无法得知场景是否在此刻被定义时，便可使用选择触发实体属性。

当操作组中行动者包含的选择触发实体属性为真，只要实体实例的状态用于条件（判定为真）中的逻辑表达式，并且该状态存在于同样为真的条件组中，所有这些实体的实例会被添加到用于形成行动者的实体选择（EntitySelection）中。

此外，如果实体引用和选择触发实体的组合也被设定为真，最终的行动者将会是两者的结合。

最后，操作组（ManeuverGroup）和最大执行数（maximumExecutionCount）的共同定义将会详细说明操作组应运行的次数，每一次的结束转换（endTransition）都将同时增加一次运行次数。

（2）动作

动作（Action）用于创建或修改场景的动态要素，如车辆横向动态的变化或一天中时间的变化。动作分为三类：PrivateActions（专属动作）、GlobalActions（全局动作）、UserDefinedActions（用户定义的动作）。

在场景的初始化阶段，动作（Action）负责设置动态对象、环境、基础设施等的初始状态；在场景的任何后续阶段中，事件（Event）被触发，从而引发动作执行。在下文内容中，我们会简要解释 OpenSCENARIO 定义的动作（Action）的子类型。

1）专属动作（PrivateAction）：必须被分配给实体（Entity）的实例，通过专属动作，可对场景中的实体的运动、位置及可视性进行描述。此外，它也可以定义实体实例的纵向或横向动态行为，如速度或车道变化。PrivateAction 包括以下类型：

① 纵向动作：控制驶向目标的速度或相对距离。速度动作（SpeedAction）是由加速度曲线（dynamicShape）等定义的，而纵向距离动作（longitudinalDistanceAction）是通过实际距离或前进时间（如使用 timeGap）设置的。

② 横向动作：通过使用变道动作（LaneChangeAction）或车道偏移动作（LaneOffsetAction）可以确定车道内的横向位置。两种动作都支持相对和绝对的动作目标的引用。对于变道动作来说，相对目标引用的方式不同于绝对目标的引用。此处车辆（Vehicle）的 Xv 轴将用作引用的方向，如果变换车道与车辆的正 Yv 轴对齐，则评定为正。因此，正相变换车道将会把对应的车辆沿着 Yv 轴的正方向移动到下一实际车道。道路中心线不能算作车道，因此不在此计算之内。最后，通过使用横向距离动作（LateralDistanceAction）可以确定与对象之间的横向距离。横向动力学可受限制于任何单个横向动作（LateralAction）。

③ 可视性动作：通过传感器或其他交通参与者来启用/禁用实体的可检测性以及图像生成器中的可视性。

④ 同步动作：在接管一个实体的纵向控制权以使其到达其应达的位置的同时，也可让一个参照实体到达指定的参照位置上。受控实体可以通过调整其相对于参照实体的速度，进而满足显性位置边界条件及隐性时间边界条件。另外，受控实体除了需要到达其相应位置之外，也可以选择性地被赋予最终速度（FinalSpeed）。这个最终速度是受控实体到达目的地时应具有的速度。它可以设

定为绝对值或根据相对于参照实体进行说明。

当发生以下任何一种情况时，同步动作（SynchronizeAction）将会终止：当受控实体到达了参考位置时，无论参照实体的状态和位置如何，动作都将结束；当受控实体无论出于何种原因无法到达其目的地时，动作都将结束。

同步动作不会影响路径选择或受控实体的横向行为。换句话说，其目的地应位于默认行为和/或其他附加动作所定义的实体规划的路径上。

同步动作的目的是实现特定的重复性交通情况，这些情况可允许弹性的初始条件和不可预测的车辆行为，例如人类驾驶员在环的情况。

图 6-30 中的示例描写了如何通过使用同步动作制造交通妨碍的情景，图中带有颜色的圆点代表了各自相应的目的地，这也是同步动作的终点。

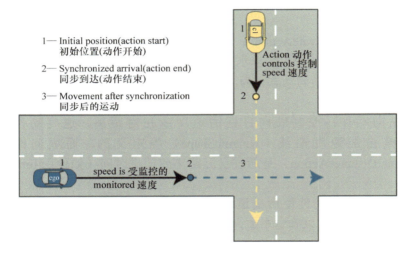

图 6-30 同步动作（SynchronizeAction）如何触发交通妨碍者的情景

无论参照实体（蓝色本车）何时到达其目的地（蓝色圆点），受控实体（黄色的 c1）都会到达其目的地（黄色圆点），继而完成同步。随着同步动作的终止，同步也会停止默认行为或任何其他动作会促使受控实体移动到交叉路口，从而让参照实体陷入危险情境中。尽管如此，参照实体仍有机会能够避免碰撞。

与先前的示例略微不同的是，图 6-31 中着重展示的同步动作也适用于受控实体同时执行横向操作，例如，跟随指定的路径或变道。

图 6-32 展示了本车被其他车辆不同程度包围的情景，同步动作可将图中目标聚集到道路网络中的特定位置，从而对如前车紧急制动等事件进行演示。

此示例展示了四个实体（c1 ~ c4）的受控实例。每个实例都拥有自己的相对于本车（蓝色车辆）的同步动作（SynchronizeAction）。

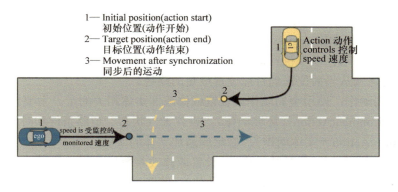

图 6-31　同步动作与路径选择的搭配使用

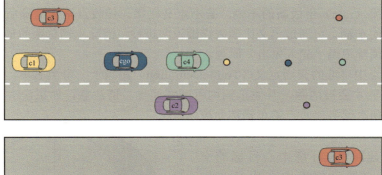

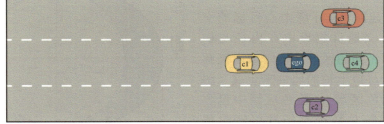

图 6-32　同步动作聚集示例

⑤ 激活控制器动作：针对纵向域、横向域或两个域的，显性地激活 / 反激活控制器（Controller）模型。

⑥ 控制器动作：将驾驶员模型分配给车辆类型的实体实例或一个用于其他实例实例运动行为的模型。控制器动作（ControllerAction）也可用于覆盖控制信号，如请求制动。

⑦ 传送动作：对实体在场景中的位置或目的地进行定义。目标位置可以被认为是绝对坐标或相对于其他实体实例的坐标。

⑧ 路径选择动作：以下介绍了三种路径选择的方法，其用于详细说明实体

Entity 应跟随的路径 Route：分配路径动作，在道路网络中使用航点（Waypoint）和路径策略（RouteStrategy）；跟随动作运动轨迹动作，使用端点、时机（可选）和相应的插值策略；获取位置动作，为相应实体说明目标位置，该实体旨在选择一条沿着道路网从当前位置到目标位置最短的路径。

2）全局动作：使用全局动作来设置或修改非实体相关的量。主要包括：

① EnvironmentAction（环境动作）：设置天气状态、道路条件和时间。

② EntityAction（实体动作）：撤除或添加实体的实例。

③ ParameterAction（参数动作）：设置或修改参数值。

④ InfrastructureAction（道路设施动作）：设置或修改交通信号的状态或交通信号灯控制器的相位。

⑤ TrafficAction（交通动作）：填入以下种类的背景交通信息：

a. 创建源与接收点：源会创建车辆，接收点则会清除车辆。源按照其要素定义中的比率（rate）生成新的车辆。若不定义比率，接收点则会清除所有在其影响范围内的车辆。可通过定义比率来详细说明每秒可清除车辆总数的最大值。对于车辆的清除遵循"先入先出"原则。

接收点中可选的交通定义（TrafficDefinition）相当于一份黑名单，只有黑名单中的车辆才会被清除，其他车辆则可顺畅通过。请注意，如果没有定义黑名单，那么所有落到接收点的车辆都会被清除。

b. 创建跟随/环绕中心目标的交通群集：交通群集设定在内径与椭圆外轮廓之间的区域，该区域由椭圆的长半轴与短半轴的属性来定义（图6-33 中蓝色区域）。蓝色区域中包含的群集车辆总数绝不超过车辆总数（numberOfVehicles）。若一辆车离开了蓝色区域，该车辆会被清除，也就是说被新生成的车辆取代。

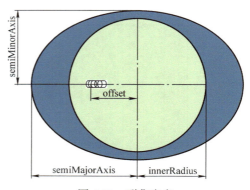

图 6-33　群集定义

由交通群集动作（TrafficSwarmAction）生成的车辆就像其他实体的实例一样，可触发条件（Condition）。通过实体触发器（Trigger）引用这些车辆时，它们也有可能会执行动作（Action），但是由于车辆的名称在仿真中已被规定，所有没有任何一个动作可以通过引用实体的实例显性地被建模。

已生成的车辆集群会根据其驾驶员模型做出路径决策，类似执行激活控制器动作（ActivateControllerAction），车辆集群可以被赋予初始速度（velocity）。如果没有规定速度，将采用当前道路类型的限速。所有要素均运用交通定义

（TrafficDefinition），其中可以通过车辆范畴分布（VehicleCategoryDistribution）来定义已生成或被清除的车辆的分布。一个范畴里实际会生成哪些车辆则取决于仿真器。

3）用户定义动作：用户可以创建用户所属动作，用来执行命令或脚本文件，结合用户定义动作（UserDefinedAction），一个完整的、用户自定义的动作可以在仿真环境中得到执行。

4）冲突动作：在运行时，共存的几个动作争夺同一个资源这种情况可能会引发冲突。一个典型的例子是一个正在控制实体速度的动作与另外一个尝试控制同一实体速度的新动作在控制权上产生了冲突。

在动作（Action）作用于实体选择（EntitySelection）的情况下，若一个实体产生了冲突，那么其他所有在选择范围内的实体实例都会被作为冲突事件对待。如果几个动作对相同领域的相同资源进行争夺，则会被视为相互冲突。举例来说，如果两个速度动作（SpeedAction）同时将相同的实体作为目标，那么它们之间的关系则无一例外地被认为是冲突的。不同类型动作产生的冲突取决于动作之间的关联性，且需要视具体情况来定义。

若一个新触发的动作与一个正在进行的动作产生冲突，那么后者将被覆盖。覆盖一个正在运行的动作相当于下达一个停止触发（stopTrigger）的指令给该动作。

5）动作完成标准：在完成停止转换（stopTransitions）或结束转换（endTransitions）之后，动作（Action）会进入完成状态（completeState）。

某些动作可能无法通过结束转换到达其完成状态。从定义的角度来说，由于这些动作被分配给了一项任务且需要对该任务进行持续性的监督和执行，所以导致了其完成条件的缺失。例如，当速度动作（SpeedAction）中的目标速度（TargetSpeed）设置为连续（continuous）时，此动作就可被划分到此类缺少完成条件的动作中。

无法通过结束转换到达完成状态的动作将对其父级产生影响，从而导致其父级也无法到达完成状态。动作集（Act）或场景剧本（StoryBoard）中的停止触发器（stopTrigger）可以终止此类连续的动作。此外，当冲突的动作覆盖了连续的动作时，后者也会被终止。

6）在实体选择上执行：专属动作（PrivateAction）可能会需要同时控制多个实体。这种情况通常发生在当行动者决定在操作组中使用实体选择（EntitySelection）时。在这个时候，所有与实体相关的实例都应在动作开始的同时被激活。

只有在所有实体的实例都完成了动作中指定的任务时，实体选择中的动作才被认定为已完成。例如，只有在所有五个实体的实例都达到所需速度后，实例的速度动作（SpeedAction）才会完成，此处无须考虑它们分别达到该速度的时间顺序。

出于对所有在实体选择中正在执行的动作的考虑，一旦任何相应的实体实例与新开始的动作产生了冲突，正在执行的动作就会被覆盖，而所有的实体实例将同时退回到默认行为。例如，速度动作 A 拥有五个实体实例的控制权，速度动作 B 启动，目的在于控制 A 动作中的一个实体；但由于动作具有相同的性质，从而造成了冲突，此时动作 A 便会被覆盖；动作 B 随即接管对发生了冲突的实体的控制权，而动作 A 所相关的实体实例则恢复到默认行为。

（3）事件

动作（Action）是单一性的，需要通过组合才能使其在场景中产生有意义的行为。此行为由事件（Event）创建，所以事件可被认作为是动作的容器。事件还包含启动触发器（startTrigger）。启动触发器不仅能决定事件开始的时间，它还可以用于启动事件中的动作。

一般情况下，动作都需要事件来作为包裹容器，只有一个例外：动作在初始（Init）阶段已被单独声明。

最大执行数（maximumExecutionCount）详细说明了事件应运行的次数，运行次数会随着每次结束转换（endTransition）的结束而增加。

事件是可以被参数化的。参数化通过定义同一操作内共存事件的优先级（priority）来实现。每当事件开始时，优先级参数都将作为考虑因素，以确定在同一操作中正在运行的事件会遇到的情况。关于相应优先级的三个选择分别是：

1）覆盖：所有在涉及范围内的其他事件会被停止，该事件则会启动。

2）跳过：该事件一直保持待机状态（standbyState），直到其他事件结束。

3）平行：忽略其他运行中的事件并启动该事件。

场景中定义的每个事件都对应着一个单一的运行实例化，这意味着同一个事件不能同时进行多次实例化。因此，除非事件处于待机状态，不然启动触发器不具备任何意义；相反，每个启动触发器启动一个新的事件实例化则具备意义。

（4）操作

操作（Maneuver）可将事件（Event）组合到一起。目录（Catalog）会收录操作并对其进行定义和参数化，以便能在不同场景中重复使用参数化的操作。操作包含一次或双车道变道、超车等驾驶操作，除此之外，也包含动作的通用组合，例如将其用于仿真天气的变化。

4. 复用机制

（1）参数

在 OpenSCENARIO 中，参数是场景扩展机制的关键。借助参数，场景设计者可以让场景的参数化过程变得更为明确。外部工具可以读取提供的参数，并通过复杂的方法来为参数分配具体值。通过这种扩展方法，场景可以被赋予较大的具体值空间以供使用，例如场景将以不同的速度重新被仿真。

在参数声明（ParameterDeclaration）中，所有场景的参数都必须被定义。每个参数的定义均根据其名称、参数类型（parameterType）以及默认的、类型特定的初始化值而定。参数声明中的参数均通过其各自不带任何前缀的名称来进行声明。在目录引用（CatalogReference）中，值可以分配给在目录（Catalog）中声明的参数。可在场景中对参数进行引用，其中一个目的在于获取它们的值。此处，将通过"$"前缀来识别引用。

OpenSCENARIO 语言要素的每个属性都可包含一个参数。本标准定义了类型校对机制，以确保参数类型（parameterType）的匹配。XML 校验器无法为校对提供保障，因此将由仿真器来执行校对。

对参数的设置和评估发生在仿真加载期间。这些参数不受参数动作（ParameterActions）和参数条件（ParameterConditions）影响，后两者将在仿真运行期间得以实施。

以 OSC 开头的参数名称在之后的 OpenSCENARIO 版本中有特别用途，因此 OSC 被禁止作为参数名称前缀使用。

另外，以下特殊字符也不可以出现在参数名称中：" " (blank space)（空格）、$、'、"。

特殊规则适用于在目录中引用参数（请参阅 3.4.3 节内容）。

（2）目录

对大部分场景要素进行详细描述的工作是必不可少的，但这些描述普遍过于耗时且在使用要素于不同场景时，需要进行多次重复的描述工作。为了避免此类枯燥的工作，目录（Catalog）提供了一个解决方法，将场景特定要素的描述收录进一个单独的文件中，该文件继而可再被场景引用。

尽管使用目录会导致场景文件的技术细节丢失，但目录也会因此而提高要素的复用性和增强场景的可读性。为了在一个目录里详细地引用一个要素，必须在场景里详细说明对目录的引用，且在要使用要素的位置提供目录和特定要素的引用。

有八种不同要素可以在目录里得到描述。所有对象如车辆（Vehicle）、行人（Pedestrian）和其他对象（MiscObject），以及它们相应的控制器（Controller），都可以在目录中被定义。动作运动轨迹（Trajectory）和路径（Route）等导航性质的说明可以存储在目录里。另外，也可以用这种方式处理环境（Environment）和操作（Maneuver）的描述。

（3）目录中的参数

目录文件的目的在于复用以及为存储目录自身的参数提供支持。一个目录里的所有参数都必须在其参数声明（ParameterDeclaration）中，该参数声明会为每一个参数设定一个默认值。在引用一个目录时，可以用目录引用（CatalogReference）里的参数分配（ParameterAssignment）要素来对这些默认值进行覆盖。

例如，一个目录定义可包含以下参数声明：

```
<ParameterDeclarations>
<ParameterDeclaration name = "x" value = "5"/>
<ParameterDeclaration name = "y" value = "7"/>
</ParameterDeclarations>
```

在主要场景中进行引用时，使用目录引用里的一个参数分配来覆盖 x 的值：

```
<CatalogReferencecatalogName = "eg_catalog" entryName = "eg_entry">
<ParameterAssignments>
<ParameterAssignmentparameterRef = "x" value = "0"/>
</ParameterAssignments>
</CatalogReference>
```

这意味着，若将目录用于此用途，任何引用 "$x" 的地方都被 "0" 替代，任何引用 "$y" 的地方都被默认值 "7" 替代。目录中不得引用其他参数。

（4）解析目录引用

目录引用的解析可以通过从名称查找目录来完成，目录内的条目可通过其条目名称（entryName）来解析。目录引用可以为这类特定引用提供参数分配来解析参数。

目录必须在目录文件（如 VehicleCatalog.osc）里被定义。一个目录的实例可以通过其名称（name）属性来查找。

任何有正确目录类型和目录名称的有效目录文件都必须在定义好的文件夹里进行处理，也可以在场景中定义一个含所有目录类型的总目录，包括：VehicleCatalogLocation（车辆目录地点）、ControllerCatalogLocation（控制器目录地点）、PedestrianCatalogLocation（行人目录地点）、MiscObjectCatalogLocation（其他对象目录地点）、EnvironmentCatalogLocation（环境目录地点）、ManeuverCatalogLocation（操作目录地点）、TrajectoryCatalogLocation（运动轨迹目录地点）、RouteCatalogLocation（路径目录地点）。

5. 条件和触发器

场景汇总了一系列有意义的动作（Action），而触发器（Trigger）掌握着对此类动作的控制权。因此，触发器在场景如何衍变方面起着重要作用。同一组动作可以导致多种不同的结果，而这一切都取决于动作被触发的方式。

OpenSCENARIO中的触发器是条件（Condition）组合之后的结果，并且总是真（true）或伪（false）。

在OpenSCENARIO中，条件将作为逻辑表达式的容器，会在运行时对其进行评定且始终为真或伪。条件根据其逻辑表达式的当前和先前评估进行运算，从而生成Boolean（布尔值）输出以供触发器使用。

（1）条件关联

单个条件可能不足以与所需触发器相提并论，因此，在复杂的场景中，单个触发器可能需要使用一整组条件之间的关系。

条件组（ConditionGroup）用于对条件（Condition）进行关联。对条件组的评估通常会在其运行过程中进行，并且只有在所有被关联的条件为真（true）时，其评估结果才能同样是真。反之，条件组则会被判定为伪（false）。由此可见，条件组是一种将任何已知数量的条件捆绑到单个触发器中的方法。

（2）触发器

尽管事实上可能会用多个条件之间的关系来代表所需触发器，但后者并不能在格式中直接等同于触发器。多个条件仍然需要被绑定于条件组。

触发器（Trigger）继而被定义为是由多个条件组得出的关联。只有在至少有一个关联的条件组为真后，触发器才能是真；否则将显示为伪（"或"/OR运算）。

鉴于不同条件组的特性（条件之间的关系是"与"/AND）以及条件组的关联（成员之间的关系是"或"/OR），触发器包含了每个条件之间的关系（与/或运算，AND/OR）的全面映射。

触发器用于启动或停止正在进行的场景要素，并分别作为启动触发器（startTrigger）和停止触发器（stopTrigger）被引用。

1）启动触发器：用于将场景剧本（Storyboard）要素的运行时实例化从待机状态（standbyState）切换到运行状态（runningState）。只有动作集（Act）和事件（Event）配有启动触发器，而任何不配有启动触发器的要素将会从它的父级要素继承该启动触发器。例如，动作集的启动会连带着启动其操作组（ManeuverGroup）和操作（Maneuver），但是并不会牵扯到事件，因为它们配有独立的启动触发器。此外，若事件不属于一个处在运行状态的动作集，那么不能启动该事件。

场景内容（Story）要素不受限于上述规则。考虑到启动仿真等同于是在启动场景内容，因此它并不需要正式的启动触发器。

2）停止触发器：用于将场景剧本要素（StoryboardElement）的运行时实例化从其待机状态（standbyState）或运行状态（runningState）切换到完成状态（completeState）。只有场景内容、动作集要素以及场景剧本要素配有停止触发器stopTrigger。但尽管场景剧本要素配有自己的停止触发器，它们也均从其父级继承停止触发器。例如，如果一个场景内容受停止触发器影响，则其所有动作集也受其影响，即使它们拥有自己的停止触发器。

当停止触发器被继承后，相关的场景剧本要素都需转换到完成状态（停止转换 /stopTransition），并在适用的情况下清除所有剩余的执行次数。如果触发器在要素处于运行状态时生效，该要素的执行则需立即被终止。

3）条件类型：基本的条件类型包含名称（name）、延迟（delay）和条件边缘（conditionEdge）三个基本要素。第一个要素无须再详述，而其他要素则需要声明。

① 延迟。此要素涉及用于从满足条件到报告满足状态之间所需的时间。无须考虑其他可用于定义条件的参数，此要素都会在其输出中定义一个纯延迟。

② 条件边缘。自（该要素）逻辑表达式的先前状态成为条件输出中的一个动态构成部分后，该要素可在条件验证中引进动态部分。

即使逻辑表达式先前为伪（false），只要它现在是真（true），含有上升（rising）边缘的条件将返回真；反之，如果其逻辑表达式先前为真，但现在为伪，含有下降（falling）边缘的条件组将返回伪。在对上升边缘或下降边缘进行了验证后，含有上升或下降（risingOrFalling）边缘的条件组将返回真。

最后，如果条件组的逻辑表达式为真，该含有无（none）的条件组将返回真；如果逻辑表达式是伪，该条件组则是伪。

假如上升边缘参数被设定为上升（rising）、下降（falling）或上升或下降（risingOrFalling），由于逻辑表达式的先前评估并未被定义，因此条件在其第一次校对时也不会被定义。为解决这个问题，所有定义为上升（rising）、下降（falling）或上升或下降（risingOrFalling）的条件都会在仿真器对其进行第一次校对后返回伪。

条件的所有其他要素与其子类型息息相关，ByEntityCondition 和 ByValueCondition 便是其中两个类型。

4）通过实体条件：ByEntityConditions 将使用实体实例的状态来执行条件评估。条件评估可能取决于单个状态的值，或者取决于任何一个给定状态的值与另一个状态的关联；另一个状态指的是与实体实例之间以及实体与道路网络（RoadNetwork）的相应特征之间的、在实体内的状态。

触发实体（TriggeringEntities）的定义对实体条件来说是不可缺少的，其状态将用于条件评估。如果定义了一个以上的触发实体，用户则拥有两种选择用于确定条件何时为真；同样的情况，逻辑表达式的验证需由所有触发实体或至少一个实体来进行。

5）通过值条件：ByValueConditions 等同于某些逻辑表达式，而这些表达式依赖于与实体实例非直接相关的值。值可以是场景状态、时间或交通信号信息。

ByValueConditions 还可根据值的情况为外部条件提供包裹容器，值在此处指的是那些无法从场景中访问且在用户执行时可用的值，例如按钮和自定义信号或指令。

6. 属性

属性（Property）实例作为一种方法，用于对特定于测试实例或特定于应用案例的 OpenSCENARIO 子要素属性进行定义。属性适用于以下类型：Vehicle（车辆）、Pedestrian（行人）、MiscObject（其他对象）、Controller（控制器）、RoadCondition（道路状况）。

属性（Properties）作为容器收录了多个属性（Property）的实例。属性（Properties）的每个定义可以包含一对或多对名称值（即属性的实例）。除此之外，定义还可通过文件（File）机制对外部文件进行引用。因此，属性（Properties）无须对特定于仿真器、硬件和软件设置而开发的功能进行标准化，它已然是一个作用于场景自定义化的强大工具。

属性（Properties）通常用于扩充车辆动力学详细说明、附加的驾驶员行为设置、目标的颜色信息等内容。即使属性（Properties）可能会影响场景的执行（如驾驶员行为），但场景仍然应该在其设定不明的情况下被执行。

7. 场景剧本要素的状态和转换

场景剧本要素（StoryboardElement）的运行时状态标明了运行时实例化的进度。由于运行时状态可用于创建条件（Condition）并确定场景剧本要素与触发器（Trigger）之间的交互方式，因此必须由 OpenSCENARIO 标准来引用运行时状态。由于不同的起点也可以到达相同的状态，所以状态之间的转换也可作为关注点。对于场景开发者来说，状态的到达方式也将作为重要因素。场景剧本要素的状态和转换都由场景剧本要素状态（StoryBoardElementState）来定义。

OpenSCENARIO 认为，场景剧本要素应该始终处于以下三种状态之一：待机、运行和完成（图 6-34）。

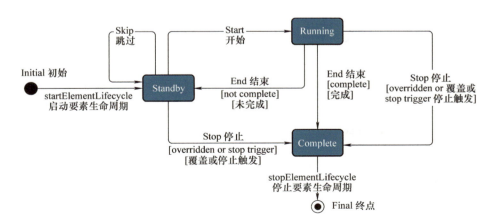

图 6-34　用于 StoryboardElement 运行时实例化的状态机

6.5.2 场景语言特征

1. 场景描述示例

此场景适用于靠左行车交通，也可根据需求对其轻松做出调整。该场景讲述的是：由外部控制的本车（Ego vehicle，简称为 Ego）行驶在城市道路上并驶向一个路口（车辆右侧朝向路口），跟随其后的是 c1 和 c2 两辆会对之产生影响的车辆（两辆车的运动由场景来控制）。第三辆会产生影响的车辆（c3）则在路口等待右转。当本车（Ego）接近路口时，c1 和 c2 开始超车。c3 紧接着开始右转，从而迫使 c1 和 c2 进行紧急制动。图 6-35 标出了以上车辆的初始位置。

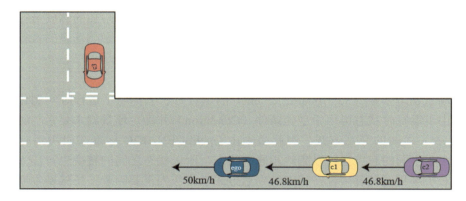

图 6-35　车辆的初始位置

2. 初始段

以下 XML 示例展示了行动（Action）如何利用全局坐标系来定位本车（Ego），类似的行动（未做展示）则用于说明其他车辆的速度和位置：

```
<Storyboard>
<Init>
<Actions>
<Private entityRef = "Ego">
<PrivateAction>
<!-- Set Ego to its initial position -->
<TeleportAction>
<Position>
<WorldPosition x = "-2.51"
                y = "-115.75"
                z = "0"
```

```
                    h = "1.57"
                    p = "0"
                    r = "0" />
            </Position>
        </TeleportAction>
    </PrivateAction>
            ...
    <!-- Similar actions -->
</Private>
</Actions>
</Init>
    ...
</Storyboard>
```

3. 场景内容

场景内容（Story）实例被用来聚类场景中独立的部分，以便对场景进行跟踪。不要求使用多个场景内容，且如果一个动作集（Act）从一个场景内容转移到另外一个，（如果没有命名冲突的话）场景的工作方式并不受影响。下述例子将使用以下两个场景内容实例进行展示：一个场景内容描述超车和紧急制动；另一个则描述右转。这两个场景内容分别被命名为 **AbortedOvertake** 和 **RightTurn**。

场景内容（Story AbortedOvertake）包含两个动作集（Act）：一个用于控制超车行为；另一个则用于控制紧急制动。**RightTurn** 只包含一个单一动作。

以下示例展示了此场景中场景内容实例和动作集的结构：

```
<Story name    = "AbortedOvertake">
<Act name     = "AbortedOvertakeAct1">
        ...
<!-- Act content describing overtakes -->
</Act>
<Act name     = "AbortedOvertakeAct2">
        ...
<!-- Act content describing emergency stops -->
</Act>
</Story>
<Story name = "RightTurn">
<Act name    = "RightTurnAct">
        ...
<!-- Act content describing right turn -->
</Act>
</Story>
```

4. 动作集

包含了操作组（ManeuverGroup）的动作集（Act）确保触发器（Trigger）集将适用于场景大部分内容。这个示例场景在动作集（Act）和事件（Event）层级均配有启动触发器（startTrigger）。在动作集层级，启动触发器被用于启动超车动作。在事件层级，它们则控制事件的执行。虽然也可以在事件层级定义所有的触发器，但这会导致更多更复杂、有时还重复的条件组（ConditionGroup）。

在这个示例中，由于 c1 和 c2 是同时开始超车的，因此将所有跟这两个超车动作相关的内容放到同一个动作集里是更便利的做法。这个动作集被命名为 AbortedOvertakeAct1，它被存储在场景内容（Story AbortedOvertake）里，是 c1 和 c2 换道然后开始加速经过本车（Ego vehicle）的原因。

依照用于触发器（Trigger）应用的定义，可以按照任意顺序执行场景内容（Story）、动作集（Act）、操作组（ManeuverGroup）、操作（Maneuver）和事件（Event）的实例。而且它们在 OpenSCENARIO 中分别出现的顺序亦是无关大局的。

以下示例展示了一个动作集（Act）的结构。这个动作集（Act）会在本车（Ego vehicle）接近路口时触发。前文关于操作组（ManeuverGroup）内容中，已对所属该动作集的车辆动作进行了定义，在此不做过多描述，更多介绍参见本章其他小节。

```xml
<Act name = "RightTurnAct">
<!-- Maneuver Group -->
   ...
<StartTrigger>
<ConditionGroup>
<Condition
           name    = "EgoCloseToJunction"
           delay   = "0"
conditionEdge   = "rising">
<!--ByEntity condition: Ego close to junction -->
           ...
</Condition>
</ConditionGroup>
</StartTrigger>
</Act>
```

停止触发器（stopTrigger）可用于终止动作集（Act）。

5. 操作组

在 AbortedOvertakeAct1 中，被影响的两车将执行相同的动作（Action），但并非所有动作都必须同时发生。例如，当 c1 和 c2 经过本车（Ego）之后，无须考虑对方此刻的行为，它们都应该回到原来的车道上。

通过为每辆车（在以下范例中命名为 c1ManeuverGroup 和 c2ManeuverGroup）使用单独的操作组（ManeuverGroup）即可以做到这个行为。每个操作组分别从目录（Catalog）中给一辆车分配一个操作（Maneuver）。该操作将指挥该车辆变道、加速，继而让该车辆回到原先车道上并行驶在本车（Ego）前面。使用在前文关于"操作组与行动者"（Maneuver groups and Actors）中讨论过的方法也可以达到同样效果。

```
<ManeuverGroup name                = "c1ManeuverGroup"
maximumExecutionCount = "1">
<Actors    selectTriggeringEntities = "false">
<EntityRefentityRef    = "c1"/>
</Actors>
<CatalogReferencecatalogName    = "overtake"
entryName    = "Overtake Ego vehicle">
<!--Parameter assignment -->
...
</CatalogReference>
</ManeuverGroup>

<ManeuverGroup name                = "c2ManeuverGroup"
numberOfExecutions    = "1">
   ...
<!-- similar to above -->
</ManeuverGroup>
```

6. 操作

与场景内容（Story）多实例化相似，使用超过一个操作（Maneuver）从不是必要的。如果在相同的操作组（ManeuverGroup）中，一个事件（Event）从一个操作被挪到另外一个，场景将还是以同样的方式运行。

在 AbortedOvertakeAct1 中，车辆 c1 和 c2 应该使用同一种超车方式，但该超车行为必须由两个不同的操作组要素来详细说明。为此，目录操作（Catalog Maneuver）被赋予了以下定义：

```
<Catalog name = "Overtake">
<Maneuver name = "Overtake Ego Vehicle">
<ParameterDeclarations>
<ParameterDeclaration name = "$OvertakingVehicle"
parameterType = "string"
```

```
                         value = "" />
<!-- "" will be overwritten by scenario -->
</ParameterDeclarations>
<!-- Events to define overtake behaviour -->
<Event > ... </Event>
    ...
</Maneuver>
</Catalog>
```

该定义随即在两个操作组中被引用：

```
<ManeuverGroup  name     = "c1ManeuverGroup"
maximumExecutionCount    = "1">
<Actors  selectTriggeringEntities  = "false">
<EntityRefentityRef   =  "c1"/>
</Actors>
<CatalogReferencecatalogName   = "Overtake"
entryName   = "OvertakeEgoVehicle">
<ParameterAssignments>
<ParameterAssignmentparameterRef = "OvertakingVehicle"
            value = "c1"/>
</ParameterAssignments>
</CatalogReference>
</ManeuverGroup>

<ManeuverGroup  name     = "c2ManeuverGroup"
maximumExecutionCount    = "1">
<Actors    selectTriggeringEntities   = "false">
<EntityRefentityRef   = "c2"/>
</Actors>
<CatalogReferencecatalogName = "Overtake"
entryName   = "OvertakeEgoVehicle">
<ParameterAssignments>
<ParameterAssignmentparameterRef = "OvertakingVehicle"
              value = "c2"/>
</ParameterAssignments>
</CatalogReference>
</ManeuverGroup>
```

目录（Catalog）引用并不定义具体哪辆车来执行动作（Action），因为定义是由操作组（ManeuverGroup）来进行的。尽管如此，仍可通过目录引用中的条件（Condition）而得知正在进行超车的车辆何时可以返回其原车道。这就要求对两辆相关车辆的名称进行说明。要达到此目的，目录引用中需包括含有超车车辆名称的参数。

7. 事件

在这个示例中，变道动作（Action）应该在其父级动作集（Act）被触发时立即启动。由于事件（Events）需要将触发器（Trigger）应用到动作（Actions）上，因此将用一个小条件（Condition）来触发立即的执行。示例如下：

```xml
<Event  name    = "brake event"
    priority   = "overwrite">
    ...
<!-- Emergency stop action -->
<StartTrigger>
<ConditionGroup>
<Condition  name = "StartConditionOfAbortedOvertakeAct2"
                    delay = "0"
conditionEdge = "none">
<ByValueCondition>
<SimulationTimeCondition value = "0"
rule  = "greaterThan"/>
</ByValueCondition>
</Condition>
</ConditionGroup>
</StartTrigger>
</Event>
```

对于其他事件而言，条件用于确保某种状态在动作启动前已然就位。例如，加速事件在车辆已经变道之后才能开始。

6.5.3 案例分析

以下段落包含了 OpenSCENARIO 提供的示例，该示例适用于靠右行车交通。

1. 切入

这一示例描述的交通情况为：在一条直线两车道高速公路的最右车道上，本车（Ego vehicle）正跟随着一辆行驶速度较慢的车辆；同时，一辆速度更快的车辆正从左侧对本车进行超车；超车结束后，速度更快的车辆切入到本车车道上（图 6-36）。

环境条件在初始化阶段就已被设定。本车被实例化在最右车道上，行驶速度为 100km/h。本车前方 84m 地方则出现另一辆车的实例，该车以与本车相同的速度行驶在相同车道上。第二辆车实例的行驶速度为 110km/h，它被放置在本车后侧 100m 的左车道上。

在仿真运行时，第二辆车在超过本车 20m 后，根据规定好的运动轨迹切入到本车车道上。

通过该场景可学会如何使用环境动作（EnvironmentAction）、如何实例化实体（Entity）的实例以及使用事件（Event）、条件（Condition）和运动轨迹（Trajectory）实例。

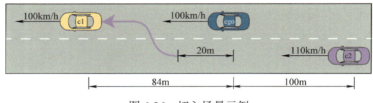

图 6-36　切入场景示例

2. 前方慢速车辆

这一场景描述的交通情况为：在一条弯曲的两车道高速公路上，本车（Ego vehicle）正在靠近相同车道上一辆速度较慢的车（图 6-37）。

环境条件在初始化阶段就已被设定。前车被实例化在最右车道上，其行驶速度固定为 80km/h。相对于前车，本车的实例放置在相同车道上，并以 100km/h 的速度行驶在其后 200m。

通过该场景可学会如何实例化实体（Entity）的实例以及使用参数声明（ParameterDeclaration）。

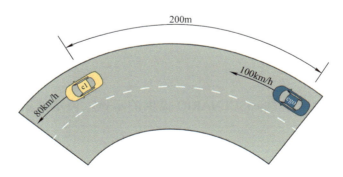

图 6-37　前方慢速场景示例

3. 交通拥堵的结束

这一场景描述的交通情况为：在一条越过斜坡坡峰的直线两车道高速公路上，本车（Ego vehicle）正驶向两辆并行且行驶速度较慢的车（图 6-38）。

环境条件在初始化阶段就已被设定。本车的实例以 100km/h 的固定速度行驶在最右车道上。本车前方 200m,两辆车的实例分别以 80km/h 的速度行驶在最右车道和相邻左边车道上。

仿真运行时,在两辆车分别行驶出 100m/200m 距离后,它们以 5m/s² 的线性方式减速,直到达到 70km/h 的目标速度。

该示例通过平行执行动作集(Act)和使用条件(Condition)来拓展前方慢速车辆示例。

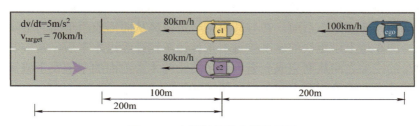

图 6-38 交通拥堵结束场景示例

4. 交通拥堵结束以及占用邻道

这一场景通过在一条阻力较小的三车道高速公路上设置第四辆车来拓展交通拥堵结束场景(End of Traffic Jam)。该高速公路的最左和最右车道都被停泊的车辆占用;第三辆车为了防止与最右车道车辆发生碰撞,需换到中间车道,同时需减速直至完全停下(图 6-39)。

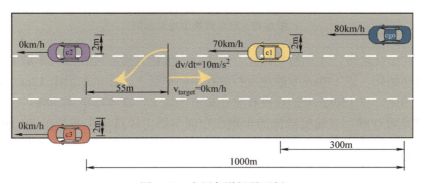

图 6-39 占用邻道场景示例

环境条件在初始化阶段就已被设定。本车(Ego vehicle)的实例以 80km/h 的固定速度行驶在最右车道上。相同道路上本车的前方 300m,一辆车实例的行驶速度为 70km/h。相同道路上本车的前方 1000m,第三辆车的实例处于停泊状态(速度为 0km/h)。紧跟第三辆车的是第四辆车,该车位于本车前方 1000m 的最左车道上。

仿真运行时，当本车的前车以 70km/h 速度接近同车道上的停泊车辆，它将在 55m 的距离处变换左道。同时，前车以 10m/s² 的线性方式减速，直到完全停下。

通过该场景可学会如何实例化实体（Entity）的实例、使用参数声明（ParameterDeclaration）以及平行动作（Action）。

5. 双车道变道

这一场景描述的交通情况为：本车（Ego vehicle）行驶在最右车道上，跟随在另一辆相同速度的车后面，并与其保持一定距离从而形成两车间的空隙；另一辆车在中间车道上以更快的速度接近本车。该车辆在经过本车后，紧接着切入本车与前车的空隙之间从而完成变道；为了防止与本车前面的车辆发生碰撞，该车辆又立即从最右道换回到中间车道（图 6-40）。

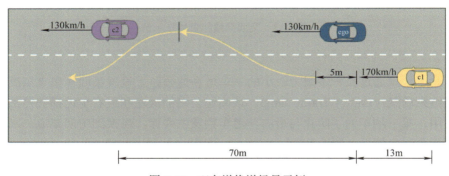

图 6-40 双车道换道场景示例

在初始化阶段，本车被初始化，以 130km/h 的速度行驶在最右车道上。第二辆车被初始化，以 170km/h 的速度行驶在中间车道上，在本车后面 13m。第三辆车被初始化，以 130km/h 的速度行驶在最右车道上，在本车前面 70m。

仿真运行时，当速度较快的车辆在中间车道上经过本车并拉出 5m 距离后，它以正弦曲线式的变道方式换到最右车道。当这个动作完成时，该车辆立即利用另一条正弦曲线换回到中间车道。

通过该场景可学会如何运用笛卡儿坐标系（Cartesian coordinates）来实例化实体（Entity）的实例、使用条件（Condition）以及变道动作（LaneChangeAction）。

6. 利用重新初始化快速超车

这一场景描述的交通情况为：在一条三车道高速公路右车道上，本车（Ego vehicle）正在接近一辆正在减速的货车；当货车开始减速时，一辆正在中间车道上超车的车辆则被初始化（图 6-41）。

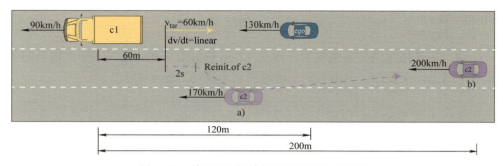

图 6-41 利用重新初始化快速超车场景示例

在初始化阶段，被初始化的本车以 130km/h 的速度行驶在最右车道上。被初始化的一辆货车则以 90km/h 的速度行驶在本车前方 120m 的相同车道上。超车车辆的初始化则会发生在任意位置和方向。

仿真运行时，当本车接近并到达货车 60m 处时，后者以线性方式降速至 60km/h。这一动作将触发并导致中间车道正在超车的车辆进行重新定位，即以 200km/h 在货车后方 200m 行驶。该动作的延迟时间为 2s。

通过该场景可学会如何连续执行动作集（Act）和动作（Action）。

7. 超车者

这一场景描述的交通情况为：本车（Ego vehicle）在一条三车道高速公路的最右车道上，而一辆速度更快的车正在接近它（图 6-42）。

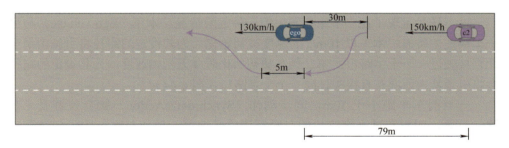

图 6-42 超车场景示例

在初始化阶段，本车被初始化后，以 130km/h 的速度行驶在最右车道上。另一车辆以 150km/h 的速度行驶在本车相同车道上的后方 79m。

仿真运行时，当速度更快的车辆接近本车 30m 处，它便以正弦曲线方式进行向左变道。当该车辆到达了本车前方并拉开 5m 的距离时，它即回到最右车道上。

通过该场景可学会如何使用条件（Condition）和连续执行变道动作（Lane-

ChangeAction）。

8. 交通拥堵

这一场景描述的交通情况为：本车（Ego vehicle）在一条三车道高速公路的最右车道上，正驶向一个由六辆车造成的堵车现场（图6-43）。

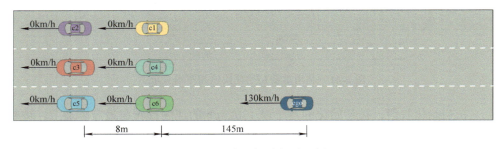

图6-43 交通拥堵场景示例

在初始化阶段，被初始化的本车以130km/h的速度行驶在最左车道上。造成堵车的车辆以0km/h的速度在本车前方145m被初始化。它们两两结成一对，将高速公路的三条车道全部堵塞。每一对车辆与其他两对车辆之间设有8m纵向间隙。

通过该场景可学会如何利用笛卡儿坐标系（Cartesian coordinates）来实例化实体（Entity）的实例。

9. 同步到达十字路口

这一场景重现了在十字路口发生的一种危险情况：本车（Ego vehicle）与另一车辆发生碰撞；本车以10m/s的速度被初始化，为其设定的路径将引领由南至北直接驶过一个十字路口；第二辆车被初始化时并无初始速度，为其设定的路径会将引领其由西向东直接驶过同一个十字路口（图6-44）。

一旦两车车距小于70m，同步动作（SynchronizeAction）就会被触发。在这一阶段，即将穿过十字路口的车辆需调整其速度，以便与本车同时到达同步位置。另外，即将穿过十字路口的车辆的最终速度被限制为7m/s，直到到达同步位置。当两车到达同步位置时，动作视为完成。车辆c1继续默认行为，以7m/s的速度驶过十字路口。通过该场景可学会如何使用同步动作（SynchronizeAction）。

相关概念解释如下：

1）本车：本车（Ego vehicle）指的是作为场景重点的待测车辆。在评估自动驾驶系统时，本车将由被测系统控制。而在实施人类驾驶员的实验时，本车则由人类驾驶员驾驶。要注意的是，一个场景中可以出现零辆、一辆或多辆本车。

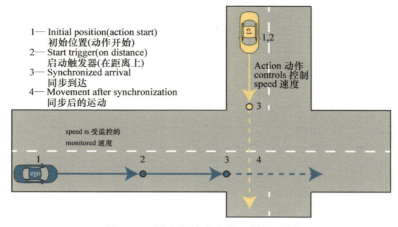

图 6-44 同步到达十字路口场景示例

2)参数化:参数化指的是参数的使用,参数作为符号可在后期根据用户需求或通过随机选择被具体值取代。

3)世界:世界指的是场景空间范围内的所有内容,因此它可以成为场景描述的一部分。

> 基于以上的概念和标准信息,ASAM OpenX 覆盖了整体的研究前言,具备完备的场景测试理念以及仿真方法。在完成了相应的工具应用、打通数据闭环的同时,也为众多企业提供了自身研究和测试的重点。如何有效地将场景信息应用于不同的测试领域,并解决实际的工程应用问题,成为众多标准参与团队的核心诉求。

第7章　OpenX 标准应用案例

随着 ASAM OpenX 标准在全球影响力的提升，自动驾驶场景仿真领域对该标准的应用率也逐年提高，越来越多的主机厂、供应商以及研究机构将 ASAM OpenX 系列标准应用于其产品研发设计过程中。本章收录了国内部分企业应用 ASAM OpenX 系列标准的研究情况，内容涵盖基于该标准的仿真工具开发、仿真场景应用以及自动驾驶功能测试等方面。

7.1　ASAM OpenX 在长安汽车 AEB 和 CutOut 场景中的应用

随着自动驾驶等级的逐渐提高，为了保证自动驾驶系统的安全性和可靠性，越来越多的开发者采用仿真测试来验证系统性能。前车制动场景（AEB）和前车切出场景（CutOut）为两个验证自动驾驶安全性的常用典型场景，本节研究了场景描述方式，通过 OpenDrive 和 OpenSCENARIO 标准文件描述了上述典型测试场景并应用在仿真测试中，从而能够在虚拟环境下充分测试和验证自动驾驶系统的安全性能，极大地降低了道路测试的安全风险和时间成本，加速自动驾驶技术的迭代。

7.1.1　引言

场景作为仿真测试的基础越来越受重视，通常需要针对特定场景如前车紧急制动和前车切出等进行测试。

前车紧急制动场景（Autonomous Emergency Braking，AEB）是一种汽车主动安全技术，通过毫米波雷达、激光雷达、摄像头等传感器检测可能发生的碰撞危险，提醒和警示驾驶员制动，并在必要时主动制动来减轻或避免碰撞。

目前主要测试 AEB 的规程包括各个国家的 NCAP，如 Euro NCAP、C-NCAP、NHTSA NCAP 等，其中 Euro NCAP 所定义的场景最为全面。图 7-1 所示为 Euro NCAP 中的 CCRb 场景。

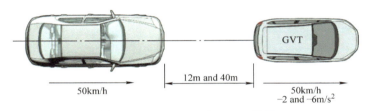

图 7-1　Euro NCAP 中 CCRb 场景

前车切出场景（CutOut）主要考察测试车辆正确识别前车切出状态并更换跟车目标，正确调整车速避免与前方车辆发生碰撞的能力。目前业内在场景库构建工作中也充分考虑了前车切出场景，通过自然驾驶数据的分析来提取场景数据。

为了在仿真环境中充分测试和验证自动驾驶系统在以上两个典型场景中的性能表现，本节首先定义了一种场景描述方式，其次利用 OpenDRIVE 和 OpenSCENARIO 标准文件分别构建了 AEB 和 CutOut 的静态场景和动态场景，最后通过场景可视化工具验证了场景文件的有效性。

7.1.2　场景描述方式

依据 PEGASUS 项目中对场景的定义，将场景分为道路要素、交通基础设施、交通临时管控、交通参与者、环境要素以及 V2X（Vehicle to X）六个维度。本节通过对每个维度进行细分，设计每个维度所包含的要素，从而全面地描述静态场景和动态场景。

1）道路要素层：由道路类型和静态物体两个要素组成。道路类型方面，本节定义了几种典型的道路类型，如直道、弯道、十字路口等，并通过道路层、车道层和交通标线层三个维度的元素来描述；静态物体方面，定义道路上锥桶、水马等障碍物的位置和类型。

2）交通基础设施层：通过定义护栏、交通标识牌、交通信号灯等元素及其属性来构建。

3）交通临时管控层：作用于长时间、连续场景仿真，在单一场景中暂不定义。

4）交通参与者层：由主车状态信息和目标车状态信息两个要素组成。主车状态信息方面，本节定义了其初始位置、初始速度和加速度状态；目标车状态信息方面，定义了目标车类型、初始位置、初始速度、触发行为以及触发方式等，其中触发行为分为纵向行为和横向行为。

5）环境要素层：由天气、光照强度、时间三个要素组成。

6）V2X 层：基于目前单一场景测试需求，该层暂不定义。

根据以上六个维度所包含的场景要素和其范围定义，在 OpenDRIVE、OpenSCENARIO 中设置对应节点属性，可生成场景文件并运用于仿真测试。

7.1.3 基于 OpenX 的场景构建过程

AEB 和 CutOut 的静态场景基于 OpenDRIVE Version1.6 构建，动态场景基于 OpenSCENARIO Version 1.0 构建。其中，AEB 和 CutOut 的静态场景均为单向两车道直道，共用同一个 OpenDrive 文件。

1. OpenDRIVE 构建过程

静态场景为单向两车道直道，道路长度 200m，车道宽度 3.75m，车道中间线为白色虚线，车道边线为白色实线。OpenDrive 主要是通过道路参考线（planView）、高程（elevationProfile 和 lateralProfile）、车道（lanes）、静态物体（Objects）和交通信号标识（Signals）来定义道路。由于 AEB 和 CutOut 的静态场景不涉及高程、静态物体和交通信号标识，故只通过定义道路参考线和车道来构建道路。

（1）构建道路参考线属性

在 OpenDRIVE 文件的 planView 节点下定义道路参考线类型为直线（line），其次定义 geometry 的 <s, x, y, hdg, length>，其中 s 为道路坐标系下的参考线起始坐标，为 0；x 为世界坐标系下的起始横坐标值，可以定义为任意值；y 为世界坐标系下的起始纵坐标值，可以定义为任意值；hdg 为参考线的横摆角，水平为 0；length 为参考线的长度，为 200。示例如下：

```
<planView>
  <geometry s="0" x="−90" y="15" hdg="0" length="200">
    <line/>
```

```
                </geometry>
            </planView>
```

（2）构建车道属性

在 OpenDRIVE 文件的 lanes 节点下定义中心线（center）属性和右车道（right）属性。其中，中心线（center）不需要定义宽度（width），需要定义车道线属性（roadMark），类型（type）为 solid，颜色（color）为 standard，其他属性为默认值。右车道（right）需要定义两个 id（-1，-2，左车道 id 为正，右车道 id 为负），然后定义车道的宽度（width）和车道线属性（roadMark）。以中心线和右车道（id=-1）为例展示 OpenDrive：

```
<lanes>
    <laneSection s="0">
<center>
<lane id="0" type="none" level="false">
<roadMarksOffset="0" type="solid" weight="standard" color="standard" width="0.13" laneChange="none" height="0.02">
</roadMark>
</lane>
</center>
<right>
<lane id="-1" type="driving" level="false">
<width sOffset="0" a="3.75" b="0 " c="0" d="0"/>
<roadMarksOffset="0" type="broken" weight="standard" color="standard" width="0.13" laneChange="both" height="0.02">
</roadMark>
</lane>
</right>
</laneSection>
</lanes>
```

2. OpenSCENARIO 构建过程

（1）AEB 场景构建

OpenSCENARIO 主要是通过文件抬头（FileHeader）、道路文件索引（RoadNetwork）、实体（Entities）和故事（storyboard）来定义动态场景。AEB 的动态场景为自车初始速度为 50km/h，前车初始速度为 50km/h，初始位置是在自车（又称"本车"）正前方 12m 和 40m，前车以某一减速度进行紧急制动。具体构建过程如下：

1）道路文件索引：在 <RoadNetwork> 节点中通过 LogicFile 加载 3.1 构建的 OpenDrive 道路文件。

2）实体定义：Entities 主要是定义车辆的名字、类型、边界范围、轴距尺寸和控制方式。以自车为例，名字为 Ego，车辆类型为 car，其他属性采用默认值。自车的属性定义示例如下：

```
<Entities>
<ScenarioObject name="Ego">
<CatalogReferencecatalogName="VehicleCatalog" entryName="car1"/>
</ScenarioObject>
<ScenarioObject name="Target">
<CatalogReferencecatalogName="VehicleCatalog" entryName="car2"/>
</ScenarioObject>
</Entities>
```

3）故事定义：故事定义由实体初始状态、行为动作和触发条件组成。

4）实体初始状态定义：在 <Init> 节点中定义两辆汽车的初始状态，通过 <PrivateAction> 中的 <LongitudinalAction> 节点来描述两车的初始纵向速度，该场景中两车的初始速度均为 50km/h，即 13.88m/s；通过 <TeleportAction> 节点中的 <LanePosition> 来定义两车的初始位置，该场景的初始相对距离定义为 12m 和 40m。示例如下：

```
<Init>
<Actions>
<Private entityRef="Ego">
<PrivateAction>
<LongitudinalAction>
<SpeedAction>
<SpeedActionDynamicsdynamicsShape="step" value="0" dynamicsDimension="time"/>
<SpeedActionTarget>
<AbsoluteTargetSpeed value="13.88"/>
</SpeedActionTarget>
</SpeedAction>
</LongitudinalAction>
</PrivateAction>
<PrivateAction>
<TeleportAction>
<Position>
<LanePositionroadId="1" laneId="−3" offset="0" s="0"/>
</Position>
</TeleportAction>
</PrivateAction>
</Private>
```

```
<Private entityRef="Target">
<PrivateAction>
<LongitudinalAction>…
</LongitudinalAction>
</PrivateAction>
<PrivateAction>
<TeleportAction>
<Position>
<LanePositionroadId="1" laneId="-3" offset="0" s="40"/>
</Position>
</TeleportAction>
</PrivateAction>
</Private>
</Actions>
</Init>
```

5）实体行为动作定义：该场景中目标车的行为动作为以一定减速度进行制动。在 OpenSCENARIO 中 <Actors> 和 <Maneuver> 节点指定动作发生的主体以及配置实体发生的动作详细情况。该场景主要定义前方车辆制动，并且在仿真开始时达到测试条件。通过 <SpeedAction> 节点定义其加速度变化情况，即 $-2m/s^2$ 和 $-6m/s^2$。示例如下：

```
<Story name="AEB CCRb">
<Act name="Brake">
<ManeuverGroupmaximumExecutionCount="1" name="Target-Brake">
<Actors selectTriggeringEntities="false">
<EntityRefentityRef="Target"/>
</Actors>
<Maneuver name="Target-BrakeManeuver">
<Event name=" Target-BrakeEvent" priority="overwrite">
<Action name=" Target-BrakeAction">
<PrivateAction>
<LongitudinalAction>
<SpeedAction>
<SpeedActionDynamicsdynamicsShape="linear" value="-6.0" dynamicsDimension="rate" />
<SpeedActionTarget>
<AbsoluteTargetSpeed value="0" />
</SpeedActionTarget>
</SpeedAction>
</LongitudinalAction>
</PrivateAction>
```

```
</Action>
<StartTrigger>
……
</StartTrigger>
        </Event>
</Maneuver>
</ManeuverGroup>
</Act>
</Story>
</Storyboard>
```

6)行为触发条件定义:该场景的制动行为在仿真开始时触发,定义行为触发的条件 <Condition> 类型为 rising,条件属性 <ByValueCondition> 的触发规则为仿真时间 <SimulationTimeCondition> 大于 0。示例如下:

```
<StartTrigger>
  <ConditionGroup>
    <Condition name="" delay="0" conditionEdge="rising">
      <ByValueCondition>
        <SimulationTimeCondition value="0" rule="greaterThan"/>
      </ByValueCondition>
    </Condition>
  </ConditionGroup>
</StartTrigger>
```

(2)CutOut 场景构建

OpenSCENARIO 主要是通过文件抬头(FileHeader)、道路文件索引(RoadNetwork)、实体(Entities)和故事板(storyboard)来定义动态场景。CutOut 的动态场景为自车初始速度为 50km/h,前车初始速度为 60km/h,初始位置是在自车正前方 70m,前车向左变道,其中变道轨迹以 5 次多项式方程进行表达。具体构建过程如下:

1)道路文件索引:在 <RoadNetwork> 节点中通过 LogicFile 加载 OpenDrive 道路文件。

2)实体定义:Entities 主要是定义车辆的名字、类型、边界范围、轴距尺寸和控制方式。以自车为例,名字为 Ego,车辆类型为 car,其他属性采用默认值。自车的属性定义示例如下:

```
<Entities>
  <ScenarioObject name="Ego">
    <Vehicle name="Audi_A3_2009_black" vehicleCategory="car">
```

```
            <Performance maxAcceleration="200" maxDeceleration="10.0" maxSpeed="69.444"/>
<BoundingBox>
<Center x="1.5" y="0.0" z="0.9"/>
<Dimensions height="1.8" length="4.5" width="2.1"/>
</BoundingBox>
            <Axles>
<FrontAxlemaxSteering="0.5" positionX="3.1" positionZ="0.3" trackWidth="1.8" wheelDiameter="0.6"/>
<RearAxlemaxSteering="0.0" positionX="0.0" positionZ="0.3" trackWidth="1.8" wheelDiameter="0.6"/>
</Axles>
</Vehicle>
<ObjectController>
<Controller name="DefaultDriver">
</Controller>
</ObjectController>
    </ScenarioObject>
</Entities>
```

3) 故事定义：故事定义由实体初始状态、行为动作和触发条件组成。

4) 实体初始状态定义：以自车初始状态为例，在 <Init> 节点中定义两辆汽车的初始状态。首先在 <Init> 节点下的 Private 中定义车辆的名字为 Ego，其次基于 <TeleportAction> 节点下的 WorldPosition 定义车辆在世界坐标系下的位置坐标，基于 <LongitudinalAction> 节点下的 <SpeedActionDynamics> 定义纵向上的初始速度为 13.889m/s。示例如下：

```
<Private entityRef="Ego">
  <PrivateAction>
    <TeleportAction>
      <Position>
        <WorldPosition h="0" p="0" r="0" x="−129" y="9.40117" z="0"/>
      </Position>
    </TeleportAction>
  </PrivateAction>
  <PrivateAction>
    <LongitudinalAction>
      <SpeedAction>
        <SpeedActionDynamicsdynamicsDimension="time" dynamicsShape="step" value="0"/>
        <SpeedActionTarget>
```

```xml
          <AbsoluteTargetSpeed value="13.889"/>
        </SpeedActionTarget>
      </SpeedAction>
    </LongitudinalAction>
  </PrivateAction>
</Private>
```

5）实体行为动作定义：该场景以 5 次多项式轨迹点的形式定义切出轨迹，首先构建如下 5 次多项式方程来表示变道轨迹：

$$\begin{cases} X = a + a_1 \cdot t + a_2 \cdot t^2 + a_3 \cdot t^3 + a_4 \cdot t^4 + a_5 \cdot t^5 \\ Y = b + b_1 \cdot t + b_2 \cdot t^2 + b_3 \cdot t^3 + b_4 \cdot t^4 + b_5 \cdot t^5 \end{cases}$$

然后，构建通过目标车初始时刻位置（X，Y）坐标、初始时刻横纵向速度、初始时刻横纵向加速度、变道结束时刻位置（X，Y）坐标、变道结束时刻横纵向速度、变道结束时刻横纵向加速度，构建 12 个方程来求解多项式中的 12 个系数，从而得到切出多项式轨迹点。

在 OpenSCENARIO 中需要定义执行该动作的车辆名字为 Player；基于计算得到的多项式变道轨迹点数据，在 <Maneuver> 节点下的 <FollowTrajectoryAction> 定义每个时刻该车辆在世界坐标系下的坐标点数据，包括 <Vertex time="">，<WorldPosition h="" p="" r="" x="" y="" z=""/>；基于 <TimeReference> 节点定义的轨迹位置数据为绝对数据，示例如下：

```xml
<Story name="Cutout">
  <Act name="lanechange">
    <ManeuverGroup maximumExecutionCount="1" name="lanechange">
      <Actors selectTriggeringEntities="true">
        <EntityRef entityRef="Player"/>
      </Actors>
      <Maneuver name="Maneuver1">
        <Event name="Event1" priority="overwrite">
          <Action name="Action1">
            <PrivateAction>
              <RoutingAction>
                <FollowTrajectoryAction>
                  <Trajectory closed="false" name="PedTrajectory">
                    <Shape>
                      <Polyline>
                        <Vertex time="0">
                          <Position>
                            <WorldPosition h="0" p="0" r="0"
```

```
                        x="−57.3048" y="9.4012" z="0"/>
                                        </Position>
                                    </Vertex>
                                    ……
                                </Polyline>
                            </Shape>
                        </Trajectory>
                        <TimeReference>
                            <Timing domainAbsoluteRelative="absolute" offset="0" scale="1"/>
                        </TimeReference>
                        <TrajectoryFollowingModefollowingMode="position"/>
                    </FollowTrajectoryAction>
                    </RoutingAction>
                </PrivateAction>
            </Action>
            <StartTrigger>
            ……
            </StartTrigger>
```

6）行为触发条件定义：该场景的切出行为在仿真开始时触发，定义行为触发的条件 <Condition> 类型为 rising，条件属性 <ByValueCondition> 的触发规则为仿真时间 <SimulationTimeCondition> 大于 0。示例如下：

```
<StartTrigger>
  <ConditionGroup>
    <Condition conditionEdge="rising" delay="0" name="">
      <ByValueCondition>
        <SimulationTimeCondition rule="greaterThan" value="0"/>
      </ByValueCondition>
    </Condition>
  </ConditionGroup>
</StartTrigger>
```

7.1.4 仿真应用效果

1. AEB 应用案例效果

基于上述构建完成的 OpenDrive 和 OpenSCENARIO 文件，运用 esmini 场景可视化工具预览场景文件，自车和目标车均在正确的位置，且目标车能够按照设定的行为动作和触发条件执行，如图 7-2 所示。

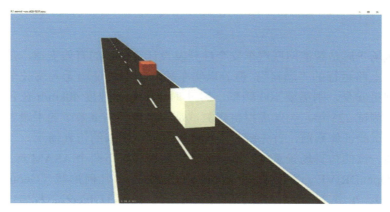

图 7-2　AEB 应用案例效果图

2. CutOut 应用案例效果

基于上述构建完成的 OpenDRIVE 和 OpenSCENARIO 文件，运用 esmini 场景可视化工具预览场景文件，自车和目标车均在正确的位置，且目标车能够按照设定的行为动作和触发条件执行，如图 7-3 所示。

图 7-3　CutOut 应用案例效果图

7.2　中国一汽基于 OpenX 标准的场景重构及试验验证

中国一汽基于自然驾驶数据采集结果，应用 VTD(Virtual Test Drive) 软件，以 ASAM OpenDRIVE 和 OpenSCENARIO 标准为指导，进行仿真场景重构及试验验证。这些重构场景可还原真实数据，可开展仿真测试，并且大大缩减测试验证周期，对自动驾驶功能开发具有重要推进作用。

7.2.1 引言

测试场景库是智能网联汽车安全性开发设计及验证的有效支撑，是保证智能网联汽车上路运行的"燃料"。但若以实车验证方法来证明无人驾驶车辆比普通有人驾驶更安全，则需要 100 辆车、24 小时全天候、速度 40km/h 在各种真实场景下连续测试 225 年，因此虚拟仿真测试是有效提高测试效率的手段。那么在搭建仿真测试验证体系前，首先就是要构建满足测试需求的仿真场景。

中国一汽的仿真场景重构及试验验证主要基于以下两个 ASAM 标准实现：

1）OpenDRIVE：坐标系（Coordinate System）、几何形状（Geometry）、道路（Road）、车道（Lane）、交叉口（Junction）、物体（Object）、标志（Signal）。

2）OpenSCENARIO：场景内容（Story）、动作集（Act）、操作组（Maneuver Group）、操作（Maneuver）、事件（Event）、实体（Entity）、动作（Act）、条件（Condition）、触发器（Trigger）。

7.2.2 基于标准的场景采集与生成流程

1. 采集自然驾驶场景数据

中国一汽的场景数据来源主要基于自然驾驶场景数据采集，采集数据包括但不限于以下内容：

1）本车信息：经纬度、纵向/横向车速、航向角、俯仰角、横摆角、纵向/横向加速度、滑移率。

2）目标车信息：车辆类型、相对本车纵向/横向位置、纵向/横向速度、纵向/横向加速度、车头时距、碰撞时间。

3）环境信息：天气、温度、时段、道路类型、曲率、车道线位置/颜色、标志牌。

2. 手动搭建仿真场景

采集上来的场景数据会根据 OpenDRIVE 和 OpenSCENARIO 标准，参照下述方法手动搭建仿真场景：

1）在 VTD-RoadDesigner 中，参照 OpenDRIVE 标准，构造场景所需的静态交通网络。该过程主要是对道路、车道、交叉路口等进行建模，主要包括：绘制路径、添加车道数量、设置车道宽度及车道线颜色、选取路面材质、添加指示灯牌、宏定义街景及建筑物。如果场景有特殊需求，需添加交叉口、障碍物体、地面标识以及地上标识。输出以 xml 为数据存储格式，扩展名为 .xodr 的工程文件。

2）在 VTD-ScenarioEditor 中，参照 OpenSCENARIO 标准，在已知静态网络

的基础上，搭建动态场景。该过程用于描述多个实体同发生的动作，按照时间序列进行动态建模，主要包括：添加实体、创建路径、设置初始位置、设置触发条件及触发机制、设置各个实体的响应方式等。输出以 xml 为数据存储格式，扩展名为 .xml 的工程文件。

3）最终可在 VTD-GUI 主界面预览场景。中国一汽当前已构建的仿真场景文件包括城市、城郊、高速、停车场以及事故场景等。图 7-4 为 OpenX 工程文件预览结果。

a) 静态地图

b) 动态实体

c) 仿真结果

图 7-4　OpenX 工程文件预览结果

3. 自动生成仿真场景

自动驾驶需求的测试用例层出不穷，若采用穷举法手动搭建难以满足大批量需求，因此有必要开发工具链自动化生成场景。

中国一汽主要采用基于已知数采结果，按照时间序列，逐一读取本车和目标车的位置和方向信息，可视化动态过程；同时，读取并解析车道信息，自动生成车道并可视化。由于车辆坐标和大地坐标不统一，需进行地图匹配，让车辆行驶在指定道路上，具体实现方法是利用横轴墨卡托投影法，将球坐标系（GCS）转换成二维笛卡儿坐标系（PCS）。针对车道明显偏移、车辆不在道路上的情况，一般需人工修正，包括车道的增加、修改以及删除；解码 xodr 文件，将修改后的地图写入；最后将地图匹配后的动态信息写入 .xml 文件。

7.2.3　仿真场景测试验证应用

中国一汽基于已搭建的 VTD 工程文件，联合 MATLAB/SIMULINK 和 CARSIM 软件，对 ADAS 控制算法进行离线仿真测试。其中，VTD 提供车辆运动学模型，包括交通信息、场景信息以及传感器模型。在 SIMULINK 中搭建高级驾驶辅助系统算法，其中包括 ACC、AEB、LKA 等。CARSIM 软件提供车辆动力学模型，将决策好的控制信号传给模型，即可输出当前时刻的本车状态值；再将状态值传入 VTD GUI 界面，可实现动态可视化，如图 7-5 所示。由此，形成整个离线仿真软件闭环链路，控制算法得以验证。

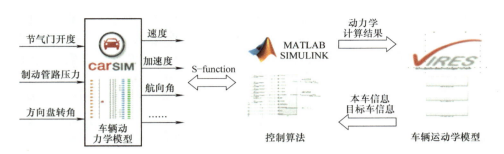

图 7-5 多软件联合仿真平台流程图

为验证场景的有效性，针对同一场景同时进行离线仿真和实车试验，并比对试验结果，分析差异性。试验中，需确保仿真环境与实车环境相同、车辆初始状态相同。本节分别选取"ACC-目标切入识别"和"AEB-前车静止"作为示例，图 7-6 所示为两种仿真动态场景。

a) ACC- 目标切入识别

b) AEB- 前车静止

图 7-6 动态仿真场景构建

1. ACC- 目标切入识别

表 7-1 所列为 ACC 测试用例初始条件，图 7-7 所示为在仿真环境和实车环境中，速度曲线和距离曲线。结果表明，当目标车切入后，本车能识别目标车并跟随行驶，无紧急制动、耸车等现象。

表 7-1 ACC- 目标切入识别初始条件

试验车初始速度	试验车设定速度	目标车速度	目标车加速度	结果判定
4km/h	90km/h	100 → 60km/h	$-2m/s^2$	通过

2. AEB- 前车静止

表 7-2 所列为 AEB 测试用例及测试结果，两种环境中，均触发 AEB 功能，均发生碰撞。碰撞速度、刹停时与目标距离、AEB 触发时距大致相同。

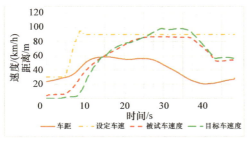
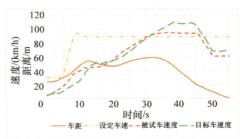

a) ACC-实车试验,速度和距离变化曲线　　　　b) ACC-离线仿真,速度和距离变化曲线

图 7-7　两种测试环境中,速度和距离变化曲线

表 7-2　AEB-前车静止,测试用例及测试结果

测试类型	试验车初始速度	是否碰撞	试验车碰撞速度	刹停时与目标距离	AEB 是否触发	AEB 触发时距
实车试验	75km/h	是	8.89km/h	−0.54m	触发	0.91s
离线仿真	75km/h	是	9.12km/h	−0.78m	触发	0.86s

对比仿真与实车测试工况,ACC 及 AEB 均可成功识别,ACC 均可平稳减速,AEB 均发生碰撞,由此可说明基于 OpenX 建立的仿真测试场景应用较好,可测性及一致性较好,可缩短产品开发周期、降低测试风险,具有很强的商业价值。

7.2.4　总结

相较于大规模的实车试验,仿真测试场景覆盖更为多元,减少了人力投入,效率大大提升,可在短时间内完成多种场景的测试。整体来说,仿真测试缩短了开发流程,加快了产品验证速度,大大缩短了研发周期。另一方面,基于 OpenDRIVE 和 OpenSCENARIO 标准构建的仿真场景,可用多种软硬件平台进行测试,拥有较好的通用性和可移植性。

此外,针对可自动批量生成大量场景的工具链,相对于手动输入参数,这种生成方法可还原自然驾驶场景数据,是真实道路环境的完美复现,具备更高的可信度。同时,与批量虚拟仿真相配套,可实现快速分析并输出分析结果,对于大规模产品验证,具有重要意义。

7.3 基于 OpenDRIVE 1.6 港口场景高精地图的表达及应用

港口码头具有封闭场景、低速运营、外部车辆和行人等动态物体干扰少等特点,使得自动驾驶的商业化落地有着天然的优势。本节以国内某港口为例,说明如何基于 OpenDRIVE 1.6 标准实现港口码头高精地图的表达及方案扩展设计;将港口区的高精地图要素分为道路基础要素和对象要素两类,并分别进行标准规格表达设计的说明。

7.3.1 引言

随着自动驾驶技术的发展,自动化集装箱运输已成为港口未来的发展趋势,港口因其典型的封闭场景、低速运营的特点,在自动驾驶率先商业化落地方面有着天然优势。

目前,国内港口内集卡牵引车保有量超过 2.5 万辆,但绝大多数港口码头仍主要使用有人驾驶集卡的方式,港口内集卡自动驾驶渗透率不到 2%。近年来,随着中国进出口贸易的日益繁荣,港口码头物流压力倍增,需要全天高效、安全、精准运转的港口,对于自动化运输的需求日渐迫切,而港内集装箱自动化运输,可以在很大程度上解决驾驶员短缺的问题,降低港口运营成本,提升港内运营效率。

在自动驾驶解决方案中,高精地图是其中的关键环节,上层的定位、感知、规划均依赖于高精地图。基于此,高精地图在港口自动化方案中占据着基石的作用。

7.3.2 港口场景的特点

港口码头大多为封闭场景,运营速度较低,外部车辆、行人等动态物体的干扰较少,场景复杂度相对较低,这些因素决定了港口在自动驾驶技术上实现商业化落地应用的可能性较高。

港口场景的主要组成要素有道路、堆场、贝位、锁站、充电桩等,其要素类型与城市普通道路有显著差异。

当前 OpenDRIVE 1.6 标准中港口场景的道路及其附属设施等各类高精地图要素的位置、形状和语义信息等表达无法满足中国多样化的港口场景现状及需求,因此基于 OpenDRIVE 1.6 标准拓展适用于中国特色的港口场景构建成为制约港口自动化解决方案的关键点。

7.3.3 OpenDRIVE 1.6 标准在港口场景的应用拓展

本节以国内某港口为例,说明如何基于 OpenDRIVE 1.6 标准实现港口码头高精地图的表达及方案扩展设计。

该港口主要高精地图要素有集卡道路、堆场、贝位、岸桥揽装、锁站、充电桩、舱盖区以及港口内的多种车道等,大部分要素为港口码头场景所特有,OpenDRIVE 1.6 标准尚未支持,从而需要进行定制化设计。

为便于理解,我们将港口区的高精地图要素分为道路基础要素和对象要素两类,并分别进行标准规格表达设计的说明。

1. 道路基础要素的表达

港口道路一般指其内部的路网信息,道路类型有岸桥道路、锁站道路、堆场道路、虚拟道路以及一般道路。常规道路、车道、路口等基本路网信息可按照 OpenDRIVE 标准协议编译生成。而对于港口特殊车道类型,包括作业车道、锁站车道、充电车道、叉车车道等,由于这些车道类型不属于 OpenDRIVE 1.6 标准定义车道类型,所以需对 OpenDRIVE 1.6 的车道类型进行扩展。

考虑到地图格式与开源地图工具的兼容性,在表达方式上采用了扩展字段的方式,通过新增加的"userData"字段,描述扩展的车道类型。具体片段如下:

```
<lane id="-1" type="driving" level="false">
</link>
<border sOffset="0.0000000000000000e+00"
a="7.8258802174558069e+00" b="2.0426443895474513e-05"
c="0.0000000000000000e+00" d="0.0000000000000000e+00"/>
<userData code="laneType" value="overtakingLane"/>
</lane>
```

2. 对象要素的表达

对于港口场景的另一类特定要素,即包括堆场、贝位、锁站等其他港口码头内特定的高精地图要素,OpenDRIVE 1.6 标准当前并不支持,尤其是针对不同城市中港口码头内堆放集装箱的区域。在扩展方案设计中,我们首先将这类目标建模为"object",并对"object"的类型进行扩展。

(1) 堆场

考虑到 OpenDRIVE 1.6 标准定义"object"必须挂靠在某一道路上,而道路可能存在打断场景,造成堆场长度大于道路长度的问题。为解决该问题,我们在对堆场建模时可根据道路长度把堆场切分为多份,分别挂靠各自的道路上,如图 7-8 所示,堆场"02A"切分两份,分别挂靠在"道路 1"和"道路 2"。在解析地图数据时,通过"object"的"subtype"进行拼接。

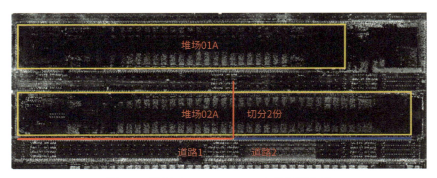

图 7-8　堆场 OpenDRIVE 1.6 定义问题实例

（2）贝位

港口场景的另一个典型要素是贝位，贝位是指堆场区每排集装箱在堆场作业车道上对应的位置，可以理解为每个集装箱的地址，如图 7-9 所示。贝位建模的难点依然是其表达以及与车道的关联建模，为解决该问题我们可通过将贝位要素建模为点状要素表达，而一个贝位关联单个车道。

（3）锁站

港口场景的另一个典型新要素就是锁站，锁站定义为集卡加锁或解锁的区域。矩形面的四条边界分别为锁站两端的边缘线与锁站车道边界，如图 7-10 所示，锁站需要同锁站所在车道建立关联关系。为解决该问题，我们将锁站建模为 object，通过扩展类型的方式进行表达。同时，为表达锁站的外形，我们通过"outlines"对其进行定义。

图 7-9　港口关键要素贝位示意图　　图 7-10　港口关键要素锁站示意图

7.3.4　总结

港口封闭场景相比城市道路有特定的拓扑关系，地图规格表达更为复杂。进一步考虑到不同港口间的基础设施建设存在众多差异，尤其是中国特定地区的港口特点，需要进一步推动港口场景下基于 OpenDRIVE 的高精地图表达的方案扩展。

另一方面，港口场景作为自动驾驶技术的典型应用场景，在实际应用中有较高的参考价值。当前 OpenDRIVE 1.6 标准无法支持该特定场景，需要进行规格设计上的扩展，而本节中的应用案例为港口场景的 OpenDRIVE 格式表达提供了有效的应用参考价值。

7.4 ASAM OpenX 标准加速新型中德自动驾驶测试验证

亮道智能是一家激光雷达全栈式系统提供商，为中德两国主机厂自动驾驶量产项目提供新型测试验证软件工具链与服务，支持 ADAS/AD 功能的开发、测试和验证，通过人工智能与大数据集挖掘，自动化处理海量自动驾驶采集数据，生成及管理驾驶场景。在中德两国，亮道智能正在为客户采集、提取具有地区代表性的场景数据，并通过符合 OpenX 标准规范的数据格式进行数据管理与项目交付。

7.4.1 引言

亮道智能的核心业务是感知算法开发、数据处理服务以及相关软件开发。亮道智能设计并建立了车载数据采集系统，其重要组件是激光雷达传感器，用于进行欧洲和中国不同地区真实交通场景数据的采集。亮道智能开发的感知算法可对这些数据进行清理、脱敏（中国地区）以及筛选，同时进行在线与离线处理。数据处理之后，生成的目标以及场景数据将被保存在数据库中，并将其提供给亮道智能的客户，典型客户包括大众汽车集团和长城汽车等。

为了满足不同客户对场景数据的需求，亮道智能在成立初期为不同客户提供了定制化的数据接口。这些分散的数据结构，对提供高效、优质的数据服务形成了很大的阻力。亮道智能认为在自动驾驶新型测试验证中，如何高效地描述场景，使用数据助力功能开发与验证是核心课题。如果没有统一的场景描述标准，则很难形成统一的场景库，进而无法实现大规模的数据集成，这样也就大大降低了以数据为驱动的功能开发与测试验证效率。

7.4.2 基于 OpenX 标准的业务模式

亮道智能一方面开始与 ASAM 开展紧密合作，深入了解 OpenX 系列标准的

自动驾驶场景仿真与 ASAM OpenX 标准应用

内容，尤其将对驾驶场景、道路信息、路面材质的标准描述融合到亮道智能的产品开发路线中，努力提高数据产品中数据交换的标准化程度。此外，亮道对数据采集和软件工具链进行了 ASAM 仿真标准的适配，提供基于标准的场景数据库和高效的场景搜索服务。

同时，亮道智能大力支持 ASAM 国际标准的中国本地化工作。2020 年与中汽中心合作，共同推出 ASAM OpenSCENARIO 1.0、OpenDRIVE 1.5 和 OpenCRG 1.2 等标准的中文版本，让更多中国企业有机会了解标准的内容，开发适合自己的应用产品。目前，国际标准中并不包括中国特有的道路场景以及应用案例，中国作为最有希望成功落地自动驾驶的市场，亮道智能也积极参与新标准的制定，融入更多中国特色。

另一方面，亮道智能也支持客户在他们的系统中采用这些标准，转变现有的非标准的场景描述方法，加速整个开发过程。这主要是一个思维定式的转变过程，该转变过程应从 OEM 和供应商着手。在数字化的时代，客户需求变化是非常快的，开发、测试和验证的时间都有限，自动驾驶的技术也将变得更加复杂。而现在还没有针对内部数据格式的数据业务保护措施，因此，通过基于开放数据标准的定制创新应用，对于共同在市场上取得成功是至关重要的。

对于推动这种思维转变来说，最大挑战则是找到适用的转型策略。现有的数据格式是非常多样的，并不是所有的驾驶场景数据，例如关于驾驶环境的元数据，都可以完全按照现有标准分类。因此，亮道智能期待与其他 ASAM 成员合作，推动 OpenX 标准的进一步发展。

ASAM 仿真标准对产业链上下游，尤其是初创企业而言，是用于支持汽车行业数字化转型的重要工具，该类标准的高认可度和实际适用性都可为企业带来很大的优势。通过长期使用 ASAM OpenX 标准，亮道智能已经为各类客户提供数据服务，这大大地减少了维护不同数据接口的工作量，这也有助于亮道智能专注于数据业务的核心竞争力，并提高产品和服务的质量。

7.5 OpenX 标准在大疆车载仿真测试中的应用

随着汽车智能驾驶系统的不断升级，面向传统汽车的测试工具与方法已经不能满足需求。因此，如何高效地测试和验证智能驾驶算法及其系统稳定性已经成为业内一大挑战。自 2016 年进入智能驾驶领域以来，大疆车载依照行业相关标准，在汲取业内 ISO 21448、ISO 34502、Enable S3、PEGASUS 等行业测试经验的基础上，结合自身在测试领域的积累建立了一套基于场景的测试方法论，并在此基础上搭建了以模拟器为主的自研工具链，可独立完成仿真测试以及真实测试的闭环验证工作。在场景定义方面，大疆车载在做了大量行业调研后，选择了

ASAM 提出的 OpenDRIVE 和 OpenSCENARIO 标准协议作为场景描述语言，极大地提高了各个系统层级的测试效率。

7.5.1 引言

智能驾驶系统要想最终走向量产，需要在其运行设计域（Operational Design Domain，ODD）内进行充分的测试与评估，从而保证车辆能安全、舒适地行驶。而如何对智能驾驶系统进行有效测试与评估，传统方案是基于里程的测试，但由于其效率不高、针对性不强等问题而逐渐被基于场景的测试所取代。

智能驾驶系统是一个长尾问题，单纯随机地增加训练数据是非常低效的系统迭代方式。不同的数据样本，对提升系统性能的价值是不一样的，为了能让系统功能尽可能地覆盖长尾场景，需要挖掘各种罕见、困难的场景数据。随着各个量产项目的逐步推进，大疆车载每天都会进行大规模的道路测试，从采集到的海量路测数据中通过机器学习的方法，挖掘出边角案例（CornerCase）、罕见障碍物等有价值的场景来进行基于场景的验证工作。

数据量快速增加，如何用一种结构化的语言来高效地描述这些场景就非常重要。目前在业内比较通用的方法论便是由德国联邦经济与能源部启动的 PEGASUS 项目提出的功能场景、逻辑场景、具象场景三层体系。该项目的重要研究成果 OpenDRIVE、OpenSCENARIO、OpenCRG 等驾驶场景仿真格式标准已于 2018 年正式从戴姆勒和 VIRES 转交 ASAM 进行下一步标准维护与开发。

在行业内进行了充分的调研与摸索后，大疆车载决定加入 ASAM，与组织内成员一起参与了多个智能驾驶仿真工具的标准化工作。同时，为了深入验证智能驾驶系统，大疆车载还搭建了以模拟器为主的自研工具链，支持最新 OpenSCENARIO 1.1 和 OpenDRIVE 1.6 标准协议和场景编辑功能，可独立完成模拟器测试以及真实测试的闭环验证工作。

7.5.2 应用案例

1. OpenX 标准在场景数据库中的应用

大疆车载在依照行业相关标准的基础上，结合自身在测试领域的积累，建立了一套基于场景的测试方法论，如图 7-11 所示。它基于 PEGASUS、SOTIF 和 ISO 34502 中的方法来构建场景数据库，通过仿真的方式来获得系统性能曲线和边界，作为系统设计、ODO 和测试开发的输入。

大疆设计的场景（DJI Scenario）架构由系统内部影响因素和外部影响因素组成。系统内部影响因素和外部影响因素之间存在一定的相关性。如图 7-12 所示，可能的内部影响因素包括感知限制（例如，传感器自身对其周围环境的感知限制和感知目标可能被交通参与者的其他物体遮挡的传感器盲点或者传感器自身的物理特性，包括材料、安装状态、耐用性，这些限制都有可能会导致感知系统发生漏检）、规划限制、控制限制。

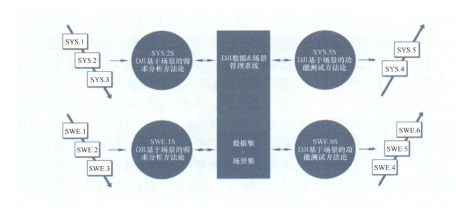

图 7-11　基于场景的测试方法论

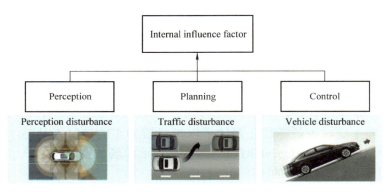

图 7-12　系统内部影响因素

系统外部影响因素则遵循 PEGASUS 六层场景模型。图 7-13 所示为 PEGASUS 场景模型。

图 7-14 所示为大疆车载自研工具实现具体场景生成的过程，它是由功能场景与参数范围结合得到。参数范围可以从领域内专家的先验知识结合实际交通环境数据中获取，实际交通环境数据中包括交通监控数据、地图和道路数据、保险公司碰撞数据库、执法数据、来自 GIDAS/CIDAS 的事故数据、道路测试数据；再结合 SOTIF 方法分析得到逻辑场景；最后，通过定义边界条件，从逻辑场景中生成具体场景。

第7章 OpenX 标准应用案例

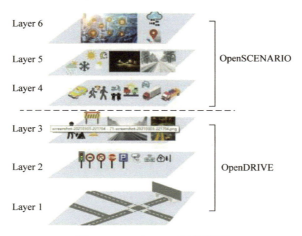

图 7-13　PEGASUS 场景模型

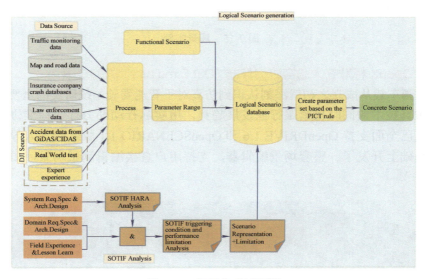

图 7-14　场景生成过程图

而为了使场景格式和接口标准化，在不同的环境下实现模拟仿真，大疆车载采用了 OpenX 标准中的 OpenDRIVE 和 OpenSCENARIO 来作为场景的载体。OpenDRIVE 描述了路网相关的静态场景，OpenSCENARIO 描述了交通参与者的行为以及环境条件等动态场景。

图 7-15 便是一个具体场景的实例。

最后，大疆车载将生成的 xodr 和 xosc 文件导入至大疆自研的仿真器（DJI Simulator）中进行实际的仿真测试工作。

```
<?xml version="1.0" encoding="UTF-8"?>
<OpenSCENARIO xmlns:xsi="http://www.w3.org/2001/XMLSchema-instance" xsi:noNamespaceSchemaLocation="OpenSCENARIO.xsd">
    <FileHeader revMajor="0" revMinor="0" date="2021-01-27T18:29:18.956Z" description="" author="simdji"/>
    <ParameterDeclarations>
        <ParameterDeclaration Name="$Ego" parameterType="string" Value="Ego" />
        <ParameterDeclaration Name="$SUV_1" parameterType="string" Value="SUV_1" />
        <ParameterDeclaration Name="$dx0" parameterType="double" Value="10" />
        <ParameterDeclaration Name="$Ve0" parameterType="double" Value="10" />
        <ParameterDeclaration Name="$dy0" parameterType="double" Value="-3.75" />
        <ParameterDeclaration Name="$T" parameterType="double" Value="3" />
        <ParameterDeclaration Name="$Vt0" parameterType="double" Value="6" />
    </ParameterDeclarations>
    <CatalogLocations />
    <RoadNetwork>
        <LogicFile FilePath="" />
        <SceneGraphFile FilePath="" />
    </RoadNetwork>
    <Entities>
        <ScenarioObject Name="Ego">
            <Vehicle Name="BP_Ego_C" vehicleCategory="car">
                <ParameterDeclarations />
                <Performance MaxSpeed="0.0" MaxAcceleration="0.0" maxDeceleration="0.0" />
                <BoundingBox>
                    <Center X="0.0" Y="0.0" Z="0.0" />
                    <Dimensions Width="0.0" Length="0.0" Height="0.0" />
                </BoundingBox>
                <Axles>
                    <FrontAxle maxSteering="0.0" wheelDiameter="0.0" trackWidth="0.0" positionX="0.0" positionZ="0.0" />
                    <RearAxle maxSteering="0.0" wheelDiameter="0.0" trackWidth="0.0" positionX="0.0" positionZ="0.0" />
                </Axles>
                <Properties />
            </Vehicle>
            <ObjectController>
                <Controller Name="">
                    <ParameterDeclarations />
                    <Properties />
```

图 7-15　场景实例

2. OpenX 标准在大疆自研仿真器（DJI Simulator）中的应用

大疆车载从成立之初就深刻认识到仿真对于智能驾驶系统研发的重要性，在深耕仿真技术的同时也紧跟行业发展趋势，用实际行动助力行业标准协议的落地，现已全面支持 OpenDRIVE 1.6 和 OpenSCENARIO 1.1 版本的导入导出，并在此基础上开发了一整套场景编辑器，支持用户直接编辑测试场景，如图 7-16 所示。

图 7-16　路网及场景编辑器

大疆车载在自动驾驶系统不同层级的各项测试工作均应用了基于场景的测试方案。例如，在驾驶员在环（Driver-In-the-loop）的测试（图 7-17）中，使用 OpenSCENARIO 定义了在不同天气条件下车辆应对加塞、拨杆变道和导航下匝道等案例。

第 7 章　OpenX 标准应用案例

图 7-17　xosc 在驾驶员在环测试中的应用

在硬件在环（Hardware-in-the-loop）的测试中，用 OpenDRIVE 来定义不同曲率、道路横向与纵向坡度、车道线类型的路网，并用 OpenSCENARIO 来定义车道保持、定速巡航、跟车过路口等案例（图 7-18）。

图 7-18　xodr 与 xosc 在双目硬件在环测试中的应用

在泊车功能的测试中，大疆车载使用 OpenSCENARIO 来定义自动泊车（APA）相关的测试案例（图 7-19）。

图 7-19　xosc 在自动泊车测试中的应用

7.5.3　总结与展望

OpenX 系列标准的出现，改变了行业中"各说各话"的乱象，统一了仿真领域的标准，极大地提高了测试效率。此外，对于 ASAM OpenX 其他标准，大疆车载也在积极参与并及时跟进，如仿真接口标准 OSI、路面描述标准 OpenCRG 等。大疆车载期待后续能与 ASAM 组织成员伙伴展开更紧密的合作，共同推动仿真相关标准协议的发展与落地。

7.6　OpenX 标准在中汽数据 ADX 仿真工具链中的应用

随着行业内对于功能场景、抽象场景、逻辑场景以及具体场景定义及应用的明确，如何生成针对高级别自动驾驶车辆测试有效的场景成为汽车行业中重要的一环。在进行相应测试时，生成值得信赖以及得到应用的场景价值尤为重要。在当前的应用环境下，特定区域、特定场景的测试，尤其是可以被验证的、基于测试环境可以泛化以及匹配测试目标的场景尤为重要。通过梳理功能场景、抽象场景以及逻辑场景到具体的测试场景的流程，并关注具体的测试指标和内容，可以有效地提升测试场景的生成效率。

7.6.1　引言

随着智能驾驶与仿真市场规模逐渐增长，仿真测试需求也在增长。目前，行业中存在场景数据无法自动生成仿真场景、工具链缺乏标准化接口等共性问题。对此，ASAM 推出了 OpenX 系列场景格式标准，并与多家主机厂和仿真软件供应商达成广泛合作，提高了场景定义的通用性，也实现了场景在不同仿真工具之间的互通与兼容使用。中汽数据作为 OpenSCENARIO 1.x 标准工作组的牵头单位，深度参与该标准的制定。在当前研究内容下，基于低级别驾驶辅助功能的评价指标无法完成相应的筛选，并且，也无法完全通过采集实现场景的有效生成。如何有效地疏通相应的测试流程成为 ADX 研究的核心内容。

7.6.2　理解测试场景以及场景的区别

基于现有的 ISO 34501《道路车辆 – 自动驾驶系统测试场景 – 词汇》标准，场景关注针对自动驾驶功能中，对于车辆有影响的客观世界的描述。在形成相应测试场景时，客观描述目标物等信息只是执行测试中的一环，同时如何基于运行数据、测试指标等信息完成相应测试应用也是测试的核心内容。在当前的 OpenX 信息中，着重注意完成静态与动态两部分。静态部分包括车辆道路、交通标识牌、道路指示牌、交通设施、地物地貌等交通参与物，并实现天津西青与东丽办公区、珠港澳大桥场景高度还原。动态部分包括机动车辆/非机动车辆、移动设施、行人、日照光线、天气条件、道路突发状况以及包含其他交通参与者的交通活动等。此外，该研究已实现 21 种叠加天气，后续将实现更多种定性、定量的叠加天气，同时提供相应环境案例。目前，关于静动态仿真可通过场景构建工具、地图编码、地貌特征、元素资源库、随机生成器、场景编辑器、交通流模拟、交通规则模拟等技术手段实现。

如图 7-20 所示，在完成一个场景的有效测试搭建时，针对高级别自动驾驶功能，需要通过在完整地场景库中（用场景文件描述、存储和应用）根据所选的 ODD 进行测试场景的筛选，并通过动静态信息相结合的方式，完成相应的场景挑选和应用。

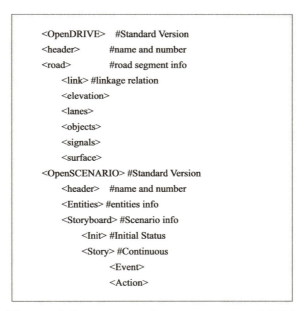

图 7-20　典型 OpenDRIVE 和 OpenSCENARIO 要素信息

7.6.3　基于 OpenSCENARIO 2.0 的逻辑场景搭建

通过指定的内容和信息，完成场景指标的确定后，选定完整的场景库，则需要通过例如对道路和场景的描述，对场景进行搭建。OpenSCENARIO 2.0 是一种用来描述测试场景的语言，其定义了场景中的动态元素和动态元素在时间序列中的变化，对于自动驾驶的安全测试、功能验证及产品认证至关重要。相比较类似 XML 的结构化语言，OpenSCENARIO 2.0 以更抽象、更易读、更容易编辑的方式来描述测试场景。借助 OpenSCENARIO 2.0 语言，大量场景可以在多种仿真器上得以使用。随着自动驾驶系统复杂度指数级升高，未来针对高等级自动驾驶开发及安全验证将需要基于海量场景相关数据进行。海量场景数据经过识别、切分、提取、置换、聚类后的场景数据需要通过相应的方法完成搭建。在这样的背景下，中汽数据研发了包含自主知识产权的基于场景的、按照 OpenSCENARIO 格式的逻辑场景编译器，完成从 OpenSCENARIO 2.0 到其他可执行文件的编译。ADScenario 按照仿真的阶段分为仿真想定、仿真推演、仿真评价三大模块（图 7-21）。

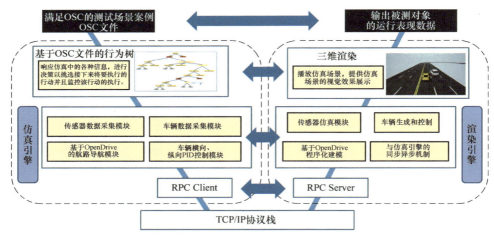

图 7-21　ADScenario 场景编译器流程

7.6.4　基于动静态交互的场景筛选及场景排序

预处理后的场景数据，将由仿真场景转换工具经过与提前定义的格式标准进行对比，实现对场景的标准化和规范化描述，最终自动批量化转换为 OpenSCENARIO 和 OpenDRIVE 格式的场景输出至仿真软件中。在这一流程中，可以通过场景的描述信息，完成场景的交互以及场景的生成。例如，通过语法识别到一个"在转弯半径为 500m 的变道切入场景"，可以通过解析转弯半径以及切入信息等完成相应场景的动静态信息筛选与搭建。由于 OpenSCENARIO 2.0 是一个包含语义及语法的标准，则可以通过语义和语法完成以上信息的搭建与生成。完成生成后，可通过对于特定参数值范围进行限制，如动态场景中的两车相对距离、相对速度，以及静态场景中的车道数、车道长度等，在场景库中自动筛选出符合要求的动态、静态场景文件以供测试。通过这样的方式，可以进一步缩小测试区域和测试指标，提升测试效率。

在完成上述信息后，包含动静态、目标信息等的参数空间可被建成。一个可执行的逻辑如图7-22所示，可以完成整体的搭建。在这一场景中，具体的执行动作、结束动作的条件，以及进入下一个动作的初始条件、判断的准则均可在这样的逻辑下生成。场景信息与执行信息可以进行有效的结合，从而使得完成从仿真想定到仿真推演的步骤。仿真的逻辑推演可以进行节点、内容的逻辑判断，对于场景的执行以及算法的评价起到了重要的意义。在完成相应的信息后，可以通过执行的逻辑、参数的相关性，以及希望达成的逻辑目标，完成相应的信息。在这一阶段中，通过逻辑场景的指标以及描述信息，完成具体测试场景的排序和内容（图7-23）。

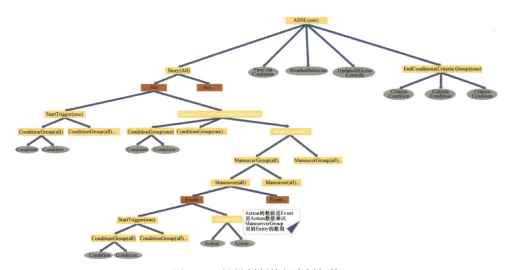

图7-22 场景判断的行为树架构

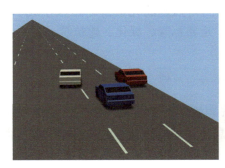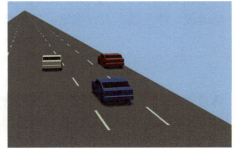

图7-23 场景信息排序案例

7.6.5 基于场景的动静态信息编辑

完成相应场景信息生成后,针对特定的场景逻辑及内容,可以进一步对于场景中静态模型导入工具,基于 OpenDRIVE 可实现对静态模型在编辑器工作窗口内的移动、尺寸大小调整、旋转、复制、删除等编辑功能。通过建立模型库,完成包含绿化植物、城镇建筑、乡村建筑、地标建筑、导流线、高速路出入口、交通灯、桥梁、路灯、护栏、停车位、施工设施与标识、雪天道路建筑模型、典型地貌等常用模型的搭建,进一步丰富场景中对于细节的描述方式,拓展现有无法通过采集信息捕捉的场景(图 7-24)。

图 7-24 添加静态元素(以添加树木为例)

道路编辑工具基于 OpenDRIVE 实现道路编辑功能,具体包括支持手动创建和数据导入的方式开发静态场景,以及支持输出道路描述文件和 3D 模型仓库。此外,道路编辑工具还能够根据高精度地图内描述的元素自动还原生成 3D 路面、车道线、停止线、人行横道、信号灯、道路标牌、绿化、建筑等。

7.6.6 场景的运行以及场景的推演及评价

场景完成后,场景信息需要进行运行和推演。在仿真环境下,实现相应轨迹的应用及测试后,在相应的执行场景信息中,如何达到想定的目标以及内容信息,成为场景信息的应用定义(图 7-25)。通过监听场景信息,实现重要指标的生成内容,可以完成场景的针对专用功能的价值以及评价的体系,并可以基于推演的结果,协助继续生成场景以及具体的落地应用的测试应用,并基于被测的目标结果完成更多场景的生成与应用(图7-26)。

图 7-25　自定义交通参与者行驶轨迹

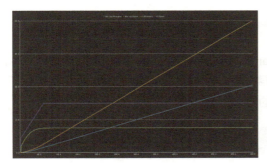
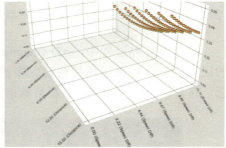

图 7-26　场景信息及场景推演

7.6.7　AD Chauffeur 仿真云平台中的应用(以赛事应用为例)

AD Chauffeur 在自动化测试系统、云仿真测试评价方法、多种静态模型编辑导入、动态交通流模拟、仿真工作流引擎、多用户高并发等卡脖子技术方面进行创新突破,并在赛事中实现了大规模行业应用,对其功能和性能进行了有效验证。AD Chauffeur 作为官方比赛平台成功支持了 2021 世界智能驾驶挑战赛(WIDC)、2021 中国(沈阳)智能网联汽车大赛,为 207 个比赛项目共计 117 支参赛队伍提供了赛事保障。

AD Chauffeur 赛事版平台具备满足 OSI 格式的 API 接口，支持 Simulink、Python 等多种算法接入，并支持基于场景的仿真验证方案（图 7-27）。在比赛中，参赛队伍将算法接入 AD Chauffeur，通过 AD Chauffeur 仿真环境中的摄像头、毫米波雷达获取目标物信号，并将获取的信号输入到被测算法模型中，参赛队伍通过编写自动驾驶算法来实现感知 - 决策 - 控制，最终实现对算法的控制。

图 7-27　官方赛事系统 AD Chauffeur（具备满足 OSI 格式的 API 接口，支持多种算法接入）

在赛事筹办过程中，AD Chauffeur 研发团队基于 OpenX 标准设计了定制化的比赛场景，解决了场景构建、多源数据格式转化、逻辑场景拼接及重组等问题，在赛事中实现数字孪生智慧城市的仿真复现（图 7-28）。

图 7-28　AD Chauffeur 实现数字孪生智慧城市（沈阳）仿真复现

7.6.8 总结与展望

基于 OpenX 系列标准，可以有效打通从逻辑场景到测试场景的流程方式，并实现基于功能及评价指标的、基于场景的测试流程设计。同时，随着新功能、新能力的要求提升，针对具体场景的筛选泛化仍需要有所提升，以进一步实现场景的落地应用，从而在智能网联技术的落地应用上提供更多的测试应用经验和价值。

7.7 OpenX 标准在腾讯 TAD Sim 中的应用

针对自动驾驶汽车海量场景测试和评价的需求，腾讯团队基于游戏引擎技术开发的 TAD Sim 自动驾驶仿真云平台，同时支持本地端和云端仿真。TAD Sim 场景编辑器与地图编译器支持 OpenSCENARIO1.0 标准格式和 OpenDRIVE 1.4 标准格式的导入、编辑和导出，并持续根据标准变化不断更新，使腾讯的自研体系与国内外先进技术理念紧密结合。面对不同测试需求，只要使用以上标准格式，就能轻松、快速地接入系统，极大地提升测试效率。

7.7.1 引言

自动驾驶仿真是自动驾驶商业化的必备工具，是加速技术演进和降低研发测试成本的关键，同时由于自动驾驶软件售后需要在线升级更新，模拟仿真工具将服务于自动驾驶车辆的全生命周期。传统仿真软件无法支持海量场景生成和并行加速测试，不能满足高级别自动驾驶产品研发和服务的需求。

针对业内对自动驾驶仿真测试的需求，腾讯团队从 2017 年初开始研发腾讯自动驾驶仿真系统 TAD Sim，集中整合团队在自动驾驶核心算法、游戏、并行计算和算法优化等方面的技术优势，构建了覆盖自动驾驶研发全流程、全生命周期的自动驾驶仿真测试系统。

2020 年 6 月，腾讯团队发布了 TAD Sim 的最新版本 TAD Sim 2.0，数据传输速度提升 1000%，仿真加速能力提升 100%，资源占用减少 30%。其业内首创的"游戏技术＋数据驱动"双擎路线极大地提升了仿真真实性，同时 TAD Sim 应用了 ASAM OSI 标准的部分工作包。

TAD Sim 除了满足自动驾驶系统测试和更新需求外，所采用的数字孪生、实时交通流生成、城市级交通仿真、交通行为预测和推演等技术在智慧城市、智慧交通等领域也已经逐步开始商业化落地。下文将对 OpenX 标准在 TAD Sim 中的应用案例进行介绍。

7.7.2 自动驾驶云仿真平台 TAD Sim

针对用户需求，自动驾驶云仿真平台 TAD Sim 旨在解决自动驾驶汽车海量场景的测试与评价问题。基于腾讯的游戏引擎、虚拟现实、云技术，集成工业级的车辆动力学模型、具备资质的高精地图、种类丰富的车载传感器仿真和专业的渲染引擎，辅以三维重建技术和虚实一体交通流，可以完成感知、决策、控制算法等实车上全部模块的闭环仿真验证。

TAD Sim 支持本地端和云端仿真，可满足算法本地精细调试和云端海量场景测评的不同需求，可以对海量场景进行管理、运行和自动化测评，提升了智能汽车研发测试效率。借助云端的强大算力，助力自动驾驶轻松实现"日行百万公里"。它最多可以同时调度万级节点，并发运行仿真任务。TAD Sim 仿真系统的主要特点包括：

1）覆盖汽车行业完整研发测试链路，与自动驾驶云平台工具链形成闭环。
2）本地和云端测试使用统一的仿真引擎，保证了仿真一致性。
3）通过高度自动化的厘米级三维重建技术和真实数据驱动交通流，高保真还原测试场景。
4）支持物理级车载传感器仿真模型，充分发挥游戏引擎的能力。
5）自带 27 自由度车辆动力学模型，支持云端大规模并发，无 license 限制。
6）支持数字孪生、智慧交通相关功能扩展，可集成仿真测试工具、V2X 通信设备、真实测试车辆等功能单元，开展基于虚拟仿真＋真实环境的数字孪生自动驾驶测试等。
7）全面支持 OpenDRIVE、OpenSCENARIO、OSI 仿真标准，保证仿真系统通用性。

7.7.3 OpenX 标准在 TAD Sim 中的应用

腾讯自 2019 年加入 ASAM 以来，积极参与 ASAM 的各项技术交流活动与合作，与国内外行业专家共同探讨标准建立的技术方向和自动驾驶的未来发展。在 ASAM 的众多标准中，OpenX 系列标准被认为是对自动驾驶汽车发展具有重要影响的数据标准，腾讯不仅深度参与 OpenSCENARIO 标准的制定，更是以工作组长身份牵头了 OSI 中 V2X 相关标准的制定。

1. 支持 OpenSCENARIO 1.0 的场景编译器

场景是支撑自动驾驶车辆开发及测试评价技术的核心要素，通过场景的解构与重构对自动驾驶汽车进行虚拟测试得到了广泛认可，而场景具有无限丰富、极其复杂和不确定性的特征，需要在大量的真实交通数据的基础上进行场景研究和构建。腾讯人工设计创建场景仿真系统是 TAD Sim 中的核心功能之一，为自动驾驶系统研发和验证而量身定做了高效智能场景编辑器和地图编辑器。区别于大多数传统编辑器，TAD Sim 具备高度可视化的用户交互界面，能实现所见即所得，辅助用户高效、自由地构建自定义场景。

针对国内智能网联汽车数据集缺失的现状，TAD Sim 内置的场景编辑器支持结构化 / 非结构化、静态 / 动态、危险、极限、复杂场景建模，支持中国特有的典型交通场景和交通标志标牌的建模。场景编辑器还支持场景泛化功能，通过泛化场景参数自动批量生成成千上万的不同场景，进一步丰富场景库建设。

2. 支持 OpenDRIVE 1.4 的地图编译器

地图编辑器是虚拟仿真软件中重要的一部分，TAD Sim 提供了一套自定义道路场景的设计工具，具备直道、弯道、环形道路等设计能力，支持道路属性、车道属性的编辑。同时，地图编辑器支持高架等不同高度道路以及不同坡度倾角、道路交叉口、匝道等的定义。它还支持车道线的自定义化建模，包括线形、颜色、宽度等一系列车道线属性。地图编辑器还集成丰富的模型库，如交通杆、交通灯、交通标志牌、交通标志线等对象模型，可根据用户需求对道路场景进行快速建模。除了自定义场景外，地图编辑器还支持导入二维的 GIS 地图和 3D 高精地图，辅助生成与地图匹配的道路模型。

3. 通过支持 OpenX 标准格式，解决行业痛点问题

场景编辑器和地图编辑器分别支持 OpenSCENARIO 1.0 标准格式和 OpenDRIVE 1.4 标准格式的导入、编辑和导出，并持续根据行业标准和需求的变化不断更新。面对不同的主机厂、测试场，或不同的第三方测试软件，可实现快速接入系统，极大提升测试效率。在与多家主机厂进行自动驾驶仿真方面的合作时，通过应用 OpenX 系列标准，特别是 OpenSCENARIO 标准，帮助行业解决了一些痛点问题。

欧盟新车安全评价机构（Euro-NCAP）为自动紧急制动系统（AEB）制定了评价标准。它所对应的法规场景作为 AEB 测试的法规定义场景，是各个主机厂测试场必备的测试项目，然而各家所使用的仿真软件对于场景的描述可能存在不同描述形式，而客户采购产品后如何进行迁移就成为一个难点，如果重新编辑则成本较高。因此，采用 OpenX 系列标准，可将地图保存为 OpenDRIVE 格式，将场景文件保存为 OpenSCENARIO 格式，这样可以较好地解决迁移的问题，客户即可以选择任意支持该标准的仿真器来进行仿真测试。腾讯通过场景编辑器和地图编辑器共生成了数百万个具体场景，客户可以通过 VTD 软件读取这些 OpenSCENARIO 场景。

面对另外一些合作伙伴希望使用自动驾驶功能测试规程和中国新车评价规程（C-NCAP）所规定的场景集进行测试的需求，腾讯同样采用了 OpenSCENARIO 标准格式对相应场景进行了创建和编辑，从而解决了场景迁移难的痛点。此外，

在客户进行场景测试时，经常存在将自然驾驶场景的参数加以泛化的需求。腾讯通过自研的参数泛化工具，通过表格定义场景，在配置文件中设置地图，从而将编辑好的单个 OpenSCENARIO 格式场景泛化为多个格式相同而具体参数数值不同的场景文件，从而达到快速准确地批量生成参数泛化场景文件且便于适配不同高精地图的目的。

7.8 OpenSCENARIO 标准在 51 Sim-One 软件中的应用

51 Sim-One 模拟仿真软件通过自研 OpenSCENARIO 场景编辑器和场景运行引擎，将 OpenSCENARIO 标准应用于自动驾驶算法测试、云编辑器、云仿真、场景库、传感器数据集和 V2X 等。

7.8.1 引言

随着自动驾驶"场景化"趋势愈加明显，场景描述对自动驾驶安全测试、功能验证及产品认证愈发重要。在场景化发展过程中，各整车厂、供应商以及仿真工具商使用的场景数据格式与接口千差万别，标准很难统一。基于此，德国自动化及测量系统标准协会（ASAM）推出了仿真领域的 OpenX 系列标准，并获得了全球的关注。其中，OpenSCENARIO 场景标准不仅提高了场景定义的通用性，也实现了场景在不同仿真工具之间的互通与兼容使用。

OpenSCENARIO 定义了一个标准的仿真测试场景数据模型和文件格式，具体用于描述驾驶模拟器、虚拟开发、测试与验证中的动态内容，能兼容不同的仿真测试软件。其适用场景主要包括动作、轨迹（多段线、回旋线）、车辆（几何、类型、轴、性能）、驾驶员（状态）、环境（天气、时间、路况）等。

OpenSCENARIO 1.0 标准用于动作描述的数据以分层结构组织，并以 XML 文件格式存储。OpenSCENARIO 2.0 标准用领域特定语言 (DSL)，即一套自动驾驶仿真测领域专用语言对场景进行描述。

7.8.2 OpenSCENARIO 标准在 51Sim-One 模拟仿真软件中的应用

1. 场景编辑器

OpenSCENARIO 1.0 标准发布后，支持 OpenSCENARIO 的场景编辑器成为业界的刚需。为此，北京五一视界数字孪生科技股份有限公司（51WORLD）软件团队在 51Sim-One 模拟仿真软件基础上研发了原生支持 OpenSCENARIO 标准格式的"场景编辑器"。

动作（Action）和条件（Condition）是 OpenSCENARIO 1.0 标准的基本要素，场景编辑器实现了 OpenSCENARIO 1.0 标准的语义事件功能，提供了一整套动作库，能够应对各种不同测试需求创建出相应的行为规划。同时，编辑器原生支持 OpenSCENARIO 的架构，包括初始状态设置和行为规划两大部分。初始状态主要用于设定场景的初始条件，例如实体实例的位置和速度等；行为规划主要用于设定场景内容的动作及其触发条件。

动作（Action）用于创建或修改场景的动态要素。场景编辑器的动作库严格遵照 OpenSCENARIO 标准规范，支持包括速度、纵向距离保持、变道、车道偏移、横向距离保持、可视性、同步、位移、路径、运动轨迹跟踪、获取位置等常用动作，如图 7-29 所示。

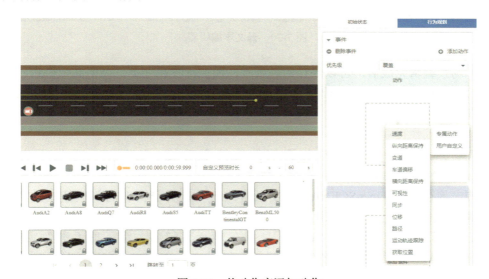

图 7-29　从动作库添加动作

场景编辑器内置 XML 文本编辑功能，可用来直接编辑 OpenSCENARIO 场景的 XML 元素。XML 编辑功能支持行号显示、XML 元素折叠、关键字查找等功能。编辑器还能根据 OpenSCENARIO XML schema 自动验证场景格式，以确保编辑出来的场景符合规范。同时，云文本编辑和控件界面编辑的结果能够实现云端的相互自动同步更新。图 7-30 是 XML 云文本编辑器界面。

场景编辑器的实时预览功能将场景的编辑工作引入了一个新阶段。用户在编辑案例时的每一次调整都能以最快的速度进行预览反馈，所见即所得，无须频繁运行案例，节省了时间成本。

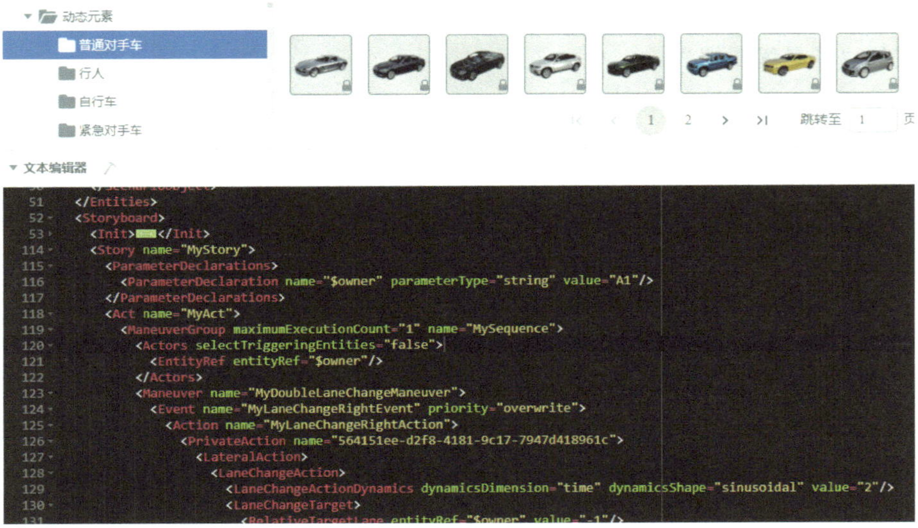

图 7-30　云文本编辑器

场景编辑完成后，可以保存到场景库，加上标签和分类，以便高效检索。同时，场景编辑器还支持导出符合 OpenSCENARIO 1.0 标准的数据，用于第三方仿真软件应用。

2. 场景运行引擎

场景运行引擎是模拟仿真软件的核心功能，51Sim-One 开发了支持 OpenSCENARIO 1.0 标准的仿真场景运行引擎。Sim-One2.0 将场景引擎彻底重构，原生支持 OpenSCENARIO 场景格式。场景引擎实现简单概括就是"谁在哪里做什么"，即实体在路网上根据故事板中定义的一组指令进行交互。它有五大基本概念：实体（Entity）是指车辆行人等参与者，即"谁"；路网（RoadNetwork）是指静态驾驶基础设施，包括 OpenDRIVE、交通信号、环境模型等，即"在哪里"；故事板（Storyboard）则指的是完整的场景描述，即"谁做什么"；另外两个附加概念是参数声明（ParameterDeclaration）和目录位置（CatalogLocations），可用于多个场景间复用。

其中场景故事板（Storyboard）包含至少一个故事（Story）。故事包含以下层次结构基本元素：故事（Story）、幕（Act）、操作组（ManeuverGroup）、操作（Maneuver）、事件（Event）、动作（Action）。

条件（Condition）触发角色（Actor）的动作。条件用于触发器（Trigger）中启动事件或停止故事板，是定义动态行为和相互作用的基本构建块。

场景运行引擎（支持 OpenSCENARIO）在路网引擎（支持 OpenDrive）的配合下，实现坐标转换、路径规划和条件触发动作。51Sim-One 场景引擎全面实现了标准中所有的轨迹（Trajectories），包括多段线(Polyline)、螺旋曲线(Clothoid)和非均匀有理 B 样条曲线（Nurbs）。

7.8.3 应用案例

1. OpenSCENARIO 场景用于自动驾驶算法仿真测试

支持 OpenSCENARIO 标准的场景引擎加持的仿真平台 51Sim-One，可以将标准的 OpenSCENARIO 场景用于自动驾驶仿真测试，支持各种 XIL 测试。利用 OpenSCENARIO 的控制切换（Controller Action），可支持人工驾驶和自动驾驶的切换，方便灵活。图 7-31 所示是切换到 Apollo 算法的做自动驾驶测试。51Sim-One 云仿真平台支持大规模并发测试，用来加速自动驾驶算法迭代。

图 7-31　OpenSCENARIO 场景用于测试 Apollo 算法

2. OpenSCENARIO 场景编辑器的云端协作

51Sim-One 的场景编辑器配置在云端，用户只需要打开浏览器，随时随地可以进行编辑创建符合 OpenSCENARIO 格式的场景。编辑器的快速预览和仿真功能，可以快捷有效地验证场景是否符合预期。编辑完成的场景可以保存到云场景库用以仿真测试，也可以导出标准场景到其他平台使用。云编辑器能自动升级最新的功能，并可扩展支持多人同时使用。存储在云端的数据既安全又便捷。其多人云协作功能，是云原生场景编辑器升级传统协作方式的利器。

3. OpenSCENARIO 场景库

为方便用户熟悉 OpenSCENARIO 标准并推广场景的应用，51Sim-One 场景库内置了 ASAM 官方发布的全部 9 个场景，可开箱即用式体验 OpenSCENARIO 1.0

的标准场景。图 7-32 所示是交叉路口同步到达（Synchronized Arrival at Intersection）场景仿真。

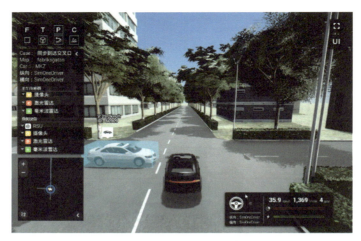

图 7-32 场景交叉路口同步到达

有了 OpenSCENARIO 标准后，第三方厂商可以独立提供场景和场景库，一次制作，多次复用。51Sim-One 可以接入任意符合 OpenSCENARIO 标准的场景和场景库，形成平台和生态合作。当前，实采数据处理变得越来越重要，51Sim-One 提供大数据处理工具链，可将实采数据自动处理成 OpenSCENARIO 标准场景。

4. 传感器数据集

51WORLD 发布的全球首个多传感器虚拟标注数据集，可有效升级传感器融合算法的测试和训练。数据集由基于支持 OpenSCENARIO 标准场景引擎的自动驾驶仿真测试平台 51Sim-One 进行生成及标注。数据集不仅涵盖了常见摄像头和激光雷达仿真数据集，还包括对于自动驾驶系统富有挑战性的极限工况、复杂道路、天气条件等，如图 7-33 所示。结合仿真软件的平台优势及全自动标注优势，51WORLD 打造的高质量虚拟标注数据集，目前已向全社会免费提供。

图 7-33 传感器数据集摄像头数据和激光雷达点云数据

5. OpenSCEANRIO 扩展支持 V2X 应用

在 OpenSCENARIO 标准的基础上，51Sim-One 通过扩展来支持 V2X 场景。软件对于 OBU（车载单元）设备、RSU（路侧单元）设备的仿真以及 V2X 协议做了全面的支持，能够支撑 V2V（车车通信）和 V2I（车路通信）车联网场景测试。

针对 V2X 的测试场景，场景编辑器增加了自定义的触发者和触发器，增加了危险区域和拥堵区域配置工具，增加了紧急对手车，用于构建 V2X 测试场景。

7.8.4 支持更多 OpenX 标准

对于 OpenSCENARIO 1.0 标准，51Sim-One 已经支持并为客户和合作伙伴提供了多项服务。对于 OpenSCENARIO 2.0 标准，开发人员将利用 51Sim-One 仿真测试平台和来自世界各地的专家一起进行标准验证。

此外，对于 OSI、OpenLABEL、OpenODD、OpenXOntology 等 ASAM OpenX 其他标准，51WORLD 也在积极参与并及时跟进。

7.9 小规模交通流场景下使用 ASAM OpenSCENARIO 标准的场景仿真

在自动驾驶汽车测试方面，ASAM OpenSCENARIO 近年来已成为研究和应用热点，由于其跨仿真软件使用的初衷，吸引了众多仿真软件提供商、车企、研究院所和高校的关注。清华大学苏州汽车研究院基于无人机方式获取的真实交通流场景，按照 OpenSCENARIO 编辑规则来构建多车交互的测试场景，并且在仿真软件中进行了测试，初步达到了构建场景并提供给自动驾驶汽车使用的目的。随着 OpenSCENARIO 标准的逐步完善，它将会应用得更加广泛。

7.9.1 场景的构建方法

清华大学苏州汽车研究院对场景的创建流程如图 7-34 所示，可具体分为以下六步：

1) 收集真实的交通场景，并进行相应分类和分析。
2) 根据真实场景中的路网结构，创建对应的路网逻辑文件，即 OpenDRIVE 文件，建立路网的 3D 模型。
3) 根据路网结构，创建详细、精确的路面 3D 特征。

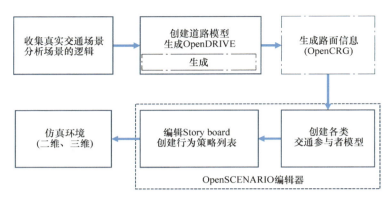

图 7-34　OpenSCENARIO 场景的创建流程

4）观察真实场景中的环境、交通标志和交通参与者，创建表示模型，如天气状况、能见度、车辆的类型、大小、功率等信息。

5）对交通场景中所有参与者的状态变化进行分解，使其可以用简单的函数图形表示出来，如直线、三次曲线、正弦曲线。创建交通参与者实体的一系列状态变化行为和各行为的触发条件。

6）利用 3D 渲染，模拟和重现交通场景，确认场景的正确性。

7.9.2　OpenSCENARIO 应用案例介绍

基于在场景库方面的研究基础，清华大学苏州汽车研究院在探索将已有的场景数据转换为 OpenSCENARIO 格式，以期后面可以更加灵活和方便地使用。

其场景研究主要有两大部分构成，第一部分是基于从道路交通监控或者无人机等方式获取第三视角的交通场景。在这部分当中需要配合视觉分析技术和标定技术等，从而可以提取出真实的精确度较高的车辆行驶轨迹，然后通过场景筛选规则即可得到想要的测试场景数据。第二部分研究内容则是从微观交通方面来构建虚拟的交通参与物模型。微观交通场景研究需要对传统的车辆跟车、变道等基础模型进行继承和修正，对应无法用传统模型来构建的场景；还需要有针对性地构建新的交通模型，这样才能构建出更符合自动驾驶汽车测试所需要的测试场景；此外，还对行人的社会力模型进行构建和优化，来构建接近真实交通环境中行人的运动模型。以上方法不论是从真实环境中采集的真实车辆行驶轨迹，还是基于交通参与物模型而构建的场景，都可以用来测试自动驾驶车辆的规划和控制算法。

清华大学苏州汽车研究院提取出的场景通常使用 csv 格式来保存车辆的轨迹数据，在使用多种仿真软件来导入这些数据的时候都需要额外地依赖于不同仿真软件的操作或者处理。因此，清华大学苏州汽车研究院尝试了一些把 csv 场景数据转换到 OpenSCENARIO 格式的工作，具体步骤如下：

1）构建一个 xosc 文本，包含以下基础标签：

```
<?xml version='1.0' encoding='UTF-8'?>
<OpenSCENARIO>
    <FileHeaderrevMajor="1" revMinor="0" date="2020-07-03T17:49:49" description="test scenario" author="TSARI Scenario Group"/>
    <CatalogLocations>
    <RoadNetwork>
    <Entities>
    <Storyboard>
</OpenSCENARIO>
```

2）准备好地图文件 xodr，将地图文件的路径（绝对和相对都可）填入 <RoadNetwork>

-><LogicFile> 的 filepath 属性：

```
<RoadNetwork>
    <LogicFilefilepath="../xodr/NJ-TT.xodr"/>
    <SceneGraphFilefilepath=""/>
</RoadNetwork>
```

3）准备车辆模型。可以自定义车辆模型，或使用 OpenSCENARIO 已定义好的模型，放入标签 <Entities> 里。

4）自定义车辆模型。单个车辆定义一个标签 <ScenarioObject>，示例如下：

```
        <ScenarioObject name="Ego">
            <CatalogReferencecatalogName="VehicleCatalog" entryName="car_red"/>
            <ObjectController>
                <Controller name="Default_Driver">
                    <Properties>
                        <Property name="weight" value="80.0"/>
                        <Property name="height" value="1.88"/>
                        <Property name="eyeDistance" value="0.07"/>
                        <Property name="age" value="32"/>
                        <Property name="sex" value="male"/>
                    </Properties>
                </Controller>
            </ObjectController>
        </ScenarioObject>
```

```
<VehicleCatalog>-><Directory>:
    <CatalogLocations>
        <VehicleCatalog>
            <Directory path="../xosc/Catalogs/Vehicles"/>
        </VehicleCatalog>
    </CatalogLocations>
```

5)以添加一辆车的轨迹点为例完成 <Storyboard>,其余车辆类似。

6)在 <Storyboard> -><Init> -><Actions> 添加车的初始位置、速度等信息。一个 <Private> 标签代表一辆车,示例如下:

```
<Private entityRef="011452_van">
    <PrivateAction>
        <TeleportAction>
            <Position>
                <WorldPosition x="−101.61" y="−23.41" z="0" h="0.0112355" p="0" r="0"/>
            </Position>
        </TeleportAction>
    </PrivateAction>
    <PrivateAction>
        <LongitudinalAction>
            <SpeedAction>
                <SpeedActionDynamics dynamicsShape="step"/>
                <SpeedActionTarget>
                    <AbsoluteTargetSpeed value="17.85"/>
                </SpeedActionTarget>
            </SpeedAction>
        </LongitudinalAction>
    </PrivateAction>
</Private>
```

7)在 <Storyboard>-><Story> -><Act> 中完成车的驾驶行为 <ManeuverGroup>,示例如下:

```
<Storyboard>
<Init>
    <Actions>
</Init>
<Story name="MyStory">
    <Act name="Act011452_van">
```

第 7 章 OpenX 标准应用案例

```xml
<ManeuverGroupmaximumExecutionCount="1" name="ManeuverGroup011452_van">
    <Actors selectTriggeringEntities="false">
        <EntityRefentityRef="011452_van"/>
    </Actors>
    <Maneuver name="Maneuver011452_van">
        <Event name="Event011452_van" priority="overwrite">
            <Action name="Action011452_van">
                <PrivateAction>
                    <RoutingAction>
                        <FollowTrajectoryAction>
                            <TimeReference>
                                <Timing domainAbsoluteRelative="absolute" scale="1.0" offset="0.0"/>
                            </TimeReference>
                            <TrajectoryFollowingModefollowingMode="position"/>
                            <Trajectory closed="false" name="Path11452">
                                <Shape>
                                    <Polyline>
                                </Shape>
                            </Trajectory>
                        </FollowTrajectoryAction>
                    </RoutingAction>
                </PrivateAction>
            </Action>
            <StartTrigger>
                <ConditionGroup>
                    <Condition name="EventStartCondition011452_van" delay="0" conditionEdge="risingOrFalling">
                        <ByValueCondition>
                            <SimulationTimeCondition value="0" rule="greaterThan"/>
                        </ByValueCondition>
                    </Condition>
                </ConditionGroup>
            </StartTrigger>
        </Event>
    </Maneuver>
</ManeuverGroup>
```

8）<Polyline> 为轨迹点集合，包含了所有轨迹点标签，每个轨迹点使用 <Vertex> 表示：

```
<Trajectory closed="false" name="Path11592">
    <Shape>
        <Polyline>
            <Vertex time="0.1">
                <Position>
                    <WorldPosition x="−178.85" y="−20.79" z="0" h="3.14134" p="0" r="0"/>
                </Position>
            </Vertex>
            <Vertex time="0.2">
                <Position>
                    <WorldPosition x="−176.97" y="−20.74" z="0" h="3.14134" p="0" r="0"/>
                </Position>
```

9）接着为 <ManeuverGroup>-<Maneuver>-<Event> 和 <Act> 定义触发标签 <StartTrigger>，示例如下：

```
<StartTrigger>
    <ConditionGroup>
        <Condition name="EventStartCondition011592_car" delay="0" conditionEdge="risingOrFalling">
            <ByValueCondition>
                <SimulationTimeCondition value="0" rule="greaterThan"/>
            </ByValueCondition>
        </Condition>
    </ConditionGroup>
</StartTrigger>
```

10）设置完成全部车辆轨迹，并在平台上运行测试用例。如图 7-35 所示，在仿真软件中可以看到匝道合流处的多车汇入场景。

图 7-35　仿真软件匝道合流场景

7.10 支持 OpenSCENARIO 标准的场景编译器

由于 OpenSCENARIO（OSC）格式的场景文件人工编写耗时长、效率低，同济大学团队开发了基于 0.91 版本 OSC 的场景编译器。编译器主要分为 OSC 前端和 OSC 后端两部分，分别用于处理高级语言的场景定义和 OSC 的文档对象模型（Document Object Model，DOM）树构建。同济大学团队应用该场景编译器自动生成了 TJP、HWP 等高等级自动驾驶功能的测试场景，提高了仿真测试的效率。

7.10.1 引言

作为完整的仿真测试场景描述方案，OpenX 系列标准包括 OpenDRIVE、OpenCRG 和 OpenSCENARIO（OSC）等。其中仿真测试场景的静态部分（如道路拓扑结构、交通标志标线等）由 OpenDRIVE 文件描述；道路的表面细节（如坑洼、卵石路等）由 OpenCRG 文件描述；仿真测试场景的动态部分（如车辆的行为）由 OSC 文件描述。通过建立这样一套完整的测试场景描述方法，OpenX 系列标准将仿真测试场景统一化，提高了仿真场景在不同仿真软件内迁移测试的效率，也有利于对不同仿真软件测试进行统一的场景评估。

其中，OSC 用于描述自动驾驶测试场景的动态内容，其主要用例是描述涉及多个实体，如车辆、行人和其他交通参与者的复杂、同步的操作，其中动作、轨迹和其他元素都可以被参数化，允许测试自动化，而不需要创建大量的场景文件。对于自动驾驶决策规划系统而言，OSC 描述的动态内容是其主要输入，因此同济大学团队采用了 OSC 格式描述其测试用例。通过在仿真软件内运行测试用例，进一步达到对自动驾驶决策规划系统的测试目的。

然而，基于 XML 的 OSC 格式较为底层，对应的文件描述过于复杂，人工编写场景文件耗时长、效率低，迫切需要一个更高级的接口来连接语义级别的场景定义与 OSC 格式。因此，同济大学团队开发了基于 0.91 版本 OSC 的场景编译器，以结合团队的仿真测试工具，实现自动驾驶的自动化仿真测试。

7.10.2 基于 OSC 的场景编译器架构与实现

OSC 作为一种自动驾驶场景描述的领域特定语言（domain-specific language，DSL），它的编译体系借鉴了传统编程语言的架构，分为 OSC 前端与 OSC 后端两个主要模块，如 7-36 所示。OSC 前端负责处理 json 语言定义的场景蓝图，蓝图中较为固定的参数（如车辆尺寸）进行了默认设置，仅保留对于测试关键的参数定义。OSC 后端负责根据前端的解析结果，构建 OSC 的 DOM 树，进而编译产生最终用于仿真软件运行的目标 xosc 文件。在 OSC 后端中，同济大学团队将 OSC 的本体使用面向对象编程（Object Oriented Programming，OOP）思想进行了形式化，可编译生成 0.91 版本 OSC 中的任意节点组合，并且使用 xsd 文件对生成结果的正确性进行验证，以确保其完全符合 OSC 标准。此外，完整的编译流程还包括构建和编辑场景的输入接口，以及可运行 xosc 场景文件的仿真服务器。

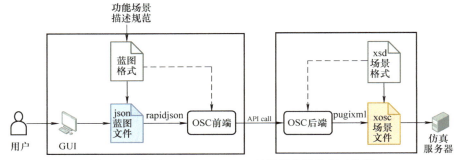

图 7-36　基于 OpenSCENARIO 的场景编译执行工作流

对于 OSC 场景编译器中最关键部分，即 OSC 后端部分，同济大学团队设计了一个高效且易用的架构，如图 7-37 所示。OSC 中最重要的节点是 Storyboard，描述了所有场景元素的行为和触发条件。编译器中的 Action 节点描述最底层的原子动作，如换道或加速等；编译器中 Event 节点的抽象层级稍高，能实现更高的复用性；编译器中 Maneuver 节点描述了由原子动作组合得到的高级行为，如超车等。上述所有节点都继承自 OSCNode 基类，其中包含了打印、保存、流输出、更新等多个功能，可实现对 OSC 格式 DOM 树或者其任何子树的便捷操作。

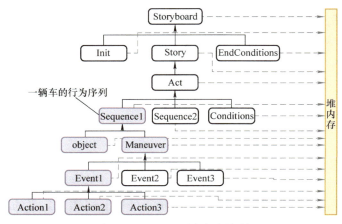

图 7-37　OSC 后端句柄树架构

为提高编译器的性能，同济大学团队设计了句柄树，以优化编译器的空间复杂度。句柄树将所有数据集中存放于一个统一的堆内存，而图 7-37 中的所有节点不包含实际的数据，仅包含一个指向实际数据的指针。此外，实际应用中往往需要一次性编译生成一个逻辑场景下对应的多个具体场景，如果每次参数修改都需要重建句柄树，将导致高昂的编译成本。因此，为确保快速输出最新的目标 xosc 文件，同济大学团队设计了链式更新机制，使任意节点的修改能自动向上级节点传递。

具体实现时，对于 OSC 前端，同济大学团队使用 JSON 格式描述场景蓝图，使用 rapidjson 解析场景蓝图；对于 OSC 后端，使用 C++ 语言编写后端的主体部分，使用 pugixml 处理 XML 的 DOM 树以及输入和输出。下述代码段 1 实现了所有 OSC 节点的基类 OSCNode，其中 write 是一个纯虚函数，各子类节点将根据自身包含的属性和结构对其进行重载。

代码段 1：OSCNode 的 C++ 实现

```cpp
class OSCNode// 基类定义
{
public:
OSCNode( ){};// 构造
    virtual ~OSCNode( ){};// 析构
OSCNode(const OSCNode&rhs){};
OSCNode&operator=(const OSCNode&rhs){return *this;}

// 销毁现有 DOM 树
    virtual void clear( ){
doc.remove_attributes( );
doc.remove_children( );
    }

// 构建 DOM 树
    virtual xml_nodetree( ){
write( );
        if (!doc.empty( ))return *doc.begin( );
        throw "[Error] not yet a tree was instanced";
    }

// 输出功能
    virtual void print(std::ostream&os){
write( );
doc.print(os);
    }
```

```
// 保存功能
    virtual void save(const string &filePath){
write( );
doc.save_file(filePath.c_str( ));
    }

    virtual void write( ) = 0;

public:
xml_document doc;
};
```

7.10.3　应用案例

基于 VTD（Virtual Test Drive）仿真平台，同济大学团队应用上述 OSC 场景编译器实现了面向决策规划系统测试的场景自动化生成，进而实现决策规划系统的自动化测试。以 TJP 功能的测试为例，首先确定测试场景为交通拥堵场景，采用 JSON 格式定义前端的蓝图文件；其次，通过 OSC 场景编译器批量生成场景文件；最后，结合 VTD 的 SCP 命令自动运行场景文件，实现决策规划系统的自动化测试。

具体来说就是选取三车道直道的拥堵路况测试自动驾驶车辆的 TJP 功能，其测试场景初始状态如图 7-38 所示。共 6 辆汽车，其中被测车辆编号为 VUT，背景车编号分别为 C1 至 C5，为便于设置，初始场景中 C1、C2 和 C3 的 y 坐标相同，为 y_1；C4、VUT 和 C5 的 y 坐标相同，为 y_0；C1 和 C4 的 x 坐标相同，为 x_0；C2 和 VUT 的 x 坐标相同，为 x_1；C3 和 C5 的 x 坐标相同，为 x_2。

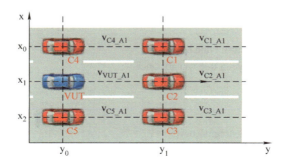

图 7-38　测试场景初始状态

第 7 章 OpenX 标准应用案例

针对上述场景，需设定逻辑场景的其他参数，首先明确参数编号。参数编号由属性与下标组成，见表 7-3，属性包含 x、y、t、v、a，分别代表 x 坐标、y 坐标、时间、速度和加速度；下标包含 Cn、An 和 Action，分别表示车辆编号、动作序号和动作类型，其中动作类型包含加速（acc）、减速（dec）、换道（cl）等。

表 7-3　参数编号的属性、下标及含义

类型	编号	含义
属性	x	x 坐标
	y	y 坐标
	t	时间
	v	速度
	a	加速度
下标	Cn	车辆编号
	An	动作序号
	Action	动作类型

基于上述属性和下标定义，组合得到对应的参数及含义见表 7-4。

表 7-4　参数及含义

参数编号	参数含义
x_{VUT_An}	被测车辆的第 n 个动作，设定的终点 x 坐标
y_{VUT_An}	被测车辆的第 n 个动作，设定的终点 y 坐标
v_{Cn_A1}	车辆 Cn 的初速度
t_{Cn_An}	车辆 Cn 的第 n 个动作的触发时间
$t_{Cn\_An\_Action}$	车辆 Cn 的第 n 个动作的持续时间，动作类型为 Action
$a_{Cn\_An\_Action}$	车辆 Cn 的第 n 个动作的加速度，动作类型为 Action

基于上述定义，得到对应的逻辑场景参数空间见表 7-5。其中 t_{C5_A2} 即车辆 C5 的第 2 个动作的触发时刻设定为 8~10s，y_0 即初始 y 坐标设定为 3930 ~ 3935m，其余参数皆设定为固定值。

为实现从场景定义到场景文件生成的自动化流程，根据上述逻辑场景的定义，编写前端的蓝图文件，并根据车辆动作组织后端节点。作为示例，对上述参数空间采用均匀采样，将参数 Y_0 和 t_{C5_A2} 的离散步长分别设为 0.2m 和 0.1s，最终，采用 OSC 场景编译器依次生成了 1000 个 OSC 格式的具体场景文件，并结合 VTD 的 SCP 命令自动化运行场景文件，实现决策规划系统的自动化测试。

表 7-5 逻辑场景参数范围

参数	逻辑场景					
车辆	VUT	C1	C2	C3	C4	C5
初始位置编号	x_1, y_1	x_0, y_0	x_1, y_0	x_2, y_0	x_0, y_1	x_2, y_1
位置编号对应坐标	\multicolumn{6}{c}{x_0=6040m, x_1=6043m, x_2=6046m, y_0=3930~3935m, y_1=3940m}
初始速度	\multicolumn{6}{c}{v_{Cn_A1}=30m/s}
动作对应参数	\multicolumn{6}{c}{x_{VUT_A1}=5000m, y_{VUT_A1}=2900m, $t_{C5\_A1\_cl}$=4s, $a_{C5\_A2\_dec}$=2.5m/s², $t_{C5\_A2\_dec}$=4s}
动作触发时刻	\multicolumn{6}{c}{t_{C5_A1}=4s, t_{C5_A2}=8~10s}

7.10.4 总结

由于 OSC 格式的场景文件人工编写耗时长、效率低，同济大学团队开发了基于 0.91 版本 OSC 的场景编译器，并结合仿真软件 VTD，实现自动驾驶决策规划系统的自动化测试。编译器主要分为 OSC 前端和 OSC 后端两部分，分别用于处理高级语言的场景定义和 OSC 的 DOM 树构建，从而实现从场景定义到场景文件生成的自动化流程。作为示例，同济大学团队基于 VTD 仿真平台，将该编译器应用于决策规划系统的仿真测试，自动生成了 TJP 功能的 1000 个测试场景，并基于 VTD 的 SCP 命令自动运行场景文件，实现了决策规划系统的自动化测试，提高了仿真测试效率。

7.11 OpenLABEL 标准在指定场景数据提取中的应用

自然场景数据中的特殊场景数据对于自动驾驶测试及功能安全、预期功能安全分析有着极其重要的意义，然而从海量数据中提取特殊场景目前依然是一个亟待解决的难题。针对这个问题，中汽数据基于 OpenLABEL 开发了海量数据中指定场景数据的提取系统 SSE（Specify Scenario Extraction）。SSE 包括三个部分，分别是分布式存储系统、本体知识库（Ontology）以及指定场景提取模块。分布式存储系统基于 Ozone 开发，具备处理海量场景数据的能力；本体知识库对数据中的对象、对象间关系及区域进行描述；指定场景提取模块通过人工或深度学习方法实现。中汽数据应用该系统，从海量数据中自动提取了 Cut-in、行人横穿马路等特殊场景。

7.11.1 引言

随着自动驾驶技术的发展及应用，自动驾驶可靠性及安全性需要经过大量数据的验证。场景数据指的是描述指定对象及其行为数据的抽象集合，场景数据对于自动驾驶系统测试有着不可替代的作用。其中，指定场景数据如车道线模糊、行人横穿马路、前车紧急制动等最有可能破坏系统的稳定性及安全性，因此，指定场景数据的提取对于自动驾驶系统安全保障极其重要。

构建仿真测试场景首先需要场景对象参数，如速度、加速度、变道、车道偏移、位置等信息。一种较为直接的方式是从对应的自然场景中找到相应对象，利用其参数来初始化仿真测试场景，这要求能够从海量的数据中快速提取出指定场景数据。这种方式面临着两个挑战：海量场景数据中对指定场景的快速提取工具缺失，需搭建快速高效的场景数据提取工具，且数据中的部分参数如速度、位置等信息并不准确，各整车厂、供应商及仿真工具所使用的数据规范不同、标准不统一；场景表达的是数据的语义信息，数据和概念间的语义鸿沟导致场景提取十分困难。针对上述两个难点，本节提出基于 OpenLABEL 数据标准的数据结构建设与基于深度学习的指定场景提取方法。

OpenLABEL 作为标注数据集的标准格式，用于在自动驾驶功能开发、测试期间创建的数据流与场景。OpenLABEL 定义了对象、对象间的关系与区域三个角色，基于 OpenXOntology 用本体知识库构建这三者之内或之间的语义关联。OpenLABEL 的注释格式能够灵活地描述各种标记并表述它们之间的联系，从图像中简单的对象级标签，到场景语义的复杂多流标记（动作、关系、背景）。OpenLABEL 与 ASAM 中其他的 OpenX 标准具有良好的兼容性，并且支持 OpenSCENARIO、OpenDRIVE 及 OpenCRG 数据的导入导出。OpenLABEL 是以 JSON 格式进行存储的图关系型数据表述方式，JSON 格式数据支持仿真工具和内容编辑器及其他功能系统进行快捷操作。基于本体知识库的 OpenLABEL 是表达语义信息的极好载体，非常有利于场景数据内蕴知识的表达及快速提取。基于 OpenSCENARIO 的测试场景仿真建模旨在提高场景定义的通用性，实现了不同仿真工具间的互通与兼容使用。OpenLABEL 作为底层的数据表述格式，与 OpenSCENARIO 完全兼容。OpenLABEL 对数据、帧、流以及对应的标签、场景标记等信息进行了规范化，创建了一个可处理的世界图像，通过基于图数据的挖掘方法，可以快速有效地提取出指定场景。

深度学习（Deep Learning, DL）是机器学习（Machine Learning, ML）领域中一个新的研究方向，它被引入机器学习使其更接近于最初的目标——人工智能（Artificial Intelligence, AI）。深度学习是学习样本数据的内在规律和表示层次，这些学习过程中获得的信息对诸如文字、图像和声音等数据的解释有很大的帮助。

它的最终目标是让机器能够像人一样具有分析学习能力，能够识别文字、图像和声音等数据。深度学习是一个复杂的机器学习算法，在语音和图像识别方面取得的效果，远远超过先前相关技术。通过深度学习方法，结合场景本身逻辑，可以自动化地从原始数据中提取出指定场景。以典型的 Cut-in 场景为例，存在着两种学习方式：①通过深度学习方法识别点云中的目标车辆与视觉图像中的车道线信息，如果该车辆存在越过车道线、切换到本车车道的行为，则可以判定当前为指定的 Cut-in 场景；②直接对图像数据进行端到端检测目标行为。

为了能够从海量数据中进行快速查询，团队以 Ozone 存储为基础，以 Neo4J 图数据库为载体搭建分布式的海量图数据查询系统，保证了指定场景的快速提取。

本节的主要贡献在于：基于 OpenLABEL 实现了海量场景数据的数据组织及知识表达；在 OpenLABEL 本体库及原始数据上实现了指定特殊场景的自动提取。

7.11.2　OpenLABEL 数据构建

OpenLABEL 是 ASAM 标准体系中关于标注格式的一个标准项目，用于自动驾驶功能开发过程中产生的场景数据。对于自动驾驶汽车来说，要在其自身的 ODD 内运行，就需要了解其周围的环境。汽车通过搭载的不同传感器（如雷达、摄像头等）来感知周围环境，通过传感器收集的数据需要被计算机处理和理解，就要对这些数据进行适当的标注处理。在数据中主要标注对象、对象间的关系和空间区域等。

1. 场景数据及标注

（1）原始场景数据

采集系统采集 6 路高清视频数据，以及点云数据和可视化的目标物信息（ID、类别信息、距离、速度等），选取了覆盖中国主要城市包括上海、南京、沈阳、西安、重庆、广州等地的 2173 条驾驶场景数据，后续从中自动提取 Cut-in、行人横穿马路等特殊场景（图 7-39、图 7-40）。

（2）场景数据标注

应用 OpenLABEL 对采集的原始场景数据进行标注，可以提升场景提取和检索的灵活性，非常有利于场景数据内蕴知识的表达及快速提取。通过本结构可以清晰地描述不同的场景，以及发生的时间信息、层次结构、元素间的关系、不同的传感器来源等。

通常标注文件创建为一个 json 文件，按照一个固定的 json 文件结构构建标注文件，便于对 json 内的信息进行访问、操作和编辑。基于 OpenLABEL 的标注包括以下基本模块：

a) 高速场景数据　　b) 拥堵场景数据

图 7-39　场景样例数据　　　　图 7-40　采集的原始数据样例

1）元素（Elements）：代表构成场景的基本元素，包括对象（objects）、动作（actions）、事件（events）、上下文（contexts）和关系（relations），每个对象都具有整个场景的整数唯一标识符。

2）帧（Frames）：包含特定的瞬时元素和流式数据信息的离散容器。

3）流数据（Streams）：来自不同数据源（如传感器）的信息，用来描述如何在每个流（相机的内部件、传感器的时间戳等）中被感知现实的。

4）坐标系（Coordinate Systems）：用来定义标注几何图形的空间信息，可以在 OpenLABEL 中定义和标记。坐标系之间的转换决定了几何图形如何从一个参照系投影到另一个参照系。

5）元数据（Metadata）：有关格式版本、文件版本、标注者、文件名称的描述性信息，以及有关标注文件的任何其他描述性管理信息。

6）本体（Ontologies）：指向在标注文件中使用的知识库（本体的 URL）的指针。标记的元素可以指向这些本体论中的概念，因此用户可以应用此查阅元素的含义或调查其他属性。

基本结构如下：

```
{
    "openlabel": {
        "objects": { ... },
        "actions": { ... },
        "events": { ... },
        "contexts": { ... },
        "relations": { ... },
        "frames": { ... },
        "frame_intervals": { ... },
        "tags": { ... },
        "metadata": { ... },
        "ontologies": { ... },
```

```
        "resources": { ... },
        "coordinate_systems": { ... },
        "streams": { ... }
    }
}
```

2. 本体知识库构建

通过本体知识库，按 OpenLABEL 的规则对数据中的对象、对象间的关系、对象的动作、区域等信息进行描述，本体结构框架如图 7-41 所示。

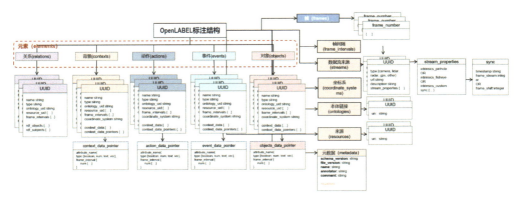

图 7-41　本体结构框架

对象、动作、事件、背景和关系是构成 OpenLABEL 的 5 个基本元素，所有元素都用一个专有的标识符（UUID）和一些其他的属性字段来进行定义。元素内可以包括元素数据（如对象数据 object_data、动作数据 action_data），用来描述静态或动态信息。元素数据指针则用于指明特定的元素数据所处的帧。

每个帧都通过帧号（frame_number）来进行编号。数据流的属性包括它的名称以及性能精度等参数，如鱼眼镜头可以通过 center_x_px、center_y_px、fov_deg、height_px、lens_coeffs、radius_x_px、radius_y_px、width_px 等字段来定义具体参数。

3. 帧和流式数据

一般而言，帧是一种对应于瞬时的信息容器，而且通过帧可以标记多个数据流的同步信息，以便精确地定义哪个标注对应于哪个时刻以及来自哪个传感器。系统通过多传感器观察周遭的场景，传感器产生多个数据流，这其中的每一个都可能具有不同的属性、内部和外部信息以及频率（图 7-42）。

当多个传感器的数据流，出现不同频率/抖动时，需要用户在主帧索引下提供时间戳和所需的对应关系，才能进行标记和同步，如图 7-43 所示。

第 7 章 OpenX 标准应用案例

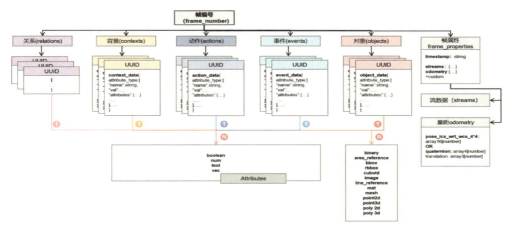

图 7-42 基于 OpenLABEL 帧数据结构

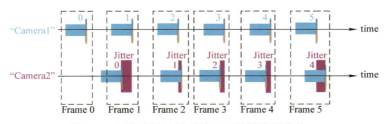

图 7-43 不同频率 / 抖动情况下的帧流同步化

当传感器间仅存在频率不同的情况时,可以根据用户的需要指定每个主帧中包含哪些数据流帧。通常来说,主帧索引应该依据频率最高的数据流来进行定义,如图 7-44 所示。

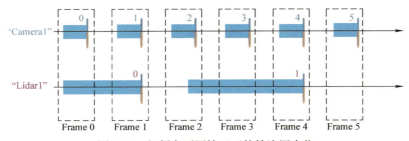

图 7-44 仅频率不同情况下的帧流同步化

但用户也可以用最低频的或任意其他数据流来定义主帧,如图 7-45 所示。

279

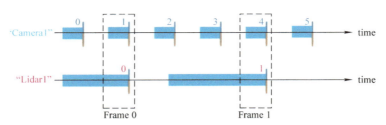

图 7-45 仅频率不同情况下的帧流同步化

7.11.3 基于深度学习方法的特殊场景提取

深度学习是一类模式分析方法的统称，就具体研究内容而言，主要涉及三类方法：

1）基于卷积运算的神经网络系统，即卷积神经网络（CNN）。

2）基于多层神经元的自编码神经网络，包括自编码（Auto encoder）以及近年来受到广泛关注的稀疏编码两类（Sparse Coding）。

3）以多层自编码神经网络的方式进行预训练，进而结合鉴别信息进一步优化神经网络权值的深度置信网络（DBN）。

通过多层处理，逐渐将初始的"低层"特征表示转化为"高层"特征表示后，用"简单模型"即可完成复杂的分类等学习任务。由此可将深度学习理解为进行"特征学习"（feature learning）或"表示学习"（representation learning）。

基于深度学习方法的 Cut-in 场景提取框架图如图 7-46 所示。首先通过深度学习目标检测方法检测出车道线的位置，并给出本车的车道；同时，使用 3D 点云深度学习方法学习出目标车的位置及其与本车的空间位置关系；然后判断目标车是否存在切入本车车道的动作，即可判断是否为 Cut-in 场景。

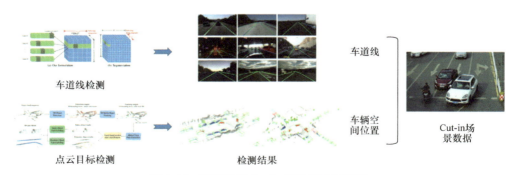

图 7-46 深度学习 Cut-in 场景提取框架图

7.11.4 应用案例

1. 采集数据

采集的原始数据包括视频、点云、CSV 文件，本节以原始 CSV 文件为样例。

针对采集的测试数据具有海量性的问题，采用大数据生态圈的分布式数据库进行存储。数据可以分布在多个节点的内存中，当数据增长的时候，可以通过简单增加机器的方式进行扩容，因此系统可以满足海量数据的存储需求。其中数据存储使用 Ozone，将采集的原始数据放在 Ozone 中进行管理，可视化界面如图 7-47 所示。

图 7-47　OpenLABEL 标准数据存储管理界面

其中原始数据 CSV 文件包括 label（标注）表、line（车道线）表、vehicle（本车）表和 object（目标）表，文件样例如图 7-48 所示。

	A	B	CP	CQ	CR	CS
1	Session	Time	Subj. t	Subj. target sub id#2	Subj. behavior	Subj. objType
2	20200812-16-13-50	0.1				
3	20200812-16-13-50	0.2			循线1	乘用车
4	20200812-16-13-50	0.3			循线1	乘用车
5	20200812-16-13-50	0.4			循线1	乘用车
6	20200812-16-13-50	0.5			循线1	乘用车
7	20200812-16-13-50	0.6			循线1	乘用车
8	20200812-16-13-50	0.7			循线1	乘用车
9	20200812-16-13-50	0.8			循线1	乘用车
10	20200812-16-13-50	0.9			循线1	乘用车
11	20200812-16-13-50	1			循线1	乘用车
12	20200812-16-13-50	1.1			循线1	乘用车

图 7-48　原始数据表示例

需要对原始数据解析处理，按照需求存储成设定的格式，示例代码如图 7-49 所示。

自动驾驶场景仿真与 ASAM OpenX 标准应用

```
public void importFawFileToKafka(List<FawFileUploadEO> fawFileUploadEOS) throws ParseException, UnsupportedEncodingException {
    Log.info("开始读取文件上传flink-------------------------------------------");
    //Long start = System.currentTimeMillis();
    Collections.reverse(fawFileUploadEOS);
    Log.info("数据范围------------" + new Gson().toJson(fawFileUploadEOS));
    for (FawFileUploadEO fawFileUploadEO : fawFileUploadEOS) {
        //Linux本地路径
        String path = fawFileUploadEO.getFilePath();
        Log.info("文件路径---------------------------------------" + path);
        File dir = new File(path);
        Log.info("文件列表-----------------------------" + dir.getName() + new Gson().toJson(dir.list()));
        List<String> fileNames = Lists.newArrayList();
        // 判断是否存在目录
        if (!dir.isDirectory()) {
            Log.info("文件不存在!!!!-----------------------------------" + path);
            return;
        }
        String[] files = dir.list();// 读取目录下的所有目录文件信息
        for (int i = 0; i < files.length; i++) {// 循环,添加文件名或者回调自身
            File file = new File(dir, files[i]);
            if (file.isFile()) {// 如果文件
                //Linux本地路径 \\ 转义为 /
                fileNames.add(dir + File.separator + file.getName());// 添加文件全路径名
            }
        }
        Log.info("文件名列表" + new Gson().toJson(fileNames));
        List<LabelCSVVersion> labelCSVVersionList = Lists.newArrayList();
```

图 7-49　示例代码

2. 本体数据案例

本体数据的存储采用图形数据库 Neo4J。Neo4J 是一个高性能的 NOSQL 图形数据库，是一个嵌入式的、基于磁盘的、具备完全的事务特性的 Java 持久化引擎，可将结构化数据存储在网络（从数学角度叫作图）上而不是表中。Neo4J 也可以被看作是一个高性能的图引擎，该引擎具有成熟数据库的所有特性。Neo4J 创建示例如图 7-50 所示。

```
@staticmethod
def create_scenario(scenario_uid: str, vcd: core.VCD = None, only_static=True):
    print("-----------------------------------")
    print("Adding {scenario_uid} scenario (only_static={only_static})".format(scenario_uid=scenario_uid,
                                                                               only_static=only_static))
    print("-----------------------------------")
    with session:
        # Create base node
        # Read metadata from VCD
        main_node_properties = vcd.get_metadata()
        Neo4jScenarioDB.scenario_main_nodes(scenario_uid, main_node_properties['cnl_text'],
                                             main_node_properties['schema_version'])
        print("\tAdded main node({scenario_uid})".format(scenario_uid=scenario_uid))

        # Create streams / coordinate systems
        streams = vcd.get_streams()
        if len(streams) > 0:
            session.run(""" MATCH (n:""" + scenario_uid + """) WHERE n.scenario_uid = '""" + scenario_uid + """'
                            MERGE (n)-[:has]->(m:""" + scenario_uid + """:Streams) SET m.name = 'Streams' """)
            for stream_name, stream_content in vcd.get_streams().items():
                session.run(""" MATCH (n:""" + scenario_uid + """:Streams) WHERE n.name = 'Streams'
                                MERGE (n)-[:has]->(m:""" + scenario_uid + """:stream {name: '""" + stream_name + """'}) """)
                Neo4jScenarioDB.add_property([scenario_uid, 'stream'], 'name', stream_name, stream_content)
        print("\tAdded {n} streams nodes".format(n=len(streams)))

        coordinate_systems = vcd.get_coordinate_systems()
        if len(coordinate_systems) > 0:
            session.run(""" MATCH (n:""" + scenario_uid + """) WHERE n.scenario_uid = '""" + scenario_uid + """'
                            MERGE (n)-[:has]->(m:""" + scenario_uid + """:Coordinate_systems)
                            SET m.name = 'Coordinate_systems' """)
            for cs_name, cs_content in vcd.get_coordinate_systems().items():
                session.run(""" MATCH (n:""" + scenario_uid + """:Coordinate_systems)
                                WHERE n.name = 'Coordinate_systems'
                                MERGE (n)-[:has]->(m:""" + scenario_uid + """:coordinate_system {name: '""" + cs_name + """'}) """)
                Neo4jScenarioDB.add_property([scenario_uid, 'coordinate_system'], 'name', cs_name, cs_content)
        print("\tAdded {n} coordinate system nodes".format(n=len(streams)))
```

图 7-50　Neo4J 示例代码

创建结果如图 7-51 所示。

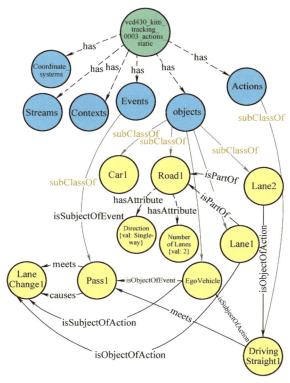

图 7-51 创建结果

3. 特殊场景提取案例

以 AEB 切出为例，步骤如下：

1）高速公路主路，主车以初始速度 50km/h 在 0 车道中心行驶，主车左侧车道线为白色虚线，右侧车道线为白色虚线，车道宽度为 3.5m。

2）本车道前方 20m 处，以 40km/h 初始速度行驶的 1 号目标车；本车道的前方 30m，有 2 号目标车以 40km/h 车速行驶在道路中心线。

3）当主车与 1 号目标车之间的 TTC 为 4s 时，1 号车开始向左横向速度开始切出，切出持续时间为 2s。

4）1 号目标车切出后，主车应识别前方 2 号目标车，激活 AEB 功能。

对应图片示例如图 7-52 所示。

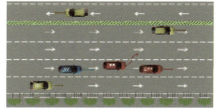

图 7-52 场景提取图片示例

场景提取部分代码示例如图 7-53 所示。

```java
logger.info("场景" + functionId + "开始分片");
sceneSegmentationDao.updateSegmentState( state: 2, message: "", functionId, segmentsId);
try {
    sceneSegmentation(sceneSegmentationVO, functionId);
    logger.info("场景片段数据已发送至Flink");
    sceneSegmentationDao.updateSegmentState( state: 4, message: "场景片段数据已发送至Flink", functionId, segmentsId);
} catch (Exception e) {
    logger.error("场景分片出现异常,异常场景id为: " + functionId +
            ",片段id为: " + segmentsId + ",异常信息为: " + e.getMessage(), e);
    sceneSegmentationDao.updateSegmentState( state: 3, message: "场景分片出现异常" + e.getMessage(), functionId, segmentsId);
}


/**
 * 用于对功能场景,对功能场景导出Druid中的数据,进行场景分片
 * 线改异步方式为监听kafka Topic
 * 发送数据
 *
 * @param sceneSegmentationVO
 */
public void sceneSegmentation(SceneSegmentationVO sceneSegmentationVO, String functionId) {
    logger.info("Druid场景数据分片,入参为: " + JSON.toJSONString(sceneSegmentationVO));
    // 项目名称为空,则全项目最新版本,版本号为空,则项目名必为空; session若不填,则无蓝图
    // 查询项目的Label表最新版本
    List<SessionRangeVO> druidTableRange = sceneSegmentationDao.getLastLabelVersion(
            sceneSegmentationVO.getProjectName(), sceneSegmentationVO.getVersion());
```

图 7-53　场景提取部分代码示例

第8章 自动驾驶场景仿真技术未来发展趋势

　　自动驾驶是未来汽车发展的重要方向，而自动驾驶的量产和应用需要场景仿真技术的支持，场景仿真技术是开发智能网联汽车的重要基础，也是验证智能网联汽车安全性的重要保证。本章分析了自动驾驶场景仿真技术现阶段存在的问题，提出了面向行业规范的技术发展路线，并对场景仿真技术标准进行了展望。

8.1　现有自动驾驶场景仿真技术存在的问题

　　自动驾驶场景仿真绝对不是一个简单的画面渲染的技术应用，而是一个多学科交叉耦合的复杂应用工程，目前对场景仿真技术的研究仍有许多技术点需要突破。

8.1.1　缺乏道路 – 气象 – 交通相关联的复杂系统化建模理论研究

　　目前国内外对于场景的研究主要集中在交通流的运动规律、自动生成等技术上，例如，并没有考虑复杂路面小范围起伏、破损等因素带来的影响；对于气象变化因素的考量停留在画面层面上，尚未能系统研究其对传感器带来的性能影响。

汽车在场景中运动的动力全部来自于轮胎与路面的接触，因此，对道路路面的精准建模显得至关重要。目前在智能驾驶场景仿真行业内，主流的做法是对整条道路预设若干个模板，但无法对道路的细节进行建模，例如小范围的坑洼、凸起、颠簸、破损、异物等，如图 8-1 所示。日常驾驶场景中这些情况并不十分常见，但是在一些极端工况中，这些元素往往会导致车辆失控，从而发生危险。

图 8-1　特殊路面

气象变化因素的影响更多体现在传感器性能的变化上，不同的传感器在不同的气象条件下的表现差异巨大，例如摄像头在极亮、极暗、大光比等工况下表现不佳，如图 8-2 所示；激光雷达在雨雪雾霾天、沙尘暴等恶劣天气中表现欠佳；超声波、毫米波雷达被认为可以全天候工作，但不同的天气对其也会带来一定的影响。上述这些影响，轻则带来传感器的失效、功能的降级；重则会造成误检漏检，导致车辆错误的决策，进而发生危险。

图 8-2　大光比场景

为了增加模拟仿真在复杂、极端场景下的真实、有效性，需要加入更多的影响因素，实现其丰富且复杂的各类特性。对于这种复杂系统的研究，通常需要对其进行解耦，深入研究道路、气象、交通之间关系，建立反应驾驶场景这一复杂

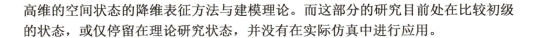

高维的空间状态的降维表征方法与建模理论。而这部分的研究目前处在比较初级的状态，或仅停留在理论研究状态，并没有在实际仿真中进行应用。

8.1.2 缺乏边界场景的泛化与强化生成研究

边界场景是指处在该场景下，自动驾驶的某个模块功能处在不同系统状态切换的临界状态，例如功能进入与退出、目标识别与丢失、跟车与巡航、ACC 激活与 AEB 激活等。

在将仿真的场景应用在具体的测试项目中时，不同的场景具备的测试价值是不同的，边界场景往往具备更大的测试价值，因为功能的异常往往会出现在功能边界处，例如，突然识别到目标物、目标突然丢失是否为误检、漏检；前车快速接近，是否由 ACC 切换 AEB；前车切入、切出，本车相应的功能变化等。在这些功能边界状态下，可能会出现由于系统的延迟、错误的判断、系统的欠冗余等，导致系统后续的错误响应。针对这些功能边界，设计相应的测试场景，更容易发现算法的漏洞。

而处在边界场景之间的、通过遍历参数生成的大量场景，在比较成熟的算法测试过程中很少出现问题，例如以不同的车速巡航、不同距离出现目标物等，更多是对耐久性、鲁棒性的一种验证。

目前场景生成的理论与工具，更多是在研究参数之间的关联性、参数的有效取值空间、不同参数的权重等，以及基于这些研究对场景参数的大量泛化，追求的是快速生成大量可应用于测试的有效场景，缺乏对场景边界与功能边界内在联系的系统研究，从而导致无法在大量的测试场景中提取出边界场景，甚至缺失了关键的边界场景，使得仿真场景的应用意义大打折扣。

8.1.3 缺少具有中国特色的元素与驾驶特征的场景的仿真工具

由于中国的地理人文特点，在不同的地区，会出现很多特殊场景元素以及驾驶特征，这些特有的属性有些属于地方文化特色，有些属于某些行业带来的衍生品，有些属于特殊地貌环境造成的特殊限制，自动驾驶技术如果要在中国大范围推广应用，势必要对这些特殊的场景进行深入的研究。

已经有很多学者对这些场景的理论基础展开了相关研究，例如某些地区某些交通元素的出现规律，不同地区、不同年龄驾驶员的驾驶行为特征，以及停车场、矿区、乡村等特殊场景的特征描述等。这些研究的基础数据、理论思想可以为后面的仿真建模提供非常宝贵的经验。

但是，目前市场上主流的仿真工具 80% 以上都是欧美老牌工业软件公司的商业产品，例如 VTD、PreScan、CARMAKER 等，其中对于中国城市这种复杂的交通内容包含非常有限，这些软件内置的仿真场景元素库中更多的是软件公司所在地区当地常见的机动车辆、非机动车等特征模型，以及当地的商圈、城市快速路、高速公路等交通流特征，驱动这些交通流的驾驶员模型也是依据当地的驾驶习惯进行的参数化建模。根据这些内容进行仿真的场景，很难覆盖到中国的特殊场景。

为了更好地适配中国的环境特点，主要有以下两种方案的尝试：

1）基于原有的外国商业软件进行二次开发，针对性地加入中国的元素库、优化驾驶特性模型。这种方式执行难度较低，也更加快捷；但其受限于原软件接口的开放程度，而且不得不承认的是，国外的商业软件对中国的技术封锁程度较高，并不允许中国的技术人员对其软件进行较大的改动，所以很难将我们关心的全部场景进行参数化建模。

2）依托对中国特色场景的深入理解，开发自主的仿真平台，将各种元素与交通行为特征内置到软件的基础功能之中。这种方式从根源解决了接口不开放的问题，但开发难度较高，投入大，回报慢，目前只有部分大型科技公司与国营单位开展了相关研究，例如中汽数据、腾讯、51VR 等。而且工业软件的开发需要在应用中迭代升级，如果不能大范围推广应用，则很难发现问题并进行优化。遗憾的是，当前国内市场对于自主仿真平台的接受程度并不高。

不论通过哪种方式，如果想要更好地覆盖中国特色场景，都还有比较长的路要走，或者需要与外国软件在技术上实现深度合作，或者提高自主仿真平台的开发实力，并且推广落地。

8.1.4 缺乏针对自动驾驶场景仿真技术的标准

标准是以科学技术和实践经验的结合成果为基础，经有关方面协商一致，由主管机构批准，以特定形式发布作为共同遵守的准则和依据，它可以极大地约束和规范行业与技术的发展。

随着自动驾驶技术发展的突飞猛进，仿真也跟随其步伐，加快了开发进度。但自动驾驶场景仿真属于一个比较新的技术行业，缺乏相关的标准对其约束和规范，各大软件厂商采取的开发技术路线不尽相同，这就导致不同的仿真工具之间很难互通，例如场景不通用、接口不通用、应用功能不通用等，这极大提高了仿真工程师在对场景进行仿真时的技术门槛。

目前针对场景仿真，ASAM Open X 系列标准虽有一统江湖的态势，从道路、路面、交通流场景、传感器接口等方面对仿真进行规范，其中关于道路、交通流场景相关的标准进展较快，不过其他的过程并不是很顺利。

从技术层面上，场景仿真是一个复杂的系统工程，如果定义、规范的内容比较浅，那么就失去了原本规划这个系列标准的意义，各家平台仍能够根据自己的理解去延伸仿真的具体功能；如果想深入、细化规范的内容，那么这将是个很庞大、复杂、繁琐的工程，需要经验非常丰富的人来完成这部分内容，并且能够协调多个学科的内容，难度是极高的。

从商业层面上，标准并不直接产生经济价值，其需要现有仿真工具的支持，这部分支持工作可大可小，如果软件本身具备指定功能或适配指定协议，则改动较小；如果软件本身并不适配，那可能需要修改软件的底层才可以实现。因此，对于规范场景仿真技术的标准，仿真工具提供商的表现不是非常积极，甚至会在某些点上产生争议与分歧，这里面有各方利益的博弈过程，并且阻碍相关标准的发展。

8.1.5　缺乏对于事故场景的高精度复现技术手段的研究

在所有的场景种类中，事故场景是最具有研究价值的一类，这些场景可以认为是某些人类驾驶员无法安全处理的场景内容，如果自动驾驶系统能够避免或减轻这类场景带来的危害，那么在一定程度上，可以证明自动驾驶系统的使用价值。

但是事故场景往往具有偶然性、危险性、复杂性，在真实环境中对其进行复现与回归测试是比较危险或者不可能的，所以通过仿真的技术手段对其进行复现成为必然的选择。

对一段真实交通场景进行复现，首先需要记录与复原当时场景出现的元素特征与运动轨迹，目前主要采用交通摄像头、行车记录仪等视频记录数据以及相关技术人员现场事故调查数据相结合的方式，人工复现出事故发生时交通参与者的运动过程。但是，这些数据都是不具备真值标签的，也就是说事故过程中的车速、位置、转向等都是通过人工分析得出，这个过程势必会有数据精度的损失。而且在不同的事故中，由于数据记录设备的不同以及现场勘查人员的技术水平差异，很难形成一致性的数据库以供分析与使用。

具备基础数据以后，需要通过仿真的技术手段对其进行高精度复现，这个过程包含道路、路旁设施、天气、障碍物等内容的复原，这部分工作目前主要是通过人工的方式进行手动搭建，如图 8-3 所示。通过这种方式，效率难以提升，并且精度也很难保证，当前该项技术缺少一种能够由原始数据自动转成仿真场景的技术手段。

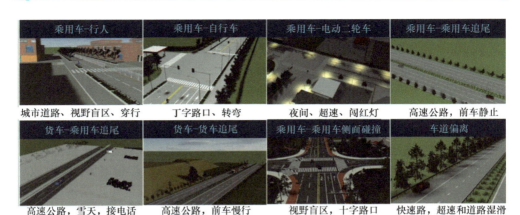

图 8-3 通过仿真对事故场景进行复现

另外，根据预期功能安全理论，所有已发生的交通事故都属于"已知危险场景"，如何针对交通事故数据中相关的数据规律与特征，对其进行深度分析与利用，探索"位置危险场景"，也是仿真事故场景需要解决的重点课题。

8.2 自动驾驶场景仿真技术发展路线

8.2.1 包含多元素的场景建模技术

为实现场景仿真的基础环境，首先需要以真实客观世界为原型，对城市交通道路和典型性交通场景在虚拟环境中进行高保真度还原，还原内容包括静态与动态两部分。静动态仿真可通过场景构建工具地图编码、地貌特征、元素资源库、随机生成器、场景编辑器、交通流模拟、交通规则模拟等技术手段实现。高逼真实现客观场景可以解决路测难以复现、样本有限的两大缺点，从而实现快速复现，样本按需扩充，进行算法的训练与验证。

静态部分元素包括车辆道路、交通标识牌、道路指示牌、交通设施、地物地貌等交通参与物，动态部分包括机动车辆/非机动车辆、移动设施、行人、日照光线、天气条件、道路突发状况以及包含其他交通参与者的交通活动等，需要提供多种定性、定量的叠加天气，同时提供环境案例。

对于超大型场景的仿真实现，需要制定 LOD 细节层次模型的等级划分方法，并研发对相邻场景板块的 Level Streaming 流式数据动态加载方法，以实现对大型场景的无缝加载和对场景模型的最佳渲染效果。

在交通流模拟仿真方面，需要实现"畅通""基本畅通""轻度拥堵""中度拥堵""严重拥堵"等不同等级的道路交通流情况，实现多交通参与者的交通流模拟仿真，为自动驾驶算法的测试提供所需要的多种交通流环境。

8.2.2 基于场景的高精度复杂传感器的仿真

同样是对场景进行虚拟化呈现，自动驾驶场景仿真技术区别于游戏、影视行业的最重要特点就是需要在场景中加入传感器的仿真功能，需要通过不同的传感器来感知、输出所仿真的场景内容。自动驾驶汽车环境感知传感器主要感知道路、静态物体和动态物体。对于动态物体的感知更为复杂，主要包括检测、轨迹追踪和预测动态物体的位置。现实环境复杂性需求不同的传感器互相融合，实现对复杂环境感数据的丰富感知，不同传感器支架在互为补充的同时，又保证必要感知冗余，以应对各种可能发生的情况。由于环境感知传感器中激光雷达（LiDAR）、毫米波雷达（Radar）、摄像机和GPS的优缺点、功能特点和所起作用的差异，采用传感器差异化的融合仿真，以实现仿真精度和速度的平衡。

1. 视觉传感器

视觉传感器的仿真就是生成图像，尽可能接近真实世界的图像，通过计算机图形学对三维景物模型添加颜色与光学属性。除了 3D 几何和物理模型之外，还需要对相机镜头的结构与光学特性、内部数据采集过程进行仿真，例如焦距、畸变、亮度调节、伽玛调节、景深、白平衡、高动态范围、色调调整等，这部分的调整需要非常复杂的数学建模过程。图 8-4 展示了 3D 物体通过屏幕以 2D 的方式展示出来的投影关系。

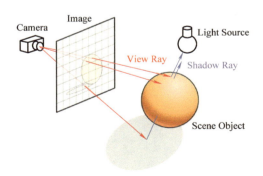

图 8-4 3D 物体的 2D 呈现

2. 激光雷达传感器

激光雷达的仿真就是对点云数据的仿真，通常需要借助渲染引擎中"光线追踪"或"光纤投射"技术。其可以模拟激光雷达发射的每个激光射线，将光线起点和终点的 3D 坐标作为输入，并返回该光线命中的第一个点 3D 坐标，该点将用于计算点的距离；再返回该点的坐标同时，加入影响因子函数，从而模拟不同气象状态、表面材质带来的强度变化，如图 8-5 所示。激光雷达参数包括垂直视场（VFOV）、垂直分辨率、水平视场（HFOV）、水平分辨率、俯仰角、激光射线的最大范围和扫描频率。

图 8-5　带有不同反射强度的激光雷达点云图

3. 毫米波雷达传感器

毫米波雷达的仿真本质是对电磁的仿真。由于多径反射、干涉、反射表面、离散单元和衰减等影响，雷达建模不简单，图 8-6 展示了典型的 4D 毫米波雷达成像的结果。详细基于物理原理的雷达模拟是可行的，但大规模应用在实际场景中，其计算量是难以承受的。

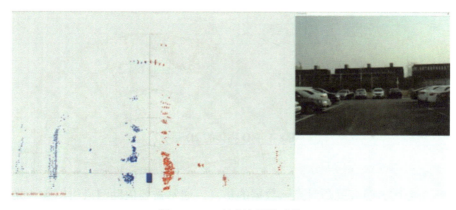

图 8-6　4D 毫米波雷达成像

目前有一种基于深度学习和 GAN 构建的概率随机汽车雷达模型，采用深度神经网络作为雷达模型，从数据中学习端到端的条件概率分布，网络的输入是空间栅格和对象列表，输出是读取的传感器数据。其产生的模型既能体现基本的雷达效应，同时可以保持实时计算的速度。随机雷达模型的一个重要挑战是，传感器输出是多模态和空间相关的，回归方法将平滑可能的解决方案，导致模糊的预测。而变分自动编码器（VAE）允许学习一对多概率分布而无须明确输出哪个分布。

4. 其他传感器

GPS 传感器模拟 GPS 位置以及 GPS 噪声模型参数，输出车的经纬度、速度、航向等。IMU 传感器模拟车的加速度和角速度，特别是 GPS 信号丢失时车的位置、速度和航向的累积误差。超声波雷达传感器模拟超声波雷达位置、角度和障碍物的距离。V2X 传感器模拟动态交通流设备数据，甚至要反映通信延时或丢包的情况。

8.2.3　与实验数据对标，提高仿真场景的真实性

为了确保仿真场景的真实性，需要与真实世界的场景做对标实验。

1. 透视关系准确性

场景是一个三维的世界，而在计算机中显示出来的是一个二维的画面，将三维模型渲染成二维画面时，由于需要表现出空间景物的远近、纵深，而不改变物体的真实形状和拓扑结构，这就要确保透视投影关系的准确性。

一般在计算中会将视锥体的近平面 $z=n$ 作为成像平面，投影矩阵可以直接通过投影关系以及视锥体和 NDC 区间的关系建立方程求解获得。通过在场景中设定若干标准的长方体模型以及黑白方格图，先将透视投影的视锥体转换为平面投影的视锥体，再利用平行投影的视锥体获得透视投影矩阵，然后利用投影矩阵对设计好的三维场景进行投影变换，得出理想的投影二维画面。将计算出的理想 rawdata 与仿真画面的 rawdata 的关键局域进行像素级对比，计算差值、方差等统计数据，这样可以得出对于理想物理的透视关系处理误差。

2. 画面渲染准确性、连续性

通过设计一系列的场景，其中包含若干典型目标，例如道路、建筑、行人、车辆、动物、交通标识等，通过仿真软件进行建模与渲染，然后将渲染画面的每帧图像数据进行提取，使用帧扫描和块匹配方法，检测图像的边缘轮廓特征，对最终结果与原始设计场景进行对比，分析轮廓的误差，从而对其渲染物体准确能力进行验证。

确保准确性后，设计一系列连续的运动画面，在仿真软件中进行复现，结

合 Harris 角点检测方法提取仿真画面中运动轨迹图像的关键动作特征点与轮廓信息，对仿真画面与真实画面的轮廓特征进行多模态配准，提取其中丢帧、跳跃的帧关系，从而对其画面连续性进行评价。

3. 物理传感器真实性

为进行准确的传感器模型仿真，场景中的物体模型需要携带足够的原始信息，除了常规的尺寸、位置、姿态等信息，还需包含影响传感器感知结果的物理参数，例如雷达散射面积的值（RCS），以及超声波、毫米波、激光反射率与反射强度、光照度等。首先，需要研究在各种传感器感知的过程中需要考量的参数，将这些参数分门别类后，将物体模型能够携带的信息进行输出，得出仿真能力的覆盖度，从而得出物体模型的仿真准确性与全面性。

传输的感知数据内容，也需要与原始数据相匹配，真实的传感器在感知的过程中，出现的眩光、噪点、抖动、偏移等特性，在数据内容中都会有所体现，传感器模型也需要具备仿真这种"失真"情况的能力，从而更加贴近真实传感器。通过采集真实传感器的"失真"数据，提取其特征进行抽象化，在传感器模型中设置相应的仿真特点，得到输出数据，验证其是否符合真实传感器的抽象化特征。

8.2.4 建立行业内统一的场景仿真规范

一项新的技术如果想要规范化发展，必须要建立相应的标准体系。这有助于提高该项技术的适用性，并且降低部分企业技术垄断的风险。

目前国际上备受关注的 ASAM OpenX 系列标准正在尝试完善这部分内容，该标准研究的内容与技术路线在前几章中已做了详细的阐述。

8.2.5 针对具体应用环境构建场景库

在应用仿真场景进行算法的训练或测试时，如果是根据训练或测试需求，再去从零开始，搭建场景，那么效率是极其低下的，根本无法跟随算法更新迭代的速度。我们需要深入理解自动驾驶适用的应用场景，提前构建大量仿真场景，并将其根据元素特征、工况条件等分门别类，在需要执行训练测试任务时，快速从场景库中提取有效的场景，从而提高效率。场景仿真与自动驾驶算法同步开发的方式，可最大限度满足算法的训练与测试需要。

对于 L2 及 L2 以下级别的自动驾驶功能，通常会根据子系统的功能条件构建场景，例如 HWA、TJA、ACC、AEB、LDW、LKA 等。这些功能一般会有标准的法规文件以及通用的实车测试规程，依据这些标准文件构建的场景库，可以满足系统功能的最低要求。另外，根据系统的功能规范、路测反馈数据、事故数据等，可以快速构建大量的有效测试场景。最后，根据自然驾驶场景的采集数据或经验数据，补充大量的日常驾驶场景，丰富场景库的覆盖程度。

对于 L2 以上的高级别自动驾驶功能，通常需要在指定区域内能够实现全自动的驾驶功能，除了前文描述的具体的功能场景数据库外，还需要针对特定的区域进行场景建模，例如工业厂区、停车场、农场、矿场、高速公路等，这些特征场景都具有比较明显的特征元素内容，通过构建此类场景库，并将其应用至具体的训练与测试，则可以极大地提高算法优化速度，抢先落地。

8.3 自动驾驶场景仿真技术应用前景

2020 年 2 月，国家发展改革委、工信部等部委联合出台了《智能汽车创新发展战略》，将智能汽车的研发作为战略方向。《智能汽车创新发展战略》针对自动驾驶领域提出了主要任务，包括复杂环境感知、智能决策控制、人机交互等在内的关键基础技术，建立健全智能汽车测试评价体系重点研发虚拟仿真、软硬件结合仿真、实车路测等测评技术，开展特定区域智能汽车测试运行及示范应用等。

行业专家解读，国家将智能汽车列入顶层发展规划，出行产业和信息产业融合发展，自动驾驶仿真技术在自动驾驶研发过程中必将发挥越来越重要的作用。同时，在推动自动驾驶汽车应用落地的过程中，欧美国家也都非常重视虚拟仿真测试验证平台的重大价值，其政府和行业也都在建立虚拟仿真平台，以对自动驾驶汽车的安全性能进行仿真测试与验证。这是由于实际道路测试的诸多限制，一方面监管政策对测试牌照、测试道路等有着严格的限制，另一方面实际道路测试还面临着测试成本问题，均不利于自动驾驶技术快速发展迭代。因此，仿真技术和仿真测试就成为推动自动驾驶行业发展的新引擎。

实际上，道路测试与仿真测试应属于互补关系，从道路测试中获得的经验可以融入仿真测试以改进自动驾驶系统，而仿真测试则可以模拟现实中很少遇到的场景，从而弥补道路测试的不足。虽然自动驾驶汽车已经进行了大量道路测试但并不意味着其足以商业部署，而只进行了仿真测试的自动驾驶系统也不意味着其无法用于道路测试与示范应用。

未来虚拟仿真测试验证可通过支持城市级场景仿真，以高精度地图为基础，集成工业级的车辆动力学模型和专业的渲染引擎，辅以三维重建技术和虚实一体交通流，可以实现自动驾驶感知、决策、控制等全部模块的闭环仿真验证。更进一步而言，未来虚拟仿真测试技术将显著提升测试安全性，大幅降低测试周期，显著扩大测试容量，将在智能网联汽车的落地应用过程中发挥不可或缺的作用，能够进一步加快自动驾驶汽车的落地应用。

此外，相关政策也需大力支持虚拟仿真技术发展，把虚拟仿真测试验证平台纳入自动驾驶基础设施建设，将其作为自动驾驶安全性测试与验证的必要机制，为促进自动驾驶汽车测试与准入检测验证等提供创新技术设施和加速器。

未来自动驾驶厂商应加大布局仿真平台建设，仿真平台应能涵盖道路场景、交通流、车载传感器和车辆动力学等仿真模型，可满足研发时的精细调试和测试时批量运行的不同需求，可轻松模拟驾驶"日行百万公里"，相比于实际道路测试，将更能加速技术发展迭代。仿真平台可以模拟真实世界中出现概率极低的危险场景，从而可以使自动驾驶系统在更加丰富和复杂的场景中进行高频度的有效测试验证，在保障安全高效的前提下实现更充分的测试验证效果，提高自动驾驶功能开发和测评的可靠性。仿真平台可通过对实车测试数据进行复现和泛化，不仅能够更加有效和深入地分析实车测试过程中的问题，进行针对性优化，而且可以更加精准地约束测试条件，提升测试效率，缩短功能开发和测试周期。

随着自动驾驶技术的深入发展，未来对仿真平台应用能力的要求也越来越高。首先，仿真平台的场景库建设与合作机制有待完善，场景库建设效率低、费用高。目前场景库建设还需要依靠大量人工进行采集、标注，然后进行场景分析挖掘、测试验证，整个流程效率低、成本高，目前全球每年人工标注成本在10亿美元量级。场景库规模不够大，多样性、覆盖性、可扩展性不强。现有场景库不足以覆盖常见交通场景，在有限的资源投入情况下，还不能有效覆盖真实世界的多样性。目前场景扩展性还不足以满足仿真测试的要求，仿真平台应能够依据需要灵活构建场景，实现环境和交通流的智能化和自动化生成，这将使得路采数据的利用率放大数倍，对算法迭代的加速产生很大意义。场景的有效性也有待提高。现有场景是按实时数据采集，无法满足自动驾驶场景动态变化的要求。在场景中，人、车、路、行驶环境等动态和静态要素耦合，一个要素的变化将引起其他要素的改变，而且不同交通参与者均有自己的行为逻辑，例如改变车辆行为和轨迹，周边车辆和行人的行为也将随之改变。其次，仿真平台应具有本地调试＋云端快速验证的能力，或者说是高并发场景的能力，可以将本地训练好的自动驾驶算法，上传到云端同时进行大量的回归测试验证，再把结果返回到本地去做算法的精细调试，从而有效提升自动驾驶算法开发与测试的效率。最后，完善的仿真平台应具备一个系统满足全算法闭环验证，或者是任一算法开环验证，同时保持所有算法在系统内的仿真一致性的能力，这是非常关键的一点。一套完善的自动驾驶算法是预测、定位、感知、决策、控制等多个算法的融合，每个算法团队都可能有特别的需求。使用一套软件满足算法不同阶段的验证，满足模型在环、软件在环、硬件在环、车辆在环全流程的使用需求，不但能提供良好的用户体验，还能避免跨软件算法验证导致的仿真结果不一致的情况，这对于自动驾驶算法验证同样非常重要。

未来自动驾驶车辆除了需要进行全系统完整的仿真，同时也需要进行更多维度的测试与评价，与此同时，这需要仿真软件提供更高维度的虚拟场景与更完善的测评体系。测试场景数据采集需考虑采集要求、采集方法、数据预处理、数据传输存储、采集数量、采集精度、时间同步性、采集范围、采集完整性等各方面的因素，任何一个因素的欠缺都将影响场景的真实性及有效性，而且还需建立针对不同场景下自动驾驶测试车辆的测评指标体系。由于不同仿真软件系统架构及场景库构建方法的不同，导致很难建立统一规范的仿真测试评价体系。目前国内仿真评价体系的研究方向主要是从驾驶安全性、舒适性、交通协调性、标准匹配性等方面评价自动驾驶车辆仿真测试结果，对于仿真软件自身的评价缺乏统一的评价标准，如仿真软件场景真实度、场景覆盖度、仿真效率等。自动驾驶汽车作为智能化产品，未来需要应用深度学习算法使汽车具备自我学习能力，如道路障碍物的复述重现能力、场景的泛化迁移能力，因此自我学习进化性也是自动驾驶汽车的评价指标，目前自动驾驶汽车的学习进化性还缺乏相应的评价规范。除此之外，自动驾驶仿真技术还可以在交通行为的管理和监督、交通规则的技术评估、交通事故的责任判定等方面发挥仿真的作用。自动驾驶仿真技术还可以协助建立一个包括自动驾驶的典型工况和边缘案例的通用数据库以供中国使用，还可以与其他国家和地区进行数据信息共享，最终达到自动驾驶系统技术的普适性。

除应用在自动驾驶功能仿真测试方向之外，未来虚拟仿真测试技术还可应用在智慧城市仿真建设方向，在未来 2~3 年内，以物流、运输等限定场景为代表的自动驾驶商业化应用会迎来新的进展，例如固定线路公交、无人配送、园区微循环等商用场景将快速落地。未来 10 年内，城市公共基础设施的感知数据与城市实时脉动数据流将汇聚到大计算平台上，算力与算法发展将推动视频等非结构化信息与其他结构化信息实时融合，城市实时仿真成为可能，城市局部智能将升级为全局智能。未来会出现更多的力量进行城市大脑技术和应用的研发，实体城市之上将诞生全时空感知、全要素联动、全周期迭代的智慧城市。

据专业人士预计，未来 5 年仿真软件与测试的国际市场总规模在百亿美元左右，适用于自动驾驶系统的仿真技术将会被大规模地应用于汽车产品的研发流程当中。众多国际车企都将中国市场作为战略发展的重点，中国丰富的地理和环境基础，加之复杂的交通状况，为自动驾驶技术的研发和测试提供了丰富的学习资源。国内外车企也纷纷开展与本土自动驾驶技术团队、各地智能网联测试基地的深度合作，在国家政策、技术助推和企业投入的多方合力之下，我国的自动驾驶将迎来可观的发展。

参考文献

[1] 陈旭东.汽车模拟驾驶虚拟场景设计与研究[D].成都：西南交通大学，2016.

[2] 徐向阳，胡文浩，董红磊，等.自动驾驶汽车测试场景构建关键技术综述[J].汽车工程，2021，43(4):610-619.

[3] GEYER S, BALTZER M, et al. Concept and development of a unified ontology for generating test and use-case catalogues for assisted and automated vehicle guidance [J]. Intelligent Transport Systems, 2013, 8(3):183-189.

[4] GO K,CARROLL J M. The blind men and the elephant: views of scenario-based system design[J]. Interactions，2004，11（6）：44-53.

[5] WALTHER W，PHILIPP J，et al. Test case variation and execution[R]. Braunschweig：PEGASUS，2019.

[6] WALTHER W，PHILIPP J，et al. Scenario description[R]. Braunschweig：PEGASUS，2019.

[7] 赵祥模，承靖钧，徐志刚，等.基于整车在环仿真的自动驾驶汽车室内快速测试平台[J].中国公路学报，2019，32(06):124-136.

[8] National Highway Traffic Safety Administration, Virginia Tech Transportation Institute. A framework for automated driving system testable cases and scenarios[R]. Washington D.C.: DOT, 2018.

[9] 清华大学苏州汽车研究院，广汽研究院智能网联技术研究中心，等.中国自动驾驶仿真技术研究报告（2019）[R].北京：51VR, 2019.

[10] 王金玉.ASAM 正在成为自动驾驶场景模拟仿真测试标准引领者[N/OL].中国汽车报，(2020-04-10)[2022-10-08]. http://www.cnautonews.com/zhinengwl/2020/04/10/detail_2020041029344.html.

[11] 孙航.ISO 自动驾驶汽车测试场景国际标准制定工作组第九次会议顺利召开[J]. 中国汽车,2020(03):4.

[12] 工业和信息化部.公开征求对《智能网联汽车生产企业及产品准入管理指南（试行）》（征求意见稿）的意见[EB/OL]. (2021-04-07)[2022-10-08]. https://www.miit.gov.cn/gzcy/yjzj/art/2021/art_cd02c592fffb456ea38789b1ea413802.html.

[13] CHRISTIAN N, LUKAS W, MARTIN B, et al.Criticality Analysis for the Verification and Validation of Automated Vehicles[J]. IEEE Access, 2021(9): 18016-18041.

[14] DAMM W, MÖHLMANN E, RAKOW A. A scenario discovery process based on traffic sequence charts, in Validation and Verification of Automated Systems[M]. Cham, Switzerland: Springer, 2020: 61-73.

[15] SAE. Definitions for Terms Related to Automated Driving Systems Reference

Architecture: J3131-202203［S］. 2022.

［16］ASAM. Generic Simulator Interface: XIL 2.2.0［Z］. 2020.

［17］SAE. Taxonomy and Definitions for Terms Related to Driving Automation Systems for On-Road Motor Vehicles: J3016-202104［S］. 2021.

［18］SAE. Taxonomy and Definitions for Terms Related to Automated Driving System Behaviors and Maneuvers for On-Road Motor Vehicles: J3164［S］. 2018.

［19］SAE. Taxonomy and Definition of Safety Principles for Automated Driving System (ADS): J3206-202107［S］. 2021.

［20］ASAM. Open Test Sequence eXchange Format: OTX Extensions 3.1.0［Z］. 2022.

［21］ASAM. Measurement Data Format: MDF 4.2.0［Z］. 2019.

［22］ASAM. Open Data Services: ODS 6.1.1［Z］. 2021.

［23］SAE. Safety-Relevant Guidance for On-Road Testing of Prototype Automated Driving System (ADS)-Operated Vehicles: J3018-202012［S］. 2020.

［24］ASAM. Open Curved Regular Grid: ASAM OpenCRG 1.2.0［Z］. 2020.

［25］ASAM. Open Dynamic Road Information for Vehicle Environment: ASAM OpenDRIVE 1.7.0［Z］. 2021.

［26］ASAM. Annotation format and methods for multi-sensor data labeling and scenario tagging: ASAM OpenLABEL 1.0.0［Z］. 2021.

［27］ASAM. ASAM OpenSCENASRIO 1.0.0［Z］. 2020.

［28］ASAM. ASAM OpenSCENASRIO 2.0.0［Z］. 2022.

［29］ASAM. Open Simulation Interface: ASAM OSI 3.5.0［S］. 2022.

［30］陈先昌. 基于卷积神经网络的深度学习算法与应用研究［D］. 杭州：浙江工商大学，2014.

［31］曾向阳. 智能水中目标识别［M］. 北京：国防工业出版社，2016: 255.

［32］周志华. 机器学习［M］. 北京：清华大学出版社，2015: 114-115.

［33］QI C R, et al. Offboard 3D Object Detection from Point Cloud Sequences［C］// 2021 IEEE/CVF Conference on Computer Vision and Pattern Recognition (CVPR). NewYork: IEEE, 2021: 6130-6140.